新型工业化·人工智能高质量人才培养系列

U0662069

AI

Information Technology
and
Artificial Intelligence

信息技术与人工智能

石 罗 张玉南 王文韬 主 编

孙 祥 虞铠华 苗志坤 张朕华 刘庆典 张永超 副主编

贾继成 李齐冉 周 涛 参 编

电子工业出版社·

Publishing House of Electronics Industry

北京·BEIJING

内 容 简 介

本书以实际应用为出发点，通过合理的结构和大量来源于实际工作的精彩实例介绍信息技术与人工智能的核心知识，涵盖读者使用计算机进行日常信息技术处理与应用人工智能技术解决实际问题的方案。全书共 6 个项目，包括探索信息时代、人工智能入门、文档处理与智能优化、表格处理与智能分析、演示文稿制作与创意表达和信息素养与社会责任。

本书依照信息技术与人工智能核心知识点谋篇布局，通俗易懂、操作步骤详细、图文并茂，既适合高等学校本科和专科学生作为信息技术基础系列课程和人工智能通识教育的教材，也可作为相关技术爱好者的参考用书，具有广泛的适用性。

图书在版编目（CIP）数据

信息技术与人工智能 / 石罗，张玉南，王文韬主编.

北京 ：电子工业出版社，2025. 8. -- ISBN 978-7-121-51151-6

Ⅰ. TP3；TP18

中国国家版本馆 CIP 数据核字第 2025W89D53 号

责任编辑：戴晨辰

印　　刷：山东华立印务有限公司
装　　订：山东华立印务有限公司
出版发行：电子工业出版社
　　　　　北京市海淀区万寿路 173 信箱　　邮编：100036
开　　本：787×1092　1/16　印张：13　　字数：358 千字
版　　次：2025 年 8 月第 1 版
印　　次：2025 年 8 月第 1 次印刷
定　　价：49.80 元

前言 Preface

党的二十大报告提出要实施科教兴国战略，强化现代化建设人才支撑。强调要深化教育领域综合改革，加强教材建设和管理。为了响应党中央的号召，深入贯彻全国教育大会和《教育强国建设规划纲要（2024—2035 年）》精神，我们在充分进行调研和论证的基础上，精心编写了这本《信息技术与人工智能》教材。

随着计算机的发明与日渐成熟的应用，我们迎来了波澜壮阔的信息时代。与计算机相伴而生的信息技术被广泛而深入地应用于行政管理、企业办公、工程应用等行业领域。熟练使用乃至精通基本信息技术成为不少职场人士必须具备的基本能力。

随着 ChatGPT 一鸣惊人地将人工智能技术的应用成果呈现在人们面前，人工智能技术展示了其颠覆性的力量，DeepSeek 的异军突起更是引发了整个社会关注人工智能的热潮。身处人工智能时代，我们深切地感受到人工智能对人们的思维模式和生活方式的改变，人工智能技术必将对人类的社会生产和生活产生重大而深远的影响。

教育部于 2024 年启动了教育系统人工智能大模型示范应用行动，旨在打造人工智能通识课程体系，赋能理工医农文等各类人才培养。"人工智能+"时代来临，高校迫切需要构建一套完整的人工智能通识课程体系，为社会培养、输送大量具有人工智能素养的优秀专业人才。

本书以由浅入深、循序渐进的方式展开讲解，从基础的计算机系统组成到实际的办公软件运用，再到人工智能技术的实践应用，以合理的结构和经典的范例对基本和实用的功能进行了详细的介绍，具有极高的实用价值。通过学习本书，读者不仅可以掌握信息技术与人工智能的基本知识和应用技巧，而且可以掌握一些基本办公软件结合人工智能技术的应用，提高日常工作效率。

本书具有以下鲜明特点：

✓ 案例新颖，简单易懂

本书从帮助读者快速熟悉和提升信息技术与人工智能技术应用技巧的角度出发，尽量结合以前沿的人工智能知识为代表的实际应用案例，给出详尽的操作步骤与技巧提示，力求将常见的方法与技巧全面细致地介绍给读者，使读者容易掌握。

✓ 技能与思政教育紧密结合

本书在讲解信息技术专业知识的同时，紧密结合思政教育主旋律，从专业知识角度出发，引导学生触类旁通，提升相关思政素养。

✓ 项目式教学，实操性强

全书采用项目式教学，将信息技术应用知识分解并融入一个个实践操作的训练项目，增强了本书的实用性。

本书包含丰富的配套教学资源，读者可登录华信教育资源网（www.hxedu.com.cn）免费下载。也可扫描以下二维码获取。

本书资源

本书由临沂科技职业学院的石罗、张玉南、王文韬任主编，临沂科技职业学院的孙祥、虞铠华、苗志坤、张朕华、刘庆典、张永超任副主编，山东胜利职业学院的贾继成、聊城职业技术学院的李齐冉、北京世纪超星信息技术发展有限责任公司的周涛任参编。解江坤老师等为本书的编写提供了必要的帮助。对他们的付出表示真诚的感谢。

作　者

2025 年 8 月

目 录 Contents

项目一　探索信息时代

导读

在当今信息时代，信息技术与通信技术的迅猛发展深刻改变了人们的生活、工作和社会交往方式。随着云计算、大数据、物联网、区块链等新一代信息技术的兴起，信息的获取、存储、处理和应用变得更加高效和智能化。然而，在享受信息技术带来的便利的同时，信息安全问题也日益突出，成为迫切需要解决的问题。

知识 目标

1. 熟悉信息技术的基本概念及其发展历程。
2. 熟悉通信技术的特点及其发展历程。
3. 了解信息安全的基本要素及防护措施。
4. 了解新一代信息技术。

技能 目标

1. 能够运用信息检索工具进行高效的信息查询与筛选。
2. 能够制定合理的信息检索方案。
3. 具备基本的信息安全防护能力，能识别和防范常见的信息安全威胁。
4. 可以结合实际案例，分析新一代信息技术的应用价值和发展趋势。

素质 目标

通过探究信息技术、通信技术及信息安全的基本原理与发展历程，学生将具备良好的社会责任感和技术应用意识。

1.1　信息与通信技术概述

案例 描述

通过对本案例相关知识的学习和实践，要求学生全面了解信息技术与通信技术的基本概念、发展历程及其在现代社会中的重要作用。

创建 小组

全班根据实际情况进行分组，建议每组 3～5 人，各组选出组长，组长为组员分配任务并将分工和实施详情记录下来。在开始案例实施前，请全组成员查看知识链接的内容。请各组组长参考以下问题，组织组员收集和整理相关材料，并根据收集到的资料进行讨论。

问题1：信息技术发展的各个阶段对当时社会生活方式或生产方式产生了哪些影响？

问题2：现代通信技术的特点在实际应用场景中是如何体现的？

知识 链接

1.1.1 信息技术概述

1. 信息技术的概念

信息技术（Information Technology），通常是在计算机与通信技术支持下用以采集、存储、处理、传递、显示那些包括声音、图像、文字和数据在内的各种信息等一系列现代化技术。信息技术也可理解为能够扩展人的信息功能（人同信息打交道的本领，包括提取和收集信息、处理信息、存储信息、传递和产生信息的本领）的技术。它是在分析、探索与掌握人类信息功能机制的基础上，运用信息科学提供的原理与方法以及各种技术（包括电子技术、激光技术等），综合开发出新的人工系统以增强与扩展人的信息器官的功能。

2. 信息技术的发展历程

信息技术的发展经历了 5 个阶段：语言和符号阶段、文字阶段、印刷阶段、电信阶段、计算机及网络阶段。

（1）语言和符号阶段：在人类文明发展的早期，人们通过使用语言和符号进行简单的信息交流。语言的出现使得人类可以相互交流，分享彼此的知识和经验。符号则是一种更为抽象的表示方式，用于表达某种特定的含义或概念。例如，人们使用手势、表情、旗帜等符号表示不同的意思。

（2）文字阶段：随着人类社会的进步和发展，文字已成为信息技术的一个重要组成部分。文字的出现使得人们可以将信息记录下来，进行更为系统和深入的交流。书籍、报纸等出版物成为一种重要的信息传播工具，使得人们可以跨越时间和空间的限制，分享和传承知识。

（3）印刷阶段：随着印刷技术的发明和进步，信息技术进入了一个新的阶段。印刷术的出现使得书籍可以大规模地生产和复制，从而促进了知识的普及和文化的传播。此外，印刷技术还使得信息的表现形式更加多样化和生动化。例如，报纸、杂志等出版物可以包含图片、文字等多种元素。

（4）电信阶段：随着电信技术的发展，信息技术进入了电信阶段。电报、电话等电信设备的出现，使得人们可以进行远距离的通信。随后，电视、广播等多媒体设备也相继出现，使得信息的传播形式更加丰富和多样化。此外，计算机的出现也使得信息技术的发展更加迅速和广泛。

（5）计算机及网络阶段：随着计算机和网络技术的发展，信息技术进入了计算机及网络阶段。计算机的出现使得信息的处理和分析更加高效和准确，同时也使得信息的存储和访问更加方便和快捷。网络技术的出现则使得信息的交流和共享更加便捷和广泛。例如，互联网的出现使得人们可以随时随地获取和分享信息。此外，云计算、大数据等新兴技术的出现也使得信息技术的发展更加迅速和广泛。

1.1.2 通信技术概述

1. 通信技术的概念

通信技术是指将信息从一个地方（信源）传递到另一个地方（信宿）的技术，实现信息的有效传递、接收和处理。它涉及多种媒介，如无线电波、光缆、卫星等，以及不同的传输方式，包括数字通信和模拟通信。例如，在手机通话中，声音信息通过手机的麦克风被转化为电信号，经编码和调制后，发送到基站。基站再将信号转发到对方手机的基站，最后解调、解码还原成声音信号，让对方听到声音，这是通信技术在日常生活中的典型应用。

2. 通信技术的特点

通信技术作为现代社会的基石，其独特的特点使其在各个领域都发挥着不可替代的作用。接下来，我们将深入探讨通信技术的几大显著特点，这些特点不仅体现了通信技术的先进性，也推动了其在各个行业的广泛应用。

（1）高效率：能够在短时间内传递大量信息。以 5G 网络为例，其理论峰值速率可达每秒数十吉比特，相比 4G 网络有巨大提升，让用户可以快速下载大型文件、在线观看高清视频等，大幅提高了信息交互的效率。

（2）准确性：通过先进的编码、纠错技术，确保信息在传输过程中不会因外界干扰等因素导致错误。例如，前向纠错编码（FEC）技术可以在接收端自动纠正传输过程中出现的一定比例的错误码元，保证接收信息的准确性。

（3）实时性：一些通信技术（如视频会议系统），能够实现实时的信息交互，让双方如同面对面交流一样，使信息的传递几乎没有延迟，满足人们在工作、生活等多种场景下对实时沟通的需求。

（4）覆盖范围广：从传统的有线通信到现代的无线通信，通信技术的覆盖范围不断扩大。卫星通信可以实现全球范围内的信息传递，无论是在偏远山区、海上还是空中，只要有卫星信号覆盖，就能进行通信。

3. 通信技术的发展历程

通信技术自诞生以来，便开启了不断发展与变革的历程，其每一次的飞跃都紧密关系着人类文明的进步与社会需求的演变。从古代的烽火台传递信号，到如今的 5G 网络覆盖全球，通信技术经历了漫长而辉煌的发展道路，推动着人类从原始社会逐步迈向信息时代。

（1）古代通信：早期的通信方式较为原始，如古代中国利用烽火台传递军情。在边境线上每隔一定距离修建一个烽火台，当发现敌情时，士兵点燃烽火，通过烟雾和火光快速向远处传递警报，这种方式简单直接，但容易受天气等因素影响。还有古代的驿站系统，依靠人力骑马或乘马车在驿站之间接力传递书信等信息，虽然速度较慢，但在当时对于行政命令的传达、商务往来等起到了重要作用。

（2）电报时代：19 世纪 30 年代，电报技术诞生。它利用电流的通断表示信息，通过摩尔斯电码将文字转换为点和划的组合。例如，国际求救信号"SOS"就是由三个点、三个划、三个点组成的。电报技术在当时大幅提高了信息传递的速度和效率，使远距离的信息传递进入了电信时代，用于新闻传播、商务联系等诸多领域。

（3）电话时代：1876 年，贝尔发明了电话。电话通过话筒将声音信号转换为电信号，经过线路传输后，再由听筒将电信号还原为声音信号，实现了人们远距离实时语音交流的梦想。早期的电话系统是通过人工交换台进行接线转接，而后随着技术发展，自动电话交换机的出现，极大地提高了电话通信的效率和便捷性，电话逐渐成为家庭和企业通信的重要工具。

（4）无线电通信发展：20 世纪初，无线电通信技术逐渐成熟。马可尼等人的研究使人类能够利用无线电波进行通信，无须铺设线路，大幅增加了通信的灵活性。在航海、航空领域，无线电通信成为船舶、飞机与岸上通信的关键手段，用于导航、遇险求救等。同时，广播电台的出现让信息可以同时向广大听众传播，如新闻广播、音乐广播等丰富了人们的精神生活。

（5）数字通信与现代网络时代：20 世纪后期至今，数字通信技术蓬勃发展。计算机网络、光纤通信等技术的应用，使信息以数字形式进行高效传输和处理。从早期的计算机网络，如 **ARPA Net**（阿帕网），到如今的互联网，人们可以通过电子邮件、即时通信软件、视频通话等多种方式在全世界范围内便捷地交流信息。同时，移动通信技术从 1G 到 5G 的不断演进，让我们能够随时随地接入网络，享受高速的数据传输服务，如 5G 技术在智能交通、工业互联网等众多领域开启了新的应用篇章。

案例 实施

（1）所有学生需先阅读并理解"知识链接"的内容。
（2）利用图书馆、互联网等资料获取方式了解信息与通信技术。
（3）小组成员整理资料并互相讨论和总结。

小组 评价

评价内容	评价标准	分值	教师评估
信息技术概述	熟悉信息技术的基本概念及其发展历程	50	
通信技术概述	熟悉通信技术的特点及其发展历程	50	
总分		100	

1.2 了解信息检索与信息安全

案例 描述

通过对本案例相关知识的学习和实践，要求学生能够掌握信息检索的基本方法与技巧，并具备初级的信息安全意识，从而在实际学习、生活和未来工作中更高效地获取和利用信息资源。

创建 小组

全班根据实际情况进行分组，建议每组 3～5 人，各组选出组长，组长为组员分配任务并将分工和实施详情记录下来。在开始案例实施前，请全组成员查看知识链接的内容。请各组组长参考以下问题，组织组员收集和整理相关材料，并根据收集到的资料进行讨论。

问题 1：如何有效查找教育类学术文献。
问题 2：你认为目前最严重的信息安全威胁是什么？应该如何防范？

知识 链接

1.2.1　了解信息检索

1. 信息检索概念

信息检索（Information Retrieval）是指将信息按一定的方式组织起来，并根据信息用户的需要查找出有关的信息的过程和技术。狭义的信息检索仅指信息查询（Information Search）。即用户根据需要，采用一定的方法，借助检索工具，从信息集合中查找出所需要信息的过程。广义的信息检索是将信息按一定的方式进行加工、整理、组织并存储起来，再根据信息用户特定的需要将相关信息准确地查找出来的过程。又称信息的存储与检索。一般情况下，信息检索指的就是广义的信息检索。

2. 信息检索的要素

随着技术的发展，信息检索的方式和工具也在不断进步。例如，人工智能和机器学习技术的应用正在改变信息检索的方法和效率。因此，了解和掌握信息检索的基本要素，对于提高个人的信息素养和解决实际问题具有重要意义。

1）信息检索的前提——信息意识

所谓信息意识，是人们利用信息系统获取所需信息的内在动因，具体表现为对信息的敏感性、选择能力和消化吸收能力，从而判断该信息是否能为自己或某一团体所利用，是否能解决实践中某一特定问题等一系列的思维过程。信息意识包含信息认知、信息情感和信息行为倾向等内容。

2）信息检索的基础——信息源

个人为满足其信息需要而获得信息的来源，称为信息源。其分类如下：

（1）信息源按照表现方式划分：口语信息源、体语信息源、实物信息源和文献信息源。

（2）信息源按照数字化记录形式划分：书目信息源、普通图书信息源、工具书信息源、报纸信息源、期刊信息源、特种文献信息源、数字图书馆信息源、搜索引擎信息源。

（3）信息源按照文献载体划分：印刷型、缩微型、机读型、声像型。

（4）信息源按照文献内容和加工程度划分：一次信息、二次信息、三次信息。

（5）信息源按照出版形式划分：图书、报刊、研究报告、会议信息、专利信息、统计数据、政府出版物、档案、学位论文、标准信息（它们被认为是十大信息源，其中后 8 种被称为特种文献。教育信息资源主要分布在教育类图书、专业期刊、学位论文等不同类型的出版物中）。

3）信息检索的核心——信息获取能力

信息获取能力是指个人在最短时间内找到最相关信息的能力，包括以下几个方面：

（1）了解各种信息来源：要能够识别和理解不同类型的信息资源，如图书、期刊、报告、数据集、网站和其他多媒体资源。了解这些信息来源的特点和适用场景，能够帮助个人快速定位到所需信息的大致范围。

（2）掌握检索语言：检索语言是信息检索中用于描述信息需求和信息资源的语言，包括关键词、分类语言、主题语言等。掌握检索语言能够使个人更加精准地表达信息需求，提高检索的准确率。

（3）熟练使用检索工具：能够熟练操作各种检索系统和工具，如搜索引擎、数据库、目录等。了解不同检索工具的功能和特点，能够根据不同的信息需求选择合适的工具，从而高效地获取所需信息。

能对检索效果进行判断和评价判断检索效果的两个指标为：

查全率=被检出相关信息量/相关信息总量（%）

查准率=被检出相关信息量/被检出信息总量（%）

除了上述方面，信息获取能力还涉及信息的筛选、评估、组织和管理等多个方面。例如，个人需要具备辨别信息真伪的能力，避免被错误或虚假信息所误导。同时，还需要能够有效地组织和管理获取的信息，以便日后的使用和引用。

4）信息检索的关键——信息利用

社会进步的过程就是一个知识不断地生产—流通—再生产的过程。为了全面、有效地利用现有知识和信息，在学习、科学研究和生活过程中，信息检索的时间比例逐渐增高。

获取学术信息的最终目的是通过对所得信息的整理、分析、归纳和总结，根据自己学习、研究过程中的思考和思路，将各种信息进行重组，创造出新的知识和信息，从而实现信息激活和增值。

3. 信息检索的基本流程

信息检索是一个动态且可能需要反复迭代的过程，它要求检索者具备分析问题、选择合适的检索工具和策略、评估和调整检索结果的能力。其基本流程如下：

1）分析问题

这是信息检索流程的起始点，需要明确要解决的问题是什么，包括确定问题的主题、研究要点、学科范围、语种范围、时间范围和文献类型等。这一步骤对于后续检索的准确性至关重要。

2）选择检索工具

在明确了检索需求后，接下来需要选择合适的信息检索系统，这可能包括图书馆的目录系统、学术数据库、在线搜索引擎等。选择合适的检索工具是高效获取信息的关键。

3）制定检索方案

根据分析问题的结果，制定出合适的检索方案。这个方案应该包括选择哪些检索字段、检索词以及它们之间的逻辑关系（如 AND、OR、NOT 等）。

4）执行检索

根据制定的检索方案，在选定的检索工具中输入检索词，执行检索操作。

5）检查检索结果

检索后，需要检查返回的结果是否符合预期，是否满足先前分析问题时确定的需求。如果结果不尽如人意，可能需要返回前面的步骤进行调整。

6）做好检索记录

在获得满意的检索结果后，应该记录下检索的过程和结果，以便于未来的回顾和引用。

7）调整检索策略

如果初步的检索结果不够理想，可能需要调整检索策略，比如更换关键词、使用不同的逻辑算符或者更改检索字段等，以便更精确地找到所需信息。

8）获取全文

最后，根据检索到的文献线索，获取全文资源，完成整个信息检索过程。

4. 信息检索方法

信息检索的方法多种多样，分别适用于不同的检索目的和检索要求。在信息检索过程中，具体选用哪种检索方法，由于客观情况和条件的限制不尽相同。下面介绍 4 种常用的信息检索方法。

1）布尔逻辑检索

布尔逻辑检索是计算机检索的基本技术，指用布尔逻辑算符表示两个检索词之间的逻辑关系，然后由计算机进行相应的集合运算，以筛选出所需要的记录。

（1）逻辑或：用"OR"或"+"表示。用于连接并列关系的检索词。用 OR 连接检索词 A 和检索词 B，则检索式为：A OR B（或 A+B）。表示让系统查找含有检索词 A、B 之一，或同时包括检索词 A 和检索词 B 的信息。例如，查找"肿瘤"的检索式为：癌 OR 瘤。

（2）逻辑与：用"AND"与"*"表示。用于表示其所连接的两个检索项的交叉部分，也即交集部分。如果用 AND 连接检索词 A 和检索词 B，则检索式为：A AND B（或 A*B）。表示让系统检索同时包含检索词 A 和检索词 B 的信息集合 C。例如，查找"胰岛素治疗糖尿病"的检索式为：胰岛素 AND 糖尿病。

（3）逻辑非：用"NOT"或"-"号表示。用于连接排除关系的检索词，即排除不需要的和影响检索结果的概念。用 NOT 连接检索词 A 和检索词 B，检索式为：A NOT B（或 A-B）。表示检索含有检索词 A 而不含检索词 B 的信息，即将包含检索词 B 的信息集合排除掉。例如，查找"动物的乙肝病毒（不要人的）"的检索式为：乙肝 NOT 人类。

检索中布尔逻辑运算符是使用最频繁的，但若一个检索式中含有多个逻辑运算符，一般来说，它们是有运算顺序的。优先级为：NOT-AND-OR。可以用括号改变它们之间的运算顺序。例如，（A OR B）AND C，表示先执行 A OR B 的检索，再与 C 进行 AND 运算。

2）限定检索

（1）字段限定检索

字段限定检索指把检索词限定在某个/某些字段中，如果记录的相应字段中含有输入的检索词则为命中记录，否则检索不中。

在进行字段限定检索时，计算机只对限定字段进行匹配运算，以提高检索效率和查准率。不同数据库所包含的字段数目不尽相同，字段名称也有所区别。常见的检索字段有：主题、篇名、关键词、摘要、作者、作者单位、刊名、分类号、全文等。

搜索引擎提供了许多带有典型网络检索特征的字段限制类型，如主机名（host）、域名（domain）、链接（link）、URL（site）、新闻组（newsgroup）和 E-mail 限制等。这些字段限制功能限定了检索词在数据库记录中出现的区域。由于检索词出现的区域对检索结果的相关性有一定的影响，因此，字段限制检索可以用于控制检索结果的相关性，以提高检索效果。

（2）二次检索

二次检索又称"在结果中检索"，是指在前一次检索的结果中运用逻辑与、逻辑或、逻辑非进行另一概念的再限制检索，其主要作用是进一步精选文献，以达到理想的检索结果。一次检索中检索结果不理想，往往需要进一步设定检索条件，进行二次检索。

3）截词检索

截词检索是预防漏检、提高查全率的一种常用检索技术，大多数系统都提供截词检索的功能。截词是指在检索词的合适位置进行截断，然后使用截词符进行处理，这样既可节省输入的字符数目，又可达到较高的查全率。尤其在西文检索系统中，使用截词符处理自由词，对提高查全率的效果非常显著。截词检索一般是指右截词，部分支持中间截词。截词检索能够帮助提高检索的查全率。

不同的系统所用的截词符也不同，常用的有？、$、*等。分为有限截词（即一个截词符只代表一个字符）和无限截词（一个截词符可代表多个字符）。如 comput？表示 computer、computers、computing 等。而在搜索引擎中，多只提供右截法。而且搜索引擎中的截词符则通常采用星号*，如 educat*相当于 education、educational、educator。

4）位置检索

位置检索也称临近检索。记录中词语的相对位置或次序不同，所表达的意思可能不同，而同样一个检索表达式中词语的相对次序不同，其表达的检索意图也不同。

位置检索是在检索词之间使用位置算符，来规定算符两边的检索词出现在记录中的位置，从而获得不仅包含有指定检索词而且这些词在记录中的位置也符合特定要求的记录，能够提高检准率，相当于词组检索。

在搜索引擎中，能提供位置检索的较少，如 AltaVista，而且它能提供的位置运算也只有一种，即临近位置运算（Near 运算），不如常见数据库检索丰富。

1.2.2　认识信息安全

信息安全是指保护信息资源免受各种威胁、干扰和破坏，确保信息保持其完整性、可用性和保密性。

信息安全的核心目的是保障信息系统或网络中的信息资源的安全。这包括计算机安全操作系统、各种安全协议、安全机制，直至安全系统的整体保护。信息安全的范畴非常广泛，从国家军事政治的机密安全到商业企业机密的保护，再到个人数据的安全都包括在内。

信息安全分为物理安全和网络安全。

（1）物理安全：也称为实体安全，主要是指保护计算机设备、设施（如网络及通信线路）等免遭自然灾害、人为破坏或环境事故等影响的措施和过程。

（2）网络安全：指网络上信息的安全，包括网络中传输和存储的数据不受偶然或恶意的破坏、更改和泄露，以及网络系统能够正常运行，网络服务不中断。为了保障网络安全，常用的技术包括密码技术、防火墙、入侵检测技术、访问控制技术、虚拟专用网技术和认证技术等。

信息安全的基本要素包括保密性、完整性、可用性、可控性、不可否认性。

1）保密性

信息不被透露给非授权用户、实体或过程。保密性是建立在可靠性和可用性的基础之上，常用保密技术有以下几点：

（1）防侦收（使对手收不到有用的信息）。

（2）防辐射（防止有用信息以各种途径辐射出去）。

（3）信息加密（在密钥的控制下，用加密算法对信息进行加密处理，即使对手得到了加密后的信息也会因没有密钥而无法读懂有用信息）。

（4）物理保密（使用各种物理方法保证信息不被泄露）。

2）完整性

在传输、存储信息或数据的过程中，确保信息或数据不被非法篡改或在篡改后被迅速发现，能够验证所发送或传送的东西的准确性，并且进程或硬件组件不会被以任何方式改变，保证只有得到授权的人才能修改数据。

完整性服务的目标是保护数据免受未授权的修改，包括数据的未授权创建和删除。通过如下行为，完成完整性服务：

（1）屏蔽，从数据生成受完整性保护的数据。

（2）证实，对受完整性保护的数据进行检查，以检测完整性故障。

（3）去屏蔽，从受完整性保护的数据中重新生成数据。

3）可用性

让得到授权的实体在有效时间内能够访问和使用到所要求的数据和数据服务，提供数据可用性保证的方式有如下几种：

（1）性能、质量可靠的软件和硬件。

（2）正确、可靠的参数配置。

（3）配备专业的系统安装和维护人员。

（4）网络安全能得到保证，发现系统异常情况时能阻止入侵者对系统的攻击。

4）可控性

指网络系统和信息在传输范围和存放空间内的可控程度，是对网络系统和信息传输的控制能力特性。使用授权机制，控制信息传播范围、内容，必要时能恢复密钥，实现对网络资源及信息的可控性。

5）不可否认性

对出现的安全问题提供调查，使参与者（攻击者、破坏者等）不可否认或抵赖自己所做的行为，实现信息安全的审查性。

案例　实施

（1）所有学生需先阅读并理解"知识链接"的内容。

（2）小组成员尝试使用不同的信息检索方式。

（3）互相讨论并整理出最为合适的检索方式。

（4）去收集与网络安全相关的资料，开展讨论。

小组　评价

评价内容	评价标准	分值	教师评估
了解信息检索	能够熟练掌握信息检索的基本方法	50	
认识信息安全	了解信息安全的基本要素	50	
总分		100	

1.3　初识新一代信息技术

案例　描述

通过对本案例相关知识的学习和实践，要求学生全面了解新一代信息技术的定义、特点及其在实际生活和工作中的应用。

创建　小组

全班根据实际情况进行分组，建议每组 3～5 人，各组选出组长，组长为组员分配任务并将分工和实施详情记录下来。在开始案例实施前，请全组成员查看知识链接的内容。请各组组长参考以下问题，组织组员收集和整理相关材料，并根据收集到的资料进行讨论。

问题 1：云计算在实际生活中有什么应用？

问题 2：物联网在实际生活中有什么应用？

知识 链接

1.3.1 认识云计算

1. 云计算的定义

云计算（Cloud Computing）是分布式计算的一种，指的是通过网络"云"将巨大的数据计算处理程序分解成无数个小程序，然后，通过多台服务器组成的系统对这些小程序进行处理和分析，得到结果并返回给用户。

美国国家标准与技术研究院（NIST）定义：云计算是一种按使用量付费的模式，这种模式提供可用的、便捷的、按需的网络访问，进入可配置的计算资源共享池（资源包括网络、服务器、存储、应用软件、服务），这些资源能够被快速提供，只需投入很少的管理工作，或与服务供应商进行很少的交互。

从广义上说，云计算是与信息技术、软件、互联网相关的一种服务，这种计算资源共享池称为"云"。云计算把许多计算资源集合起来，通过软件实现自动化管理，只需要很少的人参与，就能让资源被快速提供。也就是说，计算能力作为一种商品，可以在互联网上流通，就像水、电、煤气一样，可以方便地取用，且价格较为低廉。

2. 云计算的特点

云计算以其弹性伸缩、高可用性、可靠性和无边界性等特点，为用户提供了高效的、灵活的、可靠的计算资源和服务。这些特点共同构成了云计算的核心价值，使其成为现代信息技术领域的重要组成部分。

1）弹性伸缩

云计算可以根据用户的需求进行弹性扩展或收缩。用户可以根据业务量的变化，灵活调整计算资源的规模，避免了过度投入或资源浪费的问题。

2）高可用性

云计算平台通常由大规模的数据中心组成，这些数据中心分布在全球各地。通过复制数据和应用程序到不同的地理位置，可以实现高可用性，以防止单点故障和数据丢失。

3）可靠性

云计算平台通常采用分布式架构，将计算任务分散到多个服务器上。当一个服务器发生故障时，系统可以自动将任务转移到其他可用的服务器上，以确保计算任务不会中断。

4）按需付费

云计算通常采用按需付费的模式，用户只需根据实际使用的计算资源付费。这种按需付费的模式使得用户可以根据实际需求灵活使用计算资源，避免了购买和维护大量硬件设备的成本。

5）无边界性

云计算的服务可以通过互联网随时随地访问，用户只需具备网络连接和登录授权，即可使用云计算平台提供的各种服务。这种无边界性的特点使得用户可以方便地远程访问和管理自己的计算资源和数据。

3. 云计算的应用

云计算的应用领域非常广泛，并且在不断扩大和深化。云存储、云服务、云物联和云安全是云计算的几个重要应用，它们在提高效率、降低成本、提升用户体验等方面发挥着重要作用。

1）云存储

云存储（Cloud Storage）技术是新兴的一种基于网络的存储技术，旨在通过互联网为用户提供更强的存储服务。云存储是指通过集群应用、网格技术或分布式文件系统等功能，将网络中大量各种不同类型的存储设备通过应用软件集合起来协同工作，共同对外提供数据存储和业务访问功能的一个系统。当云计算系统运算和处理的核心是大量数据的存储和管理时，云计算系统中就需要配置大量的存储设备，那么云计算系统就转变成为一个云存储系统，所以云存储是一个以数据存储和管理为核心的云计算系统。

目前国内外发展比较成熟的云存储有很多。比如，百度网盘是百度推出的一项云存储服务，首次注册即有机会获得 2T 的空间，已覆盖主流 PC 和手机操作系统，包含 Web 版、Windows 版、Mac 版、Android 版、iPhone 版和 Windows Phone 版。用户可以轻松将自己的文件上传到网盘上，并可以跨终端随时随地查看和分享。

2）云服务

云服务是基于互联网的一种服务扩展、利用及交互模式，它通常涉及经由网络提供可灵活扩展的、往往虚拟化的资源。当前，众多企业均推出了自身的云服务产品，如 Google、Microsoft、Amazon 等知名企业。云服务的典型案例包括微软的 Hotmail、谷歌的 Gmail 以及苹果的 iCloud 等，这些服务以电子邮箱账户为核心，实现用户登录后内容的在线同步功能。此外，即便在没有 U 盘的情况下，用户也常将文件发送至自己的邮箱中，以此实现在不同地点访问文件的便捷性，这也体现了云服务的原始应用之一，即支持在线操作和随时接收文件的能力。

当前，移动设备普遍内置了账户云服务功能。以苹果公司提供的 iCloud 为例，一旦用户将数据存储至 iCloud，便能在不同设备（如电脑、平板和手机等）上轻松访问自己的音乐、图片和其他数据。iCloud 是一个能够将所有 iOS 设备串联起来的云服务网络，通过它，用户可以在不同设备上查看个人应用，无须进行烦琐的文件复制或传输。此外，其应用范围并不局限于此，它还能让用户在所有绑定的设备上随时随地查看和编辑文件，确保同步后的文档内容与最后一次修改保持一致，实现即时取用。

3）云物联

云物联技术是基于云计算框架构建的，它实现了设备与设备之间的智能连接。这项技术通过部署传感器等设备，使得传统物体能够感知环境信息和响应远程指令，进而将这些物体接入互联网。借助于云计算技术，云物联能够进行高效的数据存储与处理，从而构筑起一个全面的物联网系统。

云物联依赖于云计算和云存储技术，为物联网的技术应用提供了坚实的基础设施。它具备实时监控各个设备状态的能力，能够对采集到的数据进行集中处理、分析及筛选，以便提取有价值的信息，并对设备的未来发展和操作做出智能化决策。

以 ZigBee 通信协议的智能开关为例，这类云物联产品已经实现了人与设备间的高效互动。它们可以被广泛应用于住宅、办公室、医疗机构和酒店等多种环境中。用户无论身处何地，都可以通过 Web 浏览器、手机或平板电脑等终端设备，实现对家居照明系统的远程控制，确保了对家居环境的即时管理和调度。

4）云安全

云安全代表了随着云计算技术演进而出现的信息安全新阶段，并且是云计算技术的关键应用领域。该技术综合了并行处理和对未知病毒行为的预测分析等前沿科技，通过一个由众多客户端构成的网络，监测互联网中的软件异常行为，实时捕获木马和恶意程序的最新动态。这些信息被传送至服务器端进行自动化分析与处理，进而将解决方案分发至所有客户端。云安全旨在把整个互联网转变为一款巨型的杀毒软件，这是其宏伟的目标。

例如，360 使用的云安全技术（如图 1-1 所示），在 360 云安全计算中心建立了一个庞大的数据库，其中包含了数亿个已被标识为恶意软件的黑名单样本，以及经验证为安全的文件白名单。360 系列产品利用互联网查询技术，将文件扫描检测的任务从本地计算机迁移到远程的云服务器上执行，显著提升了对恶意软件检测和防护的及时性和有效性。此外，由于超过 90% 的安全检测计算任务由云服务器完成，这大幅减轻了本地计算资源的压力，从而使得计算机运行更加迅速。

图 1-1　360 云安全

1.3.2　了解区块链

1. 区块链的定义

区块链（Blockchain）是一种将数据区块有序连接，并以密码学方式保证其不可篡改、不可伪造的分布式账本（数据库）技术。

狭义区块链是按照时间顺序，将数据区块以顺序相连的方式组合成的链式数据结构，并以密码学方式保证的不可篡改和不可伪造的分布式账本。

广义区块链技术是利用块链式数据结构验证与存储数据、利用分布式节点共识算法生成和更新数据、利用密码学的方式保证数据传输和访问的安全、利用由自动化脚本代码组成的智能合约编程和操作数据的全新的分布式基础架构与计算范式。

区块链，就是一个又一个区块组成的链条。每一个区块中存储了一定的信息，它们按照各自产生的时间顺序连接成链条。这个链条被存储在所有的服务器中，只要整个系统中有一台服务器可以工作，整条区块链就是安全的。这些服务器在区块链系统中被称为节点，它们为整个区块链系统提供存储空间和算力支持。如果要修改区块链中的信息，必须征得半数以上节点的同意并修改所有节点中的信息，而这些节点通常掌握在不同的主体手中，因此篡改区块链中的信息是一件极其困难的事。相比于传统的网络，区块链具有两大核心特点：一是数据难以篡改，二是去中心化。基于这两个特点，区块链所记录的信息更加真实可靠，可以帮助解决人们互不信任的问题。

2. 区块链的特点

区块链技术是一种分布式数据库技术，其核心特点是去中心化、不可篡改和透明性。

1）去中心化

区块链技术摒弃了传统的中心化数据存储方式，采用分布式网络，数据不再集中存储于单一的中心节点，而是分散在整个网络中的多个节点上。这种去中心化的特性大幅提高了系统的抗攻击能力和稳定性，因为没有单一的控制点，攻击者很难破坏整个系统。

2）不可篡改性

区块链中的数据一旦被写入并得到网络的确认，就几乎不可能被更改或删除。每个区块都包含前一个区块的哈希值，形成了一个连锁反应，任何试图篡改数据的行为都会导致后续所有区块的哈希值发生变化，从而被网络其他节点所检测并拒绝。

3）可追溯性

区块链记录了每一笔交易的详细信息，包括交易双方、交易金额、时间戳等，这些信息被永久记录并存储在整个网络中。这种可追溯性为监管和审计提供了便利，有助于防止欺诈和不当行为。

4）透明性

区块链的数据对所有参与者开放，任何人都可以查看区块链上的交易记录和数据信息。这种高度的透明性有助于建立信任，促进信息共享和合作。

5）智能合约

区块链技术支持智能合约，这是一种自动执行的、基于预设规则的程序。智能合约在满足特定条件时自动执行合同条款，无须第三方的介入，从而降低了交易成本和时间。

6）安全性

区块链使用了先进的密码学技术来确保数据的安全性。每个区块都通过复杂的算法进行加密，确保数据在传输和存储过程中不被非法访问或泄露。

3. 区块链的分类

为了适应不同的应用场景和需求，区块链根据准入机制可以分为公有链（Public Blockchain）、联盟链（Consortium Blockchain）和私有链（Private Blockchain）三种基本类型。

1）公有链

公有链（Public Block Chains）没有访问限制。任何个体或者团体都可以发送交易，且交易能够获得该区块链的有效确认，任何人都可以参与其共识过程。它具有以下特点：

（1）开放性：公有链对全世界所有人开放，任何人都可以读取链上的数据，发送交易，并且参与到区块链的共识过程中。

（2）去中心化：公有链通常具有较高的去中心化程度，网络中的节点不受单一机构的控制，而是由众多独立运行的节点共同维护。

（3）透明性：由于公有链的数据是公开可查的，任何人都可以验证交易和记录，这增加了整个系统的透明度和信任度。

（4）安全性：公有链的安全性依赖于加密技术和网络中多数节点的共识，这使得数据一旦被记录在区块链上就难以篡改。

公有链的典型代表包括比特币（Bitcoin）、以太坊（Ethereum）等。这些区块链平台不仅支持加密货币的交易，还能够运行智能合约和其他去中心化应用（DApps）。

2）联盟链

联盟链（Consortium Block Chains）通常被认为是部分去中心化的。由某个群体内部指定多个预选的节点为记账人，每个块的生成由所有的预选节点共同决定（预选节点参与共识过程），其他接入节点可以参与交易，但不过问记账过程（本质上还是托管记账，只是变成分布式记账，预选节点的多少，如何决定每个块的记账者成为该区块链的主要风险点），其他任何人可以通过该区块链开放的 API 进行限定查询。它具有以下特点：

（1）部分去中心化：联盟链由多个机构共同管理，每个机构运行一个或多个节点，这些节点共同维护区块链的完整性。

（2）可控性强：由于参与节点是预先选定的，联盟链可以实现更复杂的权限设计和访问控制，提高了网络的安全性和可信度。

（3）数据隐私保护：联盟链可以限制数据的读取权限，确保只有授权的参与者能够访问特定的数据，从而提供更好的隐私保护。

（4）交易效率高：联盟链可以通过减少验证节点的数量加快交易确认时间，提高每秒交易数，满足企业级应用的需求。

（5）灵活性高：如果需要的话，运行联盟链的组织可以轻松修改区块链的规则或恢复备份数据，以适应不断变化的业务需求。

（6）共识机制多样：联盟链在共识机制方面趋向多元化，可以根据不同的业务场景选择合适的共识算法，以提高整体效率。

（7）扩展性良好：联盟链可以根据业务发展的需要进行扩容，支持更多机构加入，增强网络的功能性和应用范围。

联盟链适用于需要多方协作、数据共享但又对安全性和隐私保护有较高要求的场景，如金融、供应链管理、医疗健康等领域。它结合了公有链的透明度和私有链的控制性，为特定群体提供了一个安全、高效的协作平台。随着区块链技术的发展，联盟链的应用场景和价值潜力将会进一步显现。

3）私有链

私有链（Private Block Chains）的访问和参与权限受到严格控制，通常由单个机构或组织管理。它具有以下特点：

（1）交易速度快：由于私有链中的节点数量相对较少，且节点间信任度高，因此交易确认过程更快。

（2）隐私保护：私有链为数据提供了更好的隐私保障，因为其数据访问权限可以根据组织的需求设定。

（3）成本降低：在私有链上进行的交易成本可以大幅降低，甚至为零，因为不需要为每个节点的工作支付费用。

私有链适用于需要快速处理大量交易的场景，如大型企业的内部管理系统；也适合对数据隐私有严格要求的场合，如内部财务系统或者供应链管理系统。

1.3.3 熟悉大数据

1. 数据与大数据的定义

在计算机科学中，数据是指所有能够输入计算机中并被计算机程序处理的符号的介质的总称。它是用于输入电子计算机中进行处理，具有一定意义的数字、字母、符号和模拟量等的统称。随着社会的发展，计算机能够存储和处理的对象日趋广泛，表示这些对象的数据也随之变得越来越复杂。

那么"大数据"这个词是从哪里来的呢？据资料记载，"大数据"一词最早出现在 1980 年著名未来学家阿尔文·托夫勒所著的《第三次浪潮》一书，该书中提到"如果 IBM 的主机拉开了信息化革命的大幕，那么'大数据'才是第三次浪潮的华彩乐章"。所谓的大数据，是指具有数量巨大（无统一标准，一般认为在 T 级或 P 级以上，即 10^{12} 或 10^{15} 以上）、类型多样（既包括数值型数据，也包括文字、图形、图像、音频、视频等非数值型数据）、处理时效短、数据源可靠性保证度低等综合属性的海量数据集合。

2. 大数据的分析与处理流程

1）需求分析

在开始大数据分析之前，首先要明确业务目标和想要解决的问题，之后确定所需的数据类型、范围和时间跨度。

2）数据收集

根据业务目标选择需要收集的数据类型和来源，如社交媒体、物联网设备和数据库等。接着利用 API 调用、爬虫抓取、日志收集等技术获取所需要的数据。

3）数据存储

根据数据的类型和规模选择合适的存储方式，如分布式文件系统（如 HDFS）、NoSQL 数据库（如 HBase、Cassandra）、云存储等。为了确保数据的可靠性和安全性，还需要定期备份和恢复测试。

4）数据集成与转换

去除重复的数据记录，将来自不同数据源的数据进行集成，形成一个统一的数据集。之后将数据转换为适合分析的格式，如将文本数据转换为数值数据。

5）数据分析

统计分析：运用描述性统计和推断性统计的方法，对数据进行基本的分析，如均值、中位数、众数、方差等。

数据挖掘：运用关联规则、聚类、分类、预测等算法，从数据中发现潜在的模式和关联。

可视化分析：将数据以图表、图像等形式展示，便于用户直观地理解和分析数据。

6）结果解释和应用

解释分析结果：对数据分析的结果进行解释和说明，确保业务人员能够理解和应用这些结果。

制定业务策略：根据分析结果，制定相应的业务策略，如优化产品、改进服务、调整营销策略等。

监测和评估：对实施的业务策略进行监测和评估，确保策略的有效性和可持续性。

7）数据安全与隐私保护

数据加密：对敏感数据进行加密处理，确保数据在传输和存储过程中的安全性。

访问控制：设置合适的访问权限和身份验证机制，确保只有授权人员能够访问和分析数据。

数据脱敏：在共享或发布数据时，对敏感信息进行脱敏处理，保护用户隐私。

3. 大数据下的未来生活

1）智能城市

交通：通过分析交通流量和模式，智能城市可以优化交通信号灯、公共交通路线和车辆调度，减少拥堵。

能源：智能电网可以通过大数据分析预测能源需求和负荷变化，从而优化能源生产和调度。

公共服务：公园、图书馆和其他公共设施的使用也可以通过大数据分析进行优化，以更好地服务居民。

2）教育

个性化学习：基于学生的学习习惯和成绩，教育平台可以提供个性化的学习资源和建议。

虚拟课堂：利用大数据和人工智能，虚拟课堂可以模拟真实的教学环境，提高学习效果。

教育评估：通过分析学生的学习数据，教师可以更加准确地评估学生的学习情况，提供及时的反馈。

3）社会治理

政府将利用大数据进行社会治理的创新和优化。例如，通过分析交通数据，政府可以制定更加科学的交通规划和管理措施；通过分析公共卫生数据，政府可以及时发现和应对传染病疫情。

4）医疗健康

预测性医疗：通过分析大量的健康数据，医疗机构可以预测疾病的暴发趋势，提前预防。

精准医疗：基于患者的基因、生活习惯和病史，医生可以提供更加精准的治疗方案。

远程医疗：通过远程监控和数据分析，医生可以远程诊断和治疗患者，提高医疗服务的覆盖范围。

5）环境保护

气候监测：通过收集和分析气候数据，科学家可以更加准确地预测气候变化趋势，制定应对策略。

资源管理：通过大数据分析，我们可以更好地管理和利用自然资源，减少浪费和污染。

1.3.4 认识物联网

1. 物联网的定义

物联网（Internet of Things）指的是将无处不在的末端设备和设施，包括具备"内在智能"的传感器、移动终端、工业系统、数控系统、家庭智能设施、视频监控系统等，以及"外在使能"（Enabled）的，如贴上 RFID 的各种资产（Assets）、携带无线终端的个人与车辆等"智能化物件或动物"或"智能尘埃"（Mote），按约定的协议，将这些物体与网络相连接，物体通过信息传播媒介进行信息交换和通信，以实现智能化识别、定位、跟踪、监管等功能。

2. 物联网的关键技术

物联网技术是一项综合性的技术，涵盖了从信息获取、传输、存储、处理直至应用的全过程，其关键在于传感器和传感网络技术的发展和提升。物联网的关键技术主要包括：RFID 技术、无线网络技术、中间件技术和智能处理技术等。

1）RFID 技术

RFID（Radio Frequency Identification）即射频识别技术，俗称电子标签，通过射频信号自动识别目标对象，并对其信息进行标识、登记、存储和管理。

基本的 RFID 系统由三部分组成：标签（即射频卡）、阅读器、天线。系统的基本工作流程为：阅读器通过发射天线发送一定频率的射频信号，当射频卡进入发射天线工作区域时产生感应电流，射频卡获得能量被激活。射频卡将自身编码等信息通过卡内置发送天线发送出去。系统接收天线接收到从射频卡发送的载波信号，经天线调节器传送到阅读器，阅读器对接收的信号进行解调和解码然后送到后台主系统进行相关处理；主系统针对不同的设定做出相应的处理和控制，发出指令信号控制执行动作。

2）无线网络技术

无线网络技术主要包括短距离无线网络技术、基于 IEEE 802.11 系列标准的无线局域网技术、移动通信技术，以及其他专用无线技术。其中，短距离无线网络技术主要包括无线传感器网络、蓝牙等技术。尤其是无线传感器网络，由于其节点的通信距离有限、携带的电能有限，因此，如何在有限的电能与有限的通信距离约束的条件下持久工作，是无线传感网络的关键技术。

3）中间件技术

物联网感知层存在着大量接口异构的感知传感器，它们要接入网络层并与应用层交互，必须采用相同的软硬件接口，但目前缺乏统一的标准规范，因此需要通过中间件实现协议转换与数据适配。

4）智能处理技术

在物联网架构中，感知层负责收集大量数据，然而这些原始数据必须经过处理和分析才能转化为特定领域的服务。这个过程可类比于互联网搜索引擎的机制：用户输入查询关键字后，搜索引擎会返回相关的信息列表，但用户通常还需要自行进一步筛选和处理结果。鉴于信息量庞大，人类无法对全部数据进行深入处理，因此需要借助智能处理技术提取真正有价值的信息。此外，物联网不仅提供信息查询服务，还应当提供决策支持服务。例如，在智能交通系统中，可根据实时交通状况为用户规划最佳路线。此类决策服务同样依赖于智能处理技术，以确保其高效性。综上所述，物联网发展的终极目标之一便是实现机器智能化，从而替代或辅助人类进行思考和决策。

案例 实施

（1）所有学生需先阅读并理解"知识链接"的内容。

（2）每个学生去收集并整理新一代信息技术在社会中的应用实例。

（3）小组讨论并整理收集到的信息。

小组 评价

评价内容	评价标准	分值	教师评估
认识云计算	熟悉云计算的特点与应用	25	
了解区块链	了解区块链的特点与分类	25	
熟悉大数据	熟悉大数据的分析与处理流程	25	
认识物联网	了解物联网的关键技术	25	
总分		100	

思考与练习

选择题

1. 5G网络的理论峰值速率可达每秒多少？（　　　）

    A．数吉比特　　　　B．数十吉比特　　　　C．数百吉比特　　　　D．数太比特

2. 下列哪种技术利用无线电波进行通信？（　　　）

    A．有线通信　　　　B．光纤通信　　　　C．卫星通信　　　　D．以上都不是

3. 布尔逻辑检索中，下列哪个符号表示"逻辑或"？（　　　）

    A．AND　　　　B．OR　　　　C．NOT　　　　D．XOR

4. 云存储技术主要用于下列哪一方面？（　　　）

    A．数据传输　　　　B．数据处理　　　　C．数据存储　　　　D．数据分析

5. 下列哪种区块链适用于需要多方协作但对安全性和隐私保护有较高要求的场景？（　　　）

    A．公有链　　　　B．私有链　　　　C．联盟链　　　　D．以上都不是

项目二 人工智能入门

导读

　　人工智能正以前所未有的速度改变着我们的生活、工作和学习方式。从智能语音助手到自动驾驶汽车，从医疗诊断到金融分析，人工智能技术已经渗透到各行各业，并成为推动社会进步的重要力量。本项目将带读者走进人工智能的世界，了解其基本概念、发展历程和技术架构，掌握人工智能的核心技术和应用领域，探索人工智能的现状与未来发展趋势。

知识 目标

1. 了解人工智能的发展历程，理解其不同阶段的特点及关键技术。
2. 熟悉人工智能的技术架构。
3. 了解 AIGC 的概念、发展历程及其应用场景。
4. 了解人工智能的现状与未来发展趋势。

技能 目标

1. 能够区分机器学习与深度学习的基本原理。
2. 能够根据不同的应用场景选择合适的提示词策略。
3. 可以分析人工智能的现状及未来发展趋势。
4. 可以识别人工智能可能带来的伦理问题。

素质 目标

　　通过探究人工智能的发展历程、核心技术及其在社会各领域的应用，学生将逐步树立正确的信息价值观，并提升科学素养，加深对人工智能技术的理解并增强适应能力。

2.1　人工智能概述

案例 描述

　　通过对本案例相关知识的学习和实践，要求学生全面了解人工智能的定义、发展历程及其技术架构。

创建 小组

　　全班根据实际情况进行分组，建议每组 3～5 人，各组选出组长，组长为组员分配任务并将分工和实施详情记录下来。在开始案例实施前，请全组成员查看知识链接的内容。请各组组长参考以下问题，组织组员收集和整理相关材料，并根据收集到的资料进行讨论。

　　问题：人工智能在我们日常生活中有哪些典型应用？这些应用为我们带来了哪些便利？

知识 链接

2.1.1　人工智能的定义

　　人工智能（Artificial Intelligence），英文缩写为 AI。它是研究、开发用于模拟、延伸和扩展人的智能的理论、方法、技术及应用系统的一门新的技术科学。

　　人工智能是计算机科学的一个分支，它企图了解智能的实质，并生产出一种新的、能以与人类智能相似的方式做出反应的智能机器。该领域的研究包括机器人、语言识别、图像识别、自然语言处理和专家系统等，如图 2-1 所示。从诞生以来，人工智能的理论和技术日益成熟，其应用领域也不断扩大，可以设想，未来人工智能带来的科技产品，将会是人类智慧的"容器"。人工智能可以模拟人的意识、思维的信息过程。人工智能不是人的智能，但能像人那样思考，也可能超过人的智能。

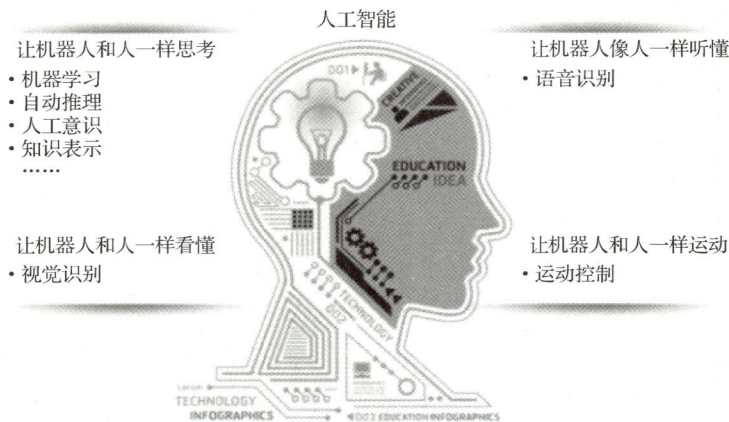

图 2-1　人工智能的定义

2.1.2　人工智能的发展历程

　　人工智能在充满未知的道路上探索，其发展历程曲折起伏，大致可划分为 5 个阶段。

　　第一阶段：起步发展期（1943 年—20 世纪 60 年代）

　　人工智能的概念被提出后，该领域发展出了符号主义、联结主义（神经网络）等学派，相继取得了一批令人瞩目的研究成果，如机器定理证明、跳棋程序、人机对话等，掀起了人工智能发展的第一个高潮。

　　第二阶段：反思发展期（20 世纪 70 年代）

　　人工智能发展初期的突破性进展大幅提升了人们对人工智能的期望，促使研究者开始尝试更具挑战性的任务，然而，受限于算力及理论等的匮乏，这些不切实际的目标最终落空，导致人工智能的发展陷入低谷。

第三阶段：应用发展期（20 世纪 80 年代）

专家系统通过模拟人类专家的知识和经验解决特定领域的问题，实现人工智能从理论研究走向实际应用、从一般推理策略探讨转向运用专门知识的重大突破。而机器学习（特别是神经网络）通过探索不同的学习策略和各种学习方法，在大量的实际应用中逐步复苏。

第四阶段：平稳发展期（20 世纪 90 年代—2010 年）

互联网技术的迅速发展加速了人工智能的创新研究，推动该技术进一步走向实用化，促使人工智能在各领域都取得进步。在 21 世纪初，专家系统的项目过度依赖编码太多的显式规则，导致效率降低且成本增加，人工智能研究的重心从基于知识系统转向了机器学习方向。

第五阶段：蓬勃发展期（2011 年至今）

2017 年，国务院发布《新一代人工智能发展规划》，提出了大数据智能、跨媒体智能、群体智能、人机混合增强智能、智能自主系统五大智能形态，指出人工智能呈现深度学习、跨界融合、人机协同、群智开放、自主操控等新特征，标志着中国人工智能发展进入新阶段。

2022 年 2 月，联合国教科文组织发布全球首份 K-12 人工智能课程报告《K-12 AI 课程：政府认可的 AI 课程图谱》（*K-12 AI Curricula：A mapping of government-endorsed AI curricula*）。在该报告中，联合国教科文组织针对 K-12 的人工智能教育提出了九个知识点领域，分别为算法与编程、数据、情景式解决问题、人工智能伦理、人工智能社会影响、人工智能在信息技术以外的应用、理解和使用人工智能理论、理解和使用人工智能技术、发展人工智能技术。

大数据、云计算、互联网、物联网等信息技术的发展，以及感知数据和图形处理器等计算平台的推动，使以深度神经网络为代表的人工智能技术取得了飞速发展。该技术大幅弥合了科学与应用之间的技术鸿沟，在图像分类、语音识别、知识问答、人机对弈、无人驾驶等领域实现了重大突破，迎来爆发式增长的新高潮。

2.1.3　人工智能的技术架构

人工智能的技术架构通常分为 3 层：基础层、技术层和应用层，如图 2-2 所示。

1. 基础层

基础层是人工智能技术的基础，负责数据的收集和处理。它包括数据、平台系统和硬件设施。数据部分涵盖图像、视频、语音、文字和结构化数据，这些是人工智能进行学习和决策的基础。平台系统包括云计算系统、云操作系统、大数据系统和计算资源调度系统，这些系统为数据的处理和分析提供了强大的支持。硬件设施如芯片、云计算服务器、传感器、GPU/CPU 和 RAM，为人工智能的运行提供了必要的物理基础。

2. 技术层

技术层是人工智能技术的核心，它包括通用技术、算法和底层框架。通用技术如自然语言处理、计算机视觉和智能语音，为人工智能提供了基础能力。算法部分则包括深度学习、人工神经网络、强化学习、集成学习、回归模型、决策树模型、支持向量机和聚类分析等，这些算法是实现人工智能功能的关键。底层框架如 TensorFlow、PyTorch、Caffe 和 MXNet，为算法的实现提供了平台和工具。

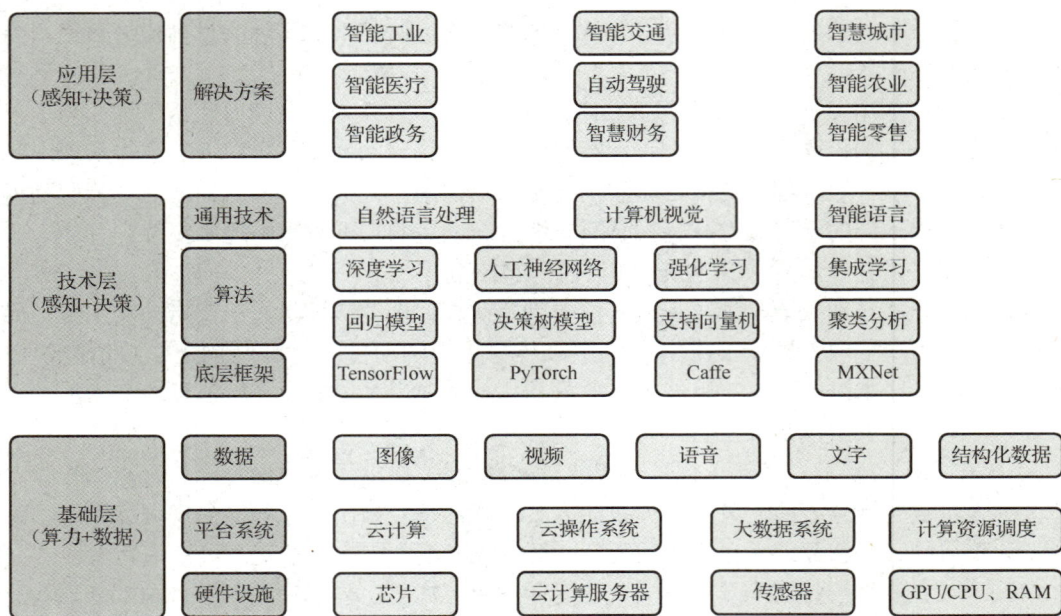

图 2-2　人工智能的技术架构

3. 应用层

应用层是人工智能技术在各个行业和领域中的具体实现。它涵盖了广泛的智能化解决方案，包括智能工业、智能交通、智慧城市、智能医疗、自动驾驶、智能农业、智能政务、智慧财务和智能零售等。这些解决方案通过运用人工智能的感知和决策能力，提高各行业的效率和智能化水平。

这 3 个层次共同构成了人工智能的技术架构，从底层的数据收集和处理，到中层的算法和框架，再到顶层的具体应用，形成了一个完整的生态系统。这种结构不仅确保了人工智能技术的高效运行，也为未来的技术创新和应用拓展提供了广阔的空间。

案例 实施

（1）所有学生需先阅读并理解"知识链接"的内容。
（2）通过教材、学术网站、教育平台等资源获取渠道查找资料。
（3）小组成员互相探讨并汇总资料。

小组 评价

评价内容	评价标准	分值	教师评估
人工智能的定义	了解人工智能的定义	30	
人工智能的发展历程	了解人工智能的发展历程	35	
人工智能的技术架构	熟悉人工智能的技术架构	35	
总分		100	

2.2　了解人工智能核心技术

案例 描述

通过对本案例相关知识的学习和实践，要求学生深入了解人工智能的核心技术，包括机器学习、深度学习、计算机视觉、人机交互和自然语言处理等关键领域。

创建 小组

全班根据实际情况进行分组，建议每组 3～5 人，各组选出组长，组长为组员分配任务并将分工和实施详情记录下来。在开始案例实施前，请全组成员查看知识链接的内容。请各组组长参考以下问题，组织组员收集和整理相关材料，并根据收集的资料进行讨论。

问题1：计算机视觉技术在生活中有哪些具体应用？

问题2：自然语言处理（NLP）技术在哪些领域得到了广泛应用？

知识 链接

2.2.1　机器学习与深度学习

1. 机器学习

1）机器学习的定义

机器学习是一种数据分析方法，它通过训练算法模型，使计算机能够从数据中自动学习规律和模式，并利用这些学习成果对新的数据进行预测或决策。其核心是通过算法让计算机从大量数据中自动发现特征和内在规律，而无须执行明确的编程指令。

2）学习算法分类

监督学习：利用带标签的训练数据学习输入输出的映射关系。常见的监督学习算法包括线性回归、决策树、支持向量机、神经网络等。例如，通过已知房屋面积和对应房价的数据训练模型，预测新的房屋面积对应的房价。

无监督学习：输入数据无标签，模型需要自主发现数据中的结构和模式。典型的无监督学习方法包括聚类分析（如 k-均值聚类）和降维技术（如主成分分析）。

强化学习：在环境交互过程中，智能体根据环境反馈的奖励信号学习最优行为策略，以最大化累积奖励。例如，机器人在迷宫中通过不断试错找到抵达终点的最优路径。

3）模型训练与评估

数据集划分：通常将数据集分为训练集、验证集和测试集。训练集用于模型训练，验证集用于调整模型参数和选择最优模型，测试集用于最终评估模型的泛化能力。

性能评估指标：对于分类问题，常用准确率、召回率、F1 值等指标；对于回归问题，常用均方误差（MSE）、平均绝对误差（MAE）等指标。

过拟合与欠拟合：过拟合指模型在训练集上表现很好，但在测试集上泛化能力差；欠拟合指模型在训练集上就未充分学习数据规律。解决过拟合的方法包括正则化、交叉验证、数据增强等；解决欠拟合的方法可以考虑提升模型复杂度、增加训练数据量等。

机器学习技术和算法已成功应用于多个领域，比如个性化推荐系统、金融反欺诈、语音识别、自然语言处理和机器翻译、模式识别、智能控制等。

2. 深度学习

深度学习是机器学习领域的一个重要分支，也是当前人工智能技术发展的重要驱动力之一。它的核心在于使用多层神经网络模拟人脑处理信息的方式，从而能够从数据中自动提取和学习复杂的特征。

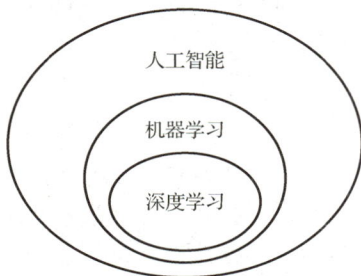

图 2-3　深度学习和机器学习、人工智能的关系

深度学习的基本原理是通过构建深层的、多级别的神经网络结构，使得机器能够从原始数据中自动发现、学习和组合特征，以实现对数据的高层次理解。这种学习方法在图像识别、语音识别、自然语言处理等领域取得了显著的成果，因其能够处理大量的非结构化数据（如图像、声音等）。

深度学习和机器学习、人工智能的关系如图 2-3 所示。深度学习的核心是神经网络模型，使用具有多层非线性处理单元的神经网络对大量数据进行建模和学习。与传统机器学习算法相比，深度学习算法具有更强的表达能力和学习能力，可以更好地处理大规模和高维度数据，因此在计算机视觉、自然语言处理和语音识别等领域应用广泛。

2.2.2　计算机视觉

1. 计算机视觉的定义

计算机视觉是人工智能领域的一个重要分支，它使机器能够解释和理解视觉世界。计算机视觉致力于使计算机能够像人类一样"看"，即通过摄像头、图像传感器等设备捕捉图像，并从中提取信息。

2. 计算机视觉的核心技术

1）图像处理基础

图像增强：通过调整图像的对比度、亮度、色彩等参数，提高图像的质量和可读性。例如，在监控视频中，通过图像增强技术使暗处的物体更加清晰。

图像滤波：用于去除图像中的噪声，常见的滤波方法有均值滤波、高斯滤波、中值滤波等。例如，在医学影像处理中，通过滤波去除图像中的噪声干扰，提高诊断的准确性。

2）目标检测

基于传统计算机视觉的目标检测：利用滑动窗口和手工特征（如 HOG 特征）结合分类器（如 SVM）进行目标检测。这种方法在计算效率和检测精度上有一定的局限性。

基于深度学习的目标检测：将深度学习模型应用于目标检测，如 R-CNN、Fast R-CNN、Faster R-CNN 等系列模型，以及 YOLO（You Only Look Once）、SSD（Single Shot MultiBox Detector）等实时目标检测模型。这些模型能够同时实现目标的定位和分类，大幅提高了目标检测的准确性和速度。

3）图像分割

图像分割是指将图像划分为若干个特定的、具有独特性质的区域或对象的过程。常见的分割方法包括基于阈值分割、基于边缘分割、基于区域分割等传统方法，以及基于深度学习的方法（如 U-Net、Mask R-CNN 等）。

2.2.3　人机交互

1. 人机交互的定义

人机交互（Human-Computer Interaction，HCI）是指用户与计算机系统之间进行信息交换的过程。良好的人机交互设计能够提高用户对计算机系统的使用效率和满意度，使人与计算机之间的交互更加自然、便捷、高效。在人工智能时代，人机交互技术不断创新，为人机协同工作和生活提供了更好的体验。

2. 人机交互的主要技术

1）语音交互

语音识别技术：将用户的语音信号转换为文字信息，使计算机能够理解用户的语音指令。语音识别系统包括语音信号采集、预处理、特征提取、模型训练和识别等环节。

语音合成技术：计算机将文字信息转换为自然流畅的语音信号反馈给用户。语音合成的质量取决于语音合成算法和语音数据库的质量。

智能音箱、智能手机语音助手等通过语音交互为用户提供更便捷的操控方式，用户可以通过语音查询信息、播放音乐、控制智能家居设备等。

2）手势交互

手势识别技术：利用计算机视觉技术捕捉用户的手势动作，并将其转换为相应的指令。这需要对手部图像进行预处理、特征提取和分类识别。

手势交互可以实现对电子设备的非接触式控制，例如，在智能电视上，用户通过手势切换频道、调节音量；在虚拟现实（VR）和增强现实（AR）应用中，用户通过手势与虚拟环境进行交互。

3）触摸交互

触摸屏是触摸交互的基础，它能够感知用户的触摸动作并将其转换为坐标信息，使计算机根据坐标信息确定用户的操作意图。

触摸交互界面设计应遵循直观性、易用性、一致性等原则，使用户能够快速上手并高效地进行操作。例如，智能手机和平板电脑的触摸交互界面，用户通过触摸、滑动、点击等手势进行各种操作。

2.2.4　自然语言处理

自然语言处理（Natural Language Processing，NLP）是人工智能领域的一个重要分支，专注于使计算机能够理解和处理人类语言。自然语言处理技术是指通过计算机对自然语言的形、音、义等信息进行处理并识别的应用，包括机器翻译、自动提取文本摘要、文本分类、语音合成、情感分析等。

自然语言处理的基本流程如下：

（1）文本预处理：对原始文本进行清洗和转换，包括分词、词干提取、词性标注、去除停用词等操作，以获取适合模型输入的文本形式。

（2）特征提取：将文本转换为数值特征，常用方法包括词袋模型、TF-IDF、词嵌入（如Word2Vec、GloVe）等。

（3）模型构建与训练：根据具体任务选择合适的模型，如循环神经网络（RNN）、长短期记忆网络（LSTM）、Transformer 架构等，利用标注数据对模型进行训练。

（4）模型评估与优化：使用评估指标（如准确率、召回率、F1 值、BLEU 等）衡量模型性能，通过调整模型参数、改进模型结构等方式优化模型。

自然语言处理的应用包罗万象，例如，机器翻译、手写体和印刷体字符识别、语音识别、信息检索、信息抽取与过滤、文本分类与聚类、舆情分析和观点挖掘等。该学科涉及与语言处理相关的数据挖掘、机器学习、知识获取、知识工程、人工智能研究，以及与语言计算相关的语言学研究等。

案例 实施

（1）所有学生需先阅读并理解"知识链接"的内容。
（2）通过网络和书籍对"知识链接"的内容进行更加深入的了解。
（3）小组讨论并汇总资料。

小组 评价

评价内容	评价标准	分值	教师评估
机器学习与深度学习	能够区分机器学习与深度学习的基本原理	25	
计算机视觉	了解目标检测与图像分割的基本原理	25	
人机交互	能够理解语音交互、手势交互和触摸交互的基本原理	25	
自然语言处理	熟悉自然语言处理的基本流程	25	
总分		100	

2.3 认识 AIGC

案例 描述

通过对本案例相关知识的学习和实践，要求学生深入了解人工智能生成内容（AIGC）的概念、发展历程及其在现代社会中的应用。同时，学生将探索 AIGC 与人工智能之间的关系。

创建 小组

全班根据实际情况进行分组，建议每组 3~5 人，各组选出组长，组长为组员分配任务并将分工和实施详情记录下来。在开始案例实施前，请全组成员查看知识链接的内容。请各组组长参考以下问题，组织组员收集和整理相关材料，并根据收集到的资料进行讨论。

问题：AIGC 是否能够真正具备创造力？机器是否有一天可以完全替代人类进行创作？

知识 链接

2.3.1 什么是 AIGC

AIGC（Artificial Intelligence Generated Content），即人工智能生成内容，是指利用自然语言

处理、深度学习、生成对抗网络等人工智能技术，通过对大量数据的学习与分析，自动生成具备一定逻辑性、创造性与表现力的文字、图像、音频、视频等多种形式的内容。它标志着机器从单纯的信息处理者向内容创造者的转变，是人工智能在内容创作领域的重要应用与突破。

2.3.2　AIGC 的发展历程

1. 早期探索阶段（20 世纪 50 年代—70 年代）

计算机科学家们开始探索让计算机进行简单的文本生成，如生成诗歌、故事等。这一时期的生成内容质量较低，缺乏真实性和连贯性，主要采用一些基于简单规则和模板的生成方法。

2. 初步发展阶段（20 世纪 80 年代—21 世纪初）

随着机器学习技术的发展，特别是统计机器学习方法的应用，AIGC 技术取得了一定的进展。例如，通过隐马尔可夫模型（HMM）等方法进行语音识别和合成，通过 N-Gram 模型等方法进行文本生成。这些方法在一定程度上提高了生成内容的质量和自然度，但仍存在很多局限性，如无法处理长距离的依赖关系、生成内容的多样性有限等。

3. 快速发展阶段（2010 年至今）

深度学习技术的兴起，尤其是生成对抗网络（GAN）和预训练语言模型的出现，推动了 AIGC 技术的快速发展。

2.3.3　AI 与 AIGC 的关系

AIGC 是 AI 技术在内容创作领域的重要应用形式，其发展建立在 AI 核心技术的基础之上。作为 AI 的一个具体应用场景，AIGC 依赖于自然语言处理、深度学习、图像生成等技术的支持，使机器能够理解语义、模仿风格，并自动生成具有逻辑性与表现力的文本、图像、音频、视频等内容。从本质上看，AIGC 是 AI 从感知智能向创造智能演进的体现，标志着 AI 技术在模拟人类认知和创造性思维方面迈出了重要一步。同时，AIGC 的广泛应用也推动了 AI 模型的优化与普及，促进了人机协同教学、个性化学习资源开发等教育创新实践。因此，在教育领域中，理解 AI 与 AIGC 的关系不仅有助于把握技术发展趋势，也为未来教育模式的智能化转型提供了理论基础与实践方向。

2.3.4　熟悉常见的 AIGC 工具

1. DeepSeek

DeepSeek 大语言模型算法是北京深度求索人工智能基础技术研究有限公司推出的深度合成服务算法，于 2024 年 4 月上线。DeepSeek 大语言模型是以 Transformer 架构为基础，自主研发的深度神经网络模型。模型基于注意力机制，通过海量语料数据进行预训练，并经过监督微调、人类反馈的强化学习等进行对齐，构建形成深度神经网络，并增加审核、过滤等安全机制，使算法模型部署后能够根据人类的指令或者提示，实现语义分析、计算推理、问答对话、篇章生成、代码编写等任务。应用于智能对话场景，服务于企业端客户，根据用户输入的文本数据，通过大语言模型生成符合用户需求的文本、代码等内容。

DeepSeek 大语言模型直接面向用户或者开发者，提供智能对话、文本生成、语义理解、计算推理、代码生成补全等应用场景，支持联网搜索与深度思考模式，同时支持文件上传，能够扫描读取各类文档及图片中的文字内容。DeepSeek 大语言模型的能力图谱如图 2-4 所示。

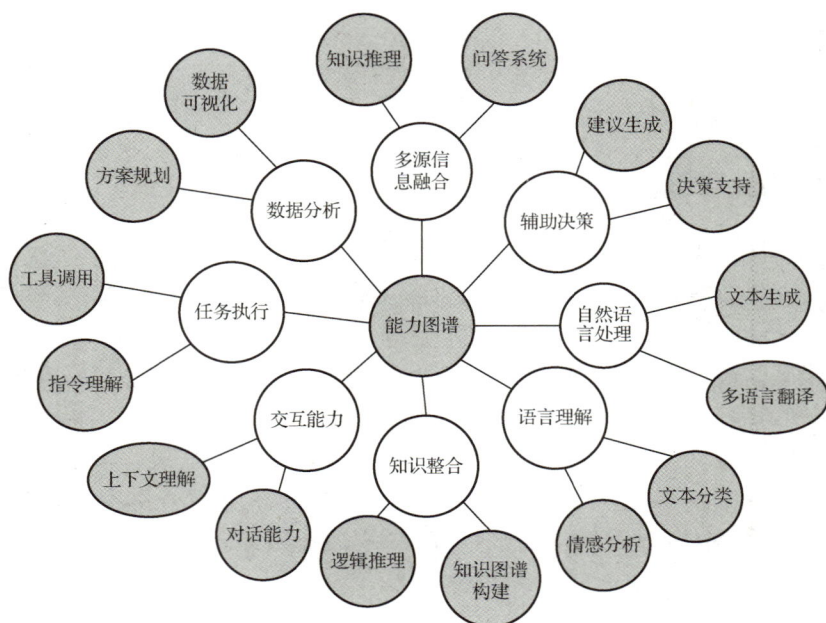

图 2-4 DeepSeek 大语言模型的能力图谱

2. 通义千问

通义千问是阿里云推出的语言模型，于 2023 年 9 月 13 日正式向公众开放，并于 2024 年 5 月 9 日更名为"通义"。它能够回答用户提出的各种问题，提供多样化的帮助，其功能包括多轮对话、文案创作、逻辑推理、多模态理解、多语言支持，能够跟人类进行多轮的交互，也融入了多模态的知识理解，且具有文案创作能力，能够续写小说、编写邮件等。通义的官方网页如图 2-5 所示。

图 2-5 通义的官方网页

3. ChatGPT

ChatGPT（Chat Generative Pre-trained Transformer），基于 GPT 系统大模型构建，其本质是提高人脑对各种信息资料收集、整理、计算、分析等的能力的智能工具，是为人脑"观念建构"提供丰富、精准的方案和图式等资料或条件的工具体系。

ChatGPT 是一款聊天机器人程序,能够基于在预训练阶段所见的模式和统计规律生成回答，还能根据聊天的上下文进行互动，真正像人类一样聊天交流。强大的自然语言处理能力和多模态转化能力使它可用于多个场景和领域。例如，它可以用于开发聊天机器人，编写和调试计算机程序，撰写邮件，进行媒体、文学相关领域的创作，包括创作音乐、视频脚本、文案、童话故事、诗歌和歌词等。它还可以用作自动客服、语音识别、机器翻译、情感分析、信息检索等。ChatGPT 的官方网页如图 2-6 所示。

图 2-6　ChatGPT 的官方网页

2.3.5　什么是大模型

大模型是近年来人工智能领域的一个重要概念，它通常指具有大量参数的深度学习模型。这些模型通过在海量数据上进行训练，能够学习到更加丰富、细致和深层次的特征表示，从而在各种任务上表现出强大的能力和性能。

大模型具有以下 3 个特点：

（1）强大的表征能力：大模型具有大量的参数，能够学习到数据中的复杂模式和结构，对数据的表征能力更强。这意味着它可以更准确地捕捉数据的特征和规律，从而在各种任务中展现出更好的性能。

（2）广泛的适用性：大模型通常在大规模的通用数据上进行预训练，因此具有较强的通用性和迁移能力。它可以适应各种不同的任务和领域，通过微调（Fine-Tuning）或提示（Prompting）等方式，快速应用于具体的任务场景，如文本生成、问答、翻译、分类等。

（3）数据驱动的特性：大模型的性能在很大程度上依赖于大量的训练数据。更多的数据可以使模型学习到更丰富的知识和模式，从而提高其生成内容的质量和多样性。同时，大模型也推动了数据收集和处理技术的发展，以满足其对数据的需求。

大模型的出现为人工智能领域带来了巨大的变革和创新。它不仅提高了人工智能系统的性能和能力，还推动了人工智能技术在各个行业的应用和发展。大模型使得机器能够更好地理解和生成人类语言、图像等信息，为人们的生活和工作带来了更多的便利，并提升了效率。

然而，大模型也面临一些挑战。首先，大模型的训练和推理需要大量的计算资源，这导致了高昂的硬件成本和巨大的能源消耗。其次，大模型的训练数据可能存在偏见和不准确性，从而导致生成内容也存在类似的问题，如性别、种族等方面的偏见。最后，大模型的复杂性和不透明性使得对其行为和决策的理解和解释变得困难，这在一些需要高可靠性和可解释性的应用场景中是一个重要的问题。

案例 实施

（1）所有学生需先阅读并理解"知识链接"的内容。

（2）通过网络对"知识链接"的内容进行更加深入的了解。

（3）小组成员互相交流与思辨。

小组 评价

评价内容	评价标准	分值	教师评估
AIGC 的发展历程	了解 AIGC 的发展历程	30	
AI 与 AIGC 的关系	理解 AI 与 AIGC 的关系	40	
什么是大模型	了解什么是大模型	30	
总分		100	

2.4 学会使用 AIGC

案例 描述

通过对本案例相关知识的学习和实践，要求学生了解 AIGC 的工作流程，并掌握提示词设计的方法与技巧。

创建 小组

全班根据实际情况进行分组，建议每组 3～5 人，各组选出组长，组长为组员分配任务并将分工和实施详情记录下来。在开始案例实施前，请全组成员查看知识链接的内容。请各组组长参考以下问题，组织组员收集和整理相关材料，并根据收集到的资料进行讨论。

问题：AIGC 技术目前有哪些实际应用场景？未来可能在哪些领域得到更广泛的应用？

知识 链接

2.4.1 AIGC 的工作流程

AIGC 是利用人工智能技术，通过训练有素的模型生成各种形式的内容，如文本、图像、音频等。其工作流程主要包括以下 5 个关键步骤：

1. 数据收集与预处理

数据是 AIGC 模型的"粮食"，只有收集了足够丰富、多样且高质量的数据，模型才能学习到全面的知识。数据来源非常广泛，对于文本生成模型，数据可能来自书籍、新闻、网页等各种文本资源；对于图像生成模型，可以收集艺术作品、照片等图像数据。例如，一个专注于美食文本生成的模型，会收集各种菜谱、美食评论、食材介绍等文本数据。

收集到的数据往往杂乱无章，需要进行预处理才能用于模型训练。预处理主要包括数据清洗、标注等操作。数据清洗可以去除数据中的噪声，如错误信息、重复数据等；标注则是对数据进行分类或标注特定的标签，以使模型更好地理解数据的含义。例如，在处理图像数据时，标注出图像中包含的物体、场景等信息。

2．模型训练

目前，Transformer 架构是文本生成领域最常用的架构之一，其能够有效处理文本中的长距离依赖关系，捕捉文本的上下文信息。图像生成模型通常采用生成对抗网络（GAN）架构，它由生成器和判别器组成，生成器负责生成图像，判别器则负责判断生成的图像是真实的还是伪造的，两者相互对抗，不断提高生成图像的质量。

将预处理后的数据输入模型中，通过多轮迭代训练，调整模型的参数，使模型学习到数据中的模式和规律。在这个过程中，需要设置合适的训练参数，如学习率、批次大小等，以确保模型能够有效地学习。训练过程中会计算损失函数值，该函数是衡量模型输出与真实数据之间差异的指标。随着训练的进行，损失函数逐渐减小，表明模型的性能在不断提高。

3．提示词输入

提示词是用户与 AIGC 模型交互的桥梁。用户通过输入提示词，向模型表达需求，引导模型生成相应的内容。提示词的质量和准确性直接关系到生成内容的效果。例如，要生成一个科幻故事，提示词可以是"在一个遥远的星球上，有一种拥有特殊能力的生物，名叫 X，它们与地球探险队之间发生了一系列惊险刺激的故事……"这样的提示词比较具体，能够引导模型围绕这个设定展开故事创作。

4．内容生成

当模型接收到提示词后，会根据所学知识和对提示词的理解，逐步生成内容。在生成文本时，模型会预测下一个字或词的出现概率，根据一定的策略（如采样方法）选择最合适的词进行填充，从而形成连贯的文本。在生成图像时，模型会根据提示词所描述的场景、物体等信息，逐像素生成图像，同时保证图像的语义连贯性和视觉合理性。

5．结果评估与优化

对生成内容进行评估需要多维度的指标。对于文本，可以从语义连贯性、准确性、创造性等方面进行评估；对于图像，可以考察其清晰度、与提示词的匹配度、艺术性等。例如，评估一篇 AIGC 生成的文章，语义连贯性要求文章段落之间、句子之间逻辑通顺，意思连贯；准确性要求文章内容符合事实、科学原理等；创造性要求文章具有新颖的观点、独特的表达方式等。

如果生成内容未达预期，可以通过调整提示词或优化模型进行改进。对于提示词的调整，可以增加更多的细节描述、明确要求等；对于模型的优化，有时需要对模型进行微调，如使用特定领域的数据对模型进行二次训练，使其更适应特定的任务需求。

2.4.2　提示词设计

一个好的提示词能够引导 AIGC 模型生成符合预期的优质内容。以下是设计提示词的详细指南：

1. 明确主题和目的

提示词应清晰地表达用户想要生成内容的核心主题，避免模糊和宽泛。例如，如果用户想要生成一篇关于"人工智能在交通领域应用"的文章，不要仅输入"生成一篇关于人工智能的文章"，而应该明确主题为"人工智能在交通领域应用"，使模型能够更有针对性地生成内容。

除了主题，还需要明确生成内容的具体目的，是用于科普、新闻报道、产品介绍还是学术研究等不同场景。例如，同样是关于"人工智能在交通领域应用"，如果用于科普，提示词可以是"用通俗易懂的语言介绍人工智能在交通信号控制、自动驾驶等应用场景中的基本原理，适合中学生阅读"；如果用于学术研究，则提示词可以是"详细阐述人工智能算法在交通流量预测、智能交通系统优化中的应用现状和研究进展，引用相关文献并进行分析"。

2. 提供上下文信息

上下文信息能够帮助模型更好地理解提示词所涉及的背景和语境，从而使生成内容更加贴合实际。例如，在生成一个历史故事时，可以提供故事发生的时代背景、历史人物之间的关系等信息，如"在盛唐时期，长安城内有一位名叫李文远的书生，他与当朝宰相之女柳含烟在一次诗会上邂逅，从此两人展开了一段曲折的爱情故事……"这样的提示词为模型提供了具体的历史背景和人物关系，有助于生成情节合理的故事。

如果是在完成特定任务时使用 AIGC，如生成一个项目策划书，提供项目的目标、受众群体、预算范围等背景信息，让模型生成的策划书更符合实际需求。

3. 使用具体、准确的词汇

尽量避免使用模糊、不确定的词汇，如"好看""不错"等，而应使用具体、准确的词汇描述要求。例如，要生成一张风景图片，不要仅输入"生成一张好看的风景图片"，而是表述为"生成一张以阿尔卑斯山为背景，有蓝天、白云、绿色草地和清澈湖泊的风景图片，要求色彩鲜明，具有高清晰度，采用写实风格"。

对于内容中的细节要求，也要精准描述。例如，在生成一个产品设计图时，可以明确产品各个部分的形状、尺寸、材质等细节信息，如"设计一款手机壳，整体呈长方形，四角有圆润的弧度，外壳采用磨砂质感的塑料材质，中间位置有一个圆形的透明视窗，用于展示手机品牌的标识"。

4. 指定格式和风格

在生成文本内容时，明确指定所需的格式，如段落结构、字数要求、是否需要标题和小标题等。例如，"生成一篇议论文，要求文章分为三段，第一段提出观点，第二段进行论证，第三段总结升华，字数在 600 字左右，标题为《论人工智能对社会发展的推动作用》"。对于其他格式要求，如表格、列表等，也可以在提示词中说明。例如，"生成一份关于不同品牌手机配置对比的表格，包括手机型号、处理器、内存大小、摄像头像素等信息"。

不同的任务和场景对内容的风格有不同的要求。例如，生成新闻报道需要语言风格简洁明了、客观真实；生成文学作品则可以采用生动形象、富有情感的风格。在提示词中明确风格要求，如"采用幽默风趣的语言风格，写一篇关于宠物狗日常生活的短文"或"以严肃、专业的学术风格，撰写一篇关于气候变化对生物多样性影响的研究综述"。

案例 实施

（1）所有学生需先阅读并理解"知识链接"的内容。

（2）通过网络对"知识链接"的内容进行更加深入的了解。

（3）小组成员互相交流并汇总资料。

小组 评价

评价内容	评价标准	分值	教师评估
AIGC 的工作流程	熟悉 AIGC 的工作流程	50	
提示词设计	可以设计出高质量的提示词	50	
总分		100	

2.5 探索人工智能的现状与未来

案例 描述

通过对本案例相关知识的学习和实践，要求学生全面了解人工智能的现状及其对社会发展的深远影响。

创建 小组

全班根据实际情况进行分组，建议每组 3～5 人，各组选出组长，组长为组员分配任务并将分工和实施详情记录下来。在开始案例实施前，请全组成员查看知识链接的内容。请各组组长参考以下问题，组织组员收集和整理相关材料，并根据收集到的资料进行讨论。

问题：人工智能的发展会对就业市场产生什么影响？是促进还是威胁？我们应该如何应对？

知识 链接

2.5.1 人工智能的现状

1. 技术发展现状

1）深度学习的深化

深度学习的架构不断演进。例如，Transformer 架构在自然语言处理（NLP）领域取得了巨大成功。它通过自注意力机制，能够更好地理解文本中的长距离依赖关系。GPT（Generative Pre-trained Transformer）系列语言模型，从 GPT-1 到 GPT-4，模型的参数规模越来越大，能力也不断提升。GPT-4 能够处理复杂的文本生成任务，如撰写高质量的文章、代码，还能理解多模态输入，包括图像和文本的结合。

2）强化学习的进步

强化学习在游戏和机器人控制等领域成果显著。在游戏领域，AlphaGo 系列是强化学习的标志性成果。AlphaGo Zero 通过自我对弈，从零开始学习围棋策略，并且超越了以往所有版本。它利用强化学习中的策略梯度方法和蒙特卡洛树搜索等技术，在围棋这一复杂的策略游戏中展现了强大的能力。

在机器人控制领域，强化学习用于训练机器人的运动控制。例如，波士顿动力的机器人通过强化学习算法，能够在复杂地形上更加灵活地行走、跳跃，并执行各种复杂动作。强化学习让机器人可以根据环境反馈不断调整其行为策略，以达到更好的运动效果。

2. 产业发展现状

1）市场规模增长迅速

人工智能在软件、硬件和服务等多个领域呈现出快速增长的态势。在软件领域人工智能软件平台和工具的销售额不断攀升。例如，用于机器学习模型训练和部署的框架和平台（如TensorFlow、PyTorch 等）的下载量和使用量持续增加，相关软件企业的收入也同步增长。在硬件领域，专门用于人工智能计算的芯片（如 GPU、FPGA 和 ASIC 等）的市场需求旺盛。以GPU 为例，英伟达等公司的 GPU 产品在深度学习训练和推理过程中发挥着关键作用，其销售额随着人工智能产业的发展而大幅增长。同时，人工智能服务器等硬件设备的出货量也在逐年增加。

2）企业竞争激烈

谷歌、微软、亚马逊、百度、阿里巴巴等公司陆续投入大量资金进行人工智能研发。谷歌在深度学习、自然语言处理、量子计算与人工智能结合等方面处于领先地位；微软在企业级人工智能应用（如 Azure 云服务中的人工智能功能）和办公软件智能化（如智能文档处理）等方面表现出色；亚马逊在智能语音助手（如 Alexa）和电商推荐系统等方面具有优势。

初创公司专注于人工智能的特定领域，如计算机视觉、机器人技术、自然语言处理工具等。例如，一些初创公司在医疗影像分析领域开发出具有创新性的算法，为医疗行业提供专业的人工智能解决方案，与大型企业进行差异化竞争。

2.5.2　人工智能的未来发展趋势

1. 通用人工智能（AGI）的发展

当前的人工智能技术主要集中在特定任务上，即所谓的弱人工智能（Narrow AI）。然而，未来的趋势之一是向通用人工智能（Artificial General Intelligence，AGI）发展。通用人工智能具备与人类相似的认知能力，能够在不同领域中灵活地解决问题和学习新知识。虽然目前通用人工智能仍处于理论研究阶段，但随着计算能力的提升和算法的进步，未来几十年内有望取得突破性进展。

2. 多模态融合技术的深化发展

多模态人工智能将文本、图像、音频等多种数据形式进行融合处理，以实现更全面的信息理解和分析。例如，当前的 GPT-4 已经能够处理图文结合的输入，而未来的模型将进一步提升对多种信息源的整合能力，从而在虚拟助手、教育、医疗等领域提供更加智能化的服务。

3. 伦理和可持续发展方面

1）伦理和可持续发展成为重点考量

随着人工智能技术的广泛应用，其对社会、经济、环境等方面的影响将受到更多关注，发展可持续人工智能将成为重要目标，包括降低人工智能系统的能耗、减少对环境的影响，以及确保人工智能技术的公平性、透明性和可解释性等。

2）国际合作与协同治理加强

人工智能的全球性影响将促使各国加强在人工智能伦理、监管、安全等方面的国际合作，共同制定国际规则和标准，以应对人工智能发展带来的挑战，促进全球人工智能技术的健康、有序发展。

2.5.3　人工智能伦理治理

尽管人工智能带来了诸多机遇，但其也存在着数据安全、隐私保护等方面的风险。因此，在推进人工智能产业发展的同时，必须建立健全相关法律法规框架，确保个人信息安全不受侵害，并加强对算法透明度及公平性的监管，实施人工智能伦理治理。

1. 机器人准则

所有科学家和工程师都面临伦理考量：哪些项目应该做，哪些项目不应该做，以及如何确保项目执行是安全且有益的。2010 年，英国工程和物理科学研究委员会制定了一系列机器人准则。此后数年，其他政府机构、非营利组织以及公司陆续制定了类似的准则。最常用的准则如下：

（1）确保安全性、建立问责制、确保公平性。

（2）维护人权和价值观。

（3）尊重隐私。

（4）体现多样性与包容性。

（5）促进协作避免集权。

（6）提供透明度。

（7）承认法律和政策的影响。

（8）限制人工智能的有害用途。

（9）考虑对就业的影响。

2. 伦理要求

人工智能作为人类智能和价值系统的延伸，在其发展过程中必须考虑伦理价值。设定人工智能技术的伦理要求需要社会和公众的深入思考与广泛共识，并遵循以下原则：

（1）人类利益原则：人工智能应以实现人类利益为终极目标，体现对人权的尊重，追求人类和自然环境利益的最大化，同时降低技术风险和社会负面影响。在此原则下，政策和法律应致力于构建有利于人工智能发展的外部社会环境，推动人工智能伦理和安全意识教育，让社会警惕人工智能技术被滥用的风险。此外，还应防止人工智能系统做出偏离伦理道德的决策。

（2）责任原则：在技术开发和应用两方面建立明确的责任体系，以便在技术层面对开发人员或部门问责，并在应用层面建立合理的责任和赔偿体系。在此原则下，技术开发应遵循透明度原则；技术应用则应遵循权责一致原则。

3. 保护个人隐私政策

隐私设计原则强调在产品和服务的设计阶段融入隐私保护措施。通过默认隐私设置、最小化数据收集和使用、增强用户控制权等方式，确保技术发展与个人隐私保护相协调，减少隐私侵犯的风险。

2018 年生效的欧盟《通用数据保护条例》（GDPR），对全球数据保护立法产生了深远影响。它赋予个人对其数据的广泛控制权，要求企业在处理欧盟公民的数据时必须遵守严格的法律框架，否则将面临高额罚款。

2020 年生效的美国《加州消费者隐私法案》（CCPA），赋予加州居民对其个人信息的更多控制权。它要求企业披露数据收集和销售情况，并赋予消费者拒绝出售其个人信息的权利，推动了美国其他地区的隐私立法进程。

2021 年中国颁布《中华人民共和国数据安全法》，强调数据在国家安全中的重要性。该法律规定了数据处理者的安全义务，包括建立数据分类分级保护制度、进行风险评估和报告数据安全事件等，以保障国家数据主权和个人信息安全。

2021 年中国正式实施《中华人民共和国个人信息保护法》，旨在规范个人信息处理活动，保护个人隐私权。该法律明确规定了收集、存储、使用和传输个人信息的合法条件和程序，对违规行为设定了严厉的处罚措施。

案例 实施

（1）所有学生需先阅读并理解"知识链接"的内容。

（2）小组成员互相交流与思辨。

小组 评价

评价内容	评价标准	分值	教师评估
人工智能的现状	了解人工智能的现状	30	
人工智能的未来发展趋势	了解人工智能的未来发展趋势	30	
人工智能伦理治理	熟悉人工智能伦理治理中的共识原则	40	
总分		100	

思考与练习

选择题

1. 人工智能的技术架构包括哪三个层次？（　　　）

    A．算法层、数据层、应用层　　　　　　B．基础层、技术层、应用层

    C．输入层、输出层、处理层　　　　　　D．数据采集层、分析层、决策层

2. 深度学习的核心基础是什么？（　　　）

    A．单层神经网络　　　　　　　　　　　B．多层神经网络

    C．决策树　　　　　　　　　　　　　　D．回归模型

3. 图像分割的主要目的是什么？（　　　）

    A．提高图像分辨率　　　　　　　　　　B．将图像划分为多个区域或对象

    C．去除噪声　　　　　　　　　　　　　D．改变图像颜色

4. 自然语言处理的基本流程不包括下列哪一步？（　　　）

    A．文本预处理　　　　　　　　　　　　B．特征提取

    C．数据压缩　　　　　　　　　　　　　D．模型构建与训练

项目三　文档处理与智能优化

导读

　　在信息化高速发展的时代，文档处理已成为人们工作和生活中不可或缺的一部分。随着人工智能技术的进步，文档处理工具逐渐向智能化方向发展，为用户提供了更高效、便捷的操作体验。本项目将围绕文档的基本创建、编辑、排版及优化展开学习，重点介绍如何使用 WPS Office 等工具进行文本输入、格式化、插入图形元素、设置页面布局及编制目录和索引等内容。

知识 目标

1. 熟悉 WPS Office 的文档操作界面。
2. 熟悉各种图形元素的插入和编辑。
3. 了解文档格式化的常用方法，如字符格式化、段落格式化等。
4. 熟悉表格的插入与编辑方法，包括行、列、单元格的调整以及表格样式设置。
5. 掌握页眉、页脚、页码的设置方法，以及目录和索引的编制技巧。

技能 目标

1. 能够熟练使用 WPS Office 创建、保存、打开和编辑文档。
2. 能够对文档中的文本进行输入、选择、移动、复制、删除、查找和替换等基本操作。
3. 能够设置文档的页面布局，包括纸张大小、方向、页边距等。

素质 目标

　　通过案例驱动的学习方式，学生将在完成文档创建、编辑、排版与优化的过程中，培养良好的审美意识和规范操作习惯。

3.1 文以载道——创建"文字的起源"文档

案例 描述

　　本案例将实现在 WPS Office 文档中创建"文字的起源"文档。通过对本案例相关知识的学习和实践，要求学生掌握 WPS Office 文档的新建和保存、文本的输入与编辑、字符与段落的格式化、项目符号与编号的插入，最终完成"文字的起源"文档的创建，效果如图 3-1 所示。

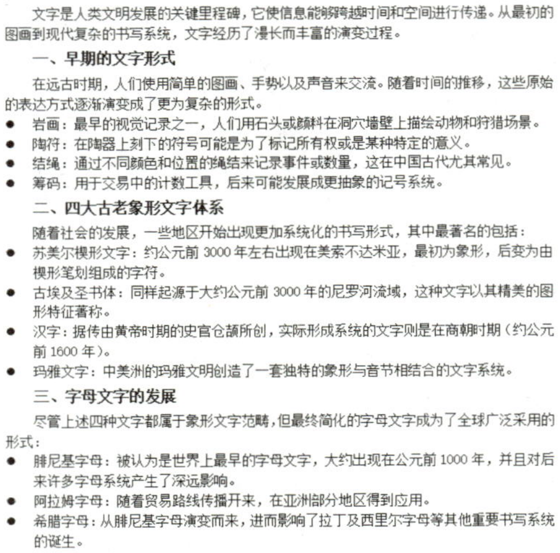

文字是人类文明发展的关键里程碑，它使信息能够跨越时间和空间进行传递。从最初的图画到现代复杂的书写系统，文字经历了漫长而丰富的演变过程。

一、早期的文字形式

在远古时期，人们使用简单的图画、手势以及声音来交流。随着时间的推移，这些原始的表达方式逐渐演变成了更为复杂的形式。

- 岩画：最早的视觉记录之一，人们用石头或颜料在洞穴墙壁上描绘动物和狩猎场景。
- 陶符：在陶器上刻下的符号可能是为了标记所有权或是某种特定的意义。
- 结绳：通过不同颜色和位置的绳结来记录事件或数量，这在中国古代尤其常见。
- 筹码：用于交易中的计数工具，后来可能发展成更抽象的记号系统。

二、四大古老象形文字体系

随着社会的发展，一些地区开始出现更加系统化的书写形式，其中最著名的包括：

- 苏美尔楔形文字：约公元前 3000 年左右出现在美索不达米亚，最初为象形，后变为由楔形笔划组成的字符。
- 古埃及圣书体：同样起源于大约公元前 3000 年的尼罗河流域，这种文字以其精美的图形特征著称。
- 汉字：据传由黄帝时期的史官仓颉所创，实际形成系统的文字则是在商朝时期（约公元前 1600 年）。
- 玛雅文字：中美洲的玛雅文明创造了一套独特的象形与音节相结合的文字系统。

三、字母文字的发展

尽管上述四种文字都属于象形文字范畴，但最终简化的字母文字成为了全球广泛采用的形式：

- 腓尼基字母：被认为是世界上最早的字母文字，大约出现在公元前 1000 年，并且对后来许多字母系统产生了深远影响。
- 阿拉姆字母：随着贸易路线传播开来，在亚洲部分地区得到应用。
- 希腊字母：从腓尼基字母演变而来，进而影响了拉丁及西里尔字母等其他重要书写系统的诞生。

图 3-1 "文字的起源"文档

创建 小组

全班根据实际情况进行分组，建议每组 3～5 人，各组选出组长，组长为组员分配任务并将分工和实施详情记录下来。在开始案例实施前，请全组成员查看知识链接的内容。请各组组长参考以下问题，组织组员收集和整理相关材料，并根据收集到的资料进行讨论。

问题：输入文本后，如果希望某一段落首行缩进两个字符，同时段前留出一定间距，该如何操作？

知识 链接

3.1.1　WPS Office 文档的操作界面

启动 WPS Office 后，打开"WPS Office"页面，如图 3-2 所示。

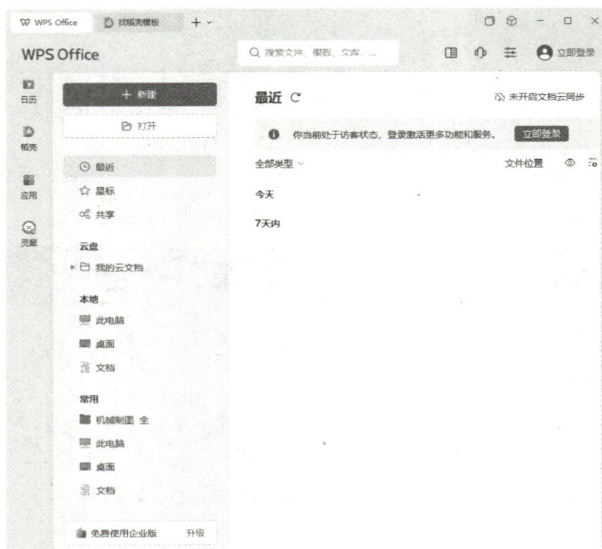

图 3-2 "WPS Office"页面

单击"新建"按钮，打开如图 3-3 所示的"新建"面板，单击"文字"按钮，打开如图 3-4 所示的"新建文档"页面，单击"空白文档"，进入 WPS Office 文字工作界面，如图 3-5 所示，可以看出，工作界面由标题栏、功能区、工作区、状态栏等组成。

图 3-3 "新建"面板

图 3-4 "新建文档"页面

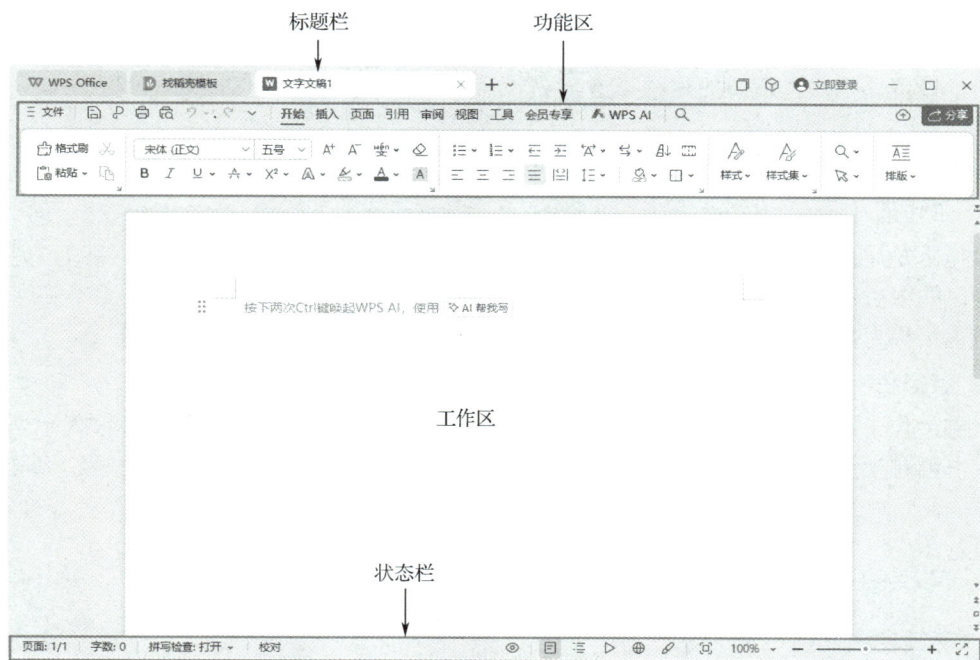

图 3-5 WPS Office 文字工作界面

1. 标题栏

标题栏位于工作窗口的顶端，用于显示当前正在编辑的文档的名称（文字文稿 1）。

2. 功能区

功能区以选项卡的形式将相关命令分组显示，提升操作直观性。使用"功能区"可以快速查找目标命令组。

功能区中包括"文件""开始""插入""页面""引用""审阅""视图""工具""会员专享""WPS AI"选项卡，每个选项卡下方是相关的操作命令。在功能区的各个命令组的右下角，大多数包含功能扩展按钮"↘"，单击该按钮可以打开一个设置对话框，从而进行相关命令的设置；部分命令按钮的下方或右侧有下拉按钮"ˇ"，单击该下拉按钮可以打开下拉列表，选择相关操作。下面对常用的选项卡进行介绍。

1）"文件"选项卡

"文件"选项卡和其他选项卡的结构、布局和功能有所不同。利用该选项卡，可对文件进行各种操作及设置。

2）"开始"选项卡

用于对文档进行文字编辑和格式设置，是用户最常用的功能区。

3）"插入"选项卡

用于在文档中插入各种元素。

4）"页面"选项卡

用于设置文档页面样式和章节样式。

5）"引用"选项卡

用于在文档中实现插入目录等高级的操作。

6）"审阅"选项卡

用于对文档进行校对和修订等操作，适用于多人协作处理长文档。

7）"视图"选项卡

用于设置文档操作窗口的视图类型。

8）"WPS AI"选项卡

用于使用人工智能快速起草文档、生成和美化演示文稿、分析数据、辅助阅读等。

3. 工作区

工作区是用户输入文本、插入表格、添加图形、处理图片以及编辑文档等内容的主要区域，位于窗口的中心位置，以白色显示，几乎占据了窗口的绝大部分区域。工作区内不停闪烁的黑色小竖直条称为插入点（又称光标），用于指示下一个输入的字符将出现的位置。

4. 状态栏

状态栏位于窗口的底部，通常会显示文档的页数、当前的页码及文档的字数统计等信息。状态栏右侧有视图快捷方式按钮，可以使用不同的方式查看文档；还有缩放滑块及"缩放级别"按钮。

3.1.2 文档的基本操作

1. 新建空白文档

在 WPS Office 中，用户可以创建和编辑多个文档。创建一个新文档是编辑和处理文档的第一步。

启动 WPS Office，单击"WPS Office"页面上的"新建"按钮 ＋新建，打开"新建"面板，单击"文字"按钮，打开"新建文档"页面，单击"空白文档"，新建"文字文稿 1"文档。

2. 保存文档

保存文档的作用是将文档以文件的形式存储到硬盘上，以便将来能够再次对文件进行编辑、打印等操作。如果文档不存盘，则本次对文档所进行的各种操作将不会被保留。常用的保存文档的方法包括"保存"和"另存为"两种。

"保存"和"另存为"命令都可以保存正在编辑的文档或者模板，两者的区别为如果文档之前保存过，那么"保存"命令不进行询问，直接将文档按原文件名保存在文件原来的存储位置，而"另存为"命令每次都会询问要把文档保存在什么位置。如果新建的文档还没有保存过，那么单击"保存"或"另存为"命令都会打开如图 3-6 所示的"另存为"对话框。

图 3-6　"另存为"对话框

在保存文档时，应注意三点：第一是文档的存储位置，包括磁盘名称、文件夹位置；第二是文件名称，对文件的命名应能体现文件中存储的内容，以便于对文件能够"见名知意"；第三是保存的文件类型，文件类型代表了文件的数据存储格式，决定文件的扩展名。

1）保存

对于新建或修改的文档的保存方法有如下三种：

● 单击"快速访问工具栏"中的"保存"按钮 。
● 单击"文件"选项卡中的"保存"命令。
● 按【Ctrl+S】组合键，快速保存文档。

选择任意一种方法之后，如果是文档的第一次存盘，则会打开如图 3-6 所示的"另存为"对话框，在位置处设置文件存放的位置，文件名称处设置文件的名称，文件类型处设置文件的保存类型。WPS Office 文档文件对应的类型为"扩展名.wps"。如果文档已经命名，则不会打开该对话框，系统会直接将重新编辑过的文档按原文件名称和原位置保存。

2）另存为

如果想将当前正在编辑的文档按新的文件名称保存而不改变编辑前的文档内容，应使用如下的方法：

单击"文件"选项卡中的"另存为"命令，打开如图 3-7 所示的级联菜单，选择保存类型，打开如图 3-6 所示的"另存为"对话框，输入新的文件名

图 3-7　"另存为"级联菜单

称并确定新的保存位置后，单击"保存"按钮。

3. 打开文档

打开文档是指打开已经存放在磁盘上的文档，方法有如下 4 种：

● 启动 WPS Office 后打开文档。

启动 WPS Office 后，单击"文件"选项卡中的"打开"命令，打开如图 3-8 所示的"打开文件"对话框，选择要打开的文档，单击"打开"按钮。

图 3-8 "打开文件"对话框

● 不启动 WPS Office，双击文件名直接打开文档。

对所有已保存在硬盘上的 WPS Office 文档".wps"，用户可以直接双击该文件的图标，系统在启动 WPS Office 的同时会打开该文档。

● 快速打开最近使用过的文档。

在 WPS Office 中默认显示多个最近打开或编辑过的文档，用户可以在"文件"选项卡面板右侧的"最近"列表中单击准备打开的文档。

● 在 WPS Office 启动的情况下，按【Ctrl+O】组合键打开"打开文件"对话框，选择需要打开的文档。

3.1.3 文本的输入与编辑

使用文字处理软件最基本的操作是文本输入，并对输入文本进行一定的编辑操作。

1. 输入文本

新建一个空白文档后，光标一般自动停留在文档窗口的第一行最左侧，输入内容的起始位置也就是光标所在的位置。

1）输入文本

输入文本主要包括中文文本和英文文本输入。设置插入点后，使用键盘即可在文档中输入文本。

如果输入的文本满一行，WPS Office 将自动换行。如果不满一行就需要开始新的段落，可以按【Enter】键换行，此时上一段的段末会出现段落标记↵。

如果要输入的文本既有中文，又有英文，使用键盘或鼠标可以在中英文输入法之间灵活切换，并能随时更改英文的大小写状态。切换输入法常用的键盘组合键如下：

● 切换中文输入法：【Ctrl + Shift】组合键。

● 切换中英文输入法：【Ctrl + Space（空格键）】组合键。

● 切换英文大写、小写状态：【Caps Lock】组合键，或者在英文输入法小写状态下按住【Shift】键，可临时切换到大写状态（大写状态下可临时切换到小写状态）。

● 切换全角、半角状态：【Shift + Space】组合键。

2）输入标点

标点所在的按键通常显示为两个符号，上方的符号是上档字符，下方的是下档字符。下档符号直接按键输入，如逗号（,）、句号（。）和分号（;）。输入上档符号则应按【Shift】键+符号键。例如，按住【Shift】键+冒号符号键，可以输入一个冒号。

3）插入符号

在输入文本的过程中，经常需要用到符号。部分特殊符号可以直接使用键盘输入，键盘无法输入的特殊符号可以使用"符号"对话框插入。

（1）单击"插入"选项卡中的"符号"下拉按钮，在打开的符号列表中可以看到一些常用的符号，如图 3-9 所示。单击需要的符号，即可将其插入文档中。

（2）如果"符号"下拉列表中没有需要的符号，单击"其他符号"命令，打开如图 3-10 所示的"符号"对话框。

图 3-9　"符号"下拉列表

图 3-10　"符号"对话框

（3）在"符号"选项卡的"字体"下拉列表框中选择需要的一种符号的字体类型。

（4）在"符号"选项卡的"子集"下拉列表框中选择字符代码子集选项。

（5）在"符号"对话框中选择需要的符号，单击"插入"按钮，插入符号，然后单击"关闭"按钮，关闭对话框。

2. 选择文本

在对 WPS Office 文档中的内容进行操作时，一般依据"先选定、后操作"的原则进行。被选取的文本在屏幕上表现为"灰底黑字"。文本选取的方法较多,用户应根据实际情况确定不同的文本选取方法,以便快速操作。

1)选取全文

选取全文的操作方法有如下 4 种:

● 单击"开始"选项卡"选择"下拉列表中的"全选"命令,选取全文。

● 在文档左侧的选定区域三击左键即可选取全文。

● 按【Ctrl+A】组合键选取全文。

● 先将光标定位在文档的起始位置,再按【Shift+Ctrl+End】组合键选取全文。

2)选取部分文档

选取部分文档的操作方法如表 3-1 所示。

表 3-1 选取部分文档的操作方法

选取范围	操作方法
字符的选取	选取一个字符:将鼠标指针移动到字符前,单击并拖曳一个字符的位置
	选取多个字符:将鼠标指针移到要选取的第一个字符前,按住左键,拖曳到选取字符的末尾,释放鼠标
行的选取	选取一行:在行左侧文本选定区单击
	选取多行:选取一行后,继续按住左键并向上或向下拖曳便可选取多行;或者按住【Shift】键,单击结束行
	选取光标所在位置到行尾(行首)的文字:把光标定位在要选定文字的起始位置,按【Shift+End】组合键(或【Home】键)
	选取从当前插入点到光标移动所经过的行或文本部分:确定插入点,按【Shift】键+光标移动键
句的选取	选取单句:按住【Ctrl】键,单击文档中的任意一个位置,选取单击位置的整个句子
	选取多句:在选取单句的条件下,按住【Shift】键,单击最后一个句子的任意位置
段落的选取	双击选取段落左侧的选定区;或三击段落中的任意位置
矩形区的选取	按住【Alt】键,同时拖曳鼠标
多页文本的选取	先在开始处单击鼠标,然后按住【Shift】键,并单击所选文本的结尾处
撤销选取的文本	在文本选取区外的任意位置单击鼠标

3. 移动、复制和粘贴文本

1)一般方法

(1)快捷命令移动/复制法

选定要移动/复制的文本区域,按【Ctrl+X】/【Ctrl+C】组合键(分别表示"剪切"或"复制"命令);将光标定位在目标位置,按【Ctrl+V】组合键(表示"粘贴"命令),从而完成选定文本的移动/复制操作。

(2)鼠标拖曳移动/复制法

如果文档内容不长,可用鼠标拖曳移动/复制法。其操作方法为:

先选定要移动的文本,然后用鼠标指定被选定文本区域并将其拖曳到目标位置,从而完成选定文本的移动操作;先选定要复制的文本,然后用鼠标指定被选定文本区域,先按住【Ctrl】键,再将选定区域文本拖曳到目标位置处,并先释放左键再释放【Ctrl】键,从而完成选定文本的复制操作。

2)选择性粘贴

复制或移动文本后,单击"开始"选项卡中的"粘贴"下拉按钮,在打开的下拉列表中选择适当的命令可以实现选择性粘贴，如图 3-11 所示。

3）使用"剪贴板"

利用"剪贴板"的储存功能，可以快速复制多处不相邻的文本。

单击"开始"选项卡"剪贴板"选项组中的按钮ˎ，打开"剪贴板"任务窗格。然后在任务窗格中选定要复制的文本，按【Ctrl+C】组合键，可以看到选中的文本已放入剪贴板，如图 3-12 所示，单击需要粘贴的文本即可。

图 3-11 "粘贴"下拉列表　　　　图 3-12 "剪贴板"任务窗格

4．删除文本

删除文本是指将指定文本从文档中清除，操作方法如下：

（1）按【Backspace】键可以删除插入点左侧的字符，按【Ctrl+Backspace】组合键可以删除插入点左侧的一个单词。

（2）按【Delete】键可以删除插入点右侧的字符，按【Ctrl+Delete】组合键可以删除插入点右侧的一个单词。

（3）如果要删除的文本较多，可以首先使用上面介绍的方法将这些文本选取，然后按【Backspace】键或【Delete】键将它们一次全部删除。

5．查找和替换文本

1）使用"章节导航"窗格搜索文本

通过"章节导航"窗格，可以查看文档结构，也可以对文档中的某些文本进行搜索，搜索到所需的文本后，程序会自动将其突出显示。

（1）将光标定位在文档的起始位置，单击"页面"选项卡中的"章节导航"按钮，打开"章节"窗格。

（2）在窗格中单击"查找和替换"命令，切换到"查找和替换"窗格，在文本框中输入要搜索的文本。

（3）单击"查找"按钮 查找 ，将在"导航"窗格中列出文档中包含查找文字的段落，同时会自动将搜索到的文本突出显示。

2）使用"查找和替换"对话框查找文本

通过"查找和替换"对话框查找文本时，可以对文档内容一处一处地进行查找，灵活度较高。

（1）按【Ctrl+F】组合键，或单击"开始"选项卡中的"查找替换"下拉按钮，从打开的下拉列表中选择"查找"命令，打开"查找和替换"对话框，如图 3-13 所示。

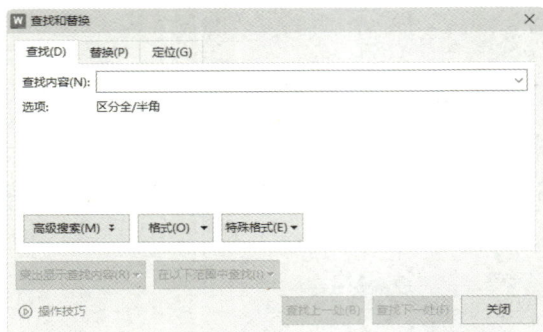

图 3-13 "查找和替换"对话框

（2）在"查找内容"下拉列表框中输入要查找的文本，如果之前已经进行过查找操作，可以从"查找内容"下拉列表框中选择。

（3）单击"查找下一处"按钮开始查找，找到的文本高亮显示；若查找的文本不存在，将打开含有提示文字"无法找到您所查找的内容"的对话框。

（4）如果要继续查找，再次单击"查找下一处"按钮；若单击"关闭"按钮，对话框关闭，同时，插入点停留在当前查找到的文本位置。

3）替换文本

替换功能是指将文档中查找到的文本用指定的文本替代，或者对查找到的文本的格式进行修改。

（1）按【Ctrl+H】组合键，或单击"开始"选项卡中的"查找替换"下拉按钮，从打开的下拉列表中选择"替换"命令，打开"查找和替换"对话框，并显示"替换"选项卡。

（2）在"查找内容"下拉列表框中输入或选择被替换的文本，在"替换为"下拉列表框中输入或选择用于替换的新文本。当"替换为"下拉列表框中未输入文本时，可以将被替换的文本删除。

（3）单击"全部替换"按钮，若查找的文本存在，则它们都会被进行替换处理。如果要进行选择性替换，可以先单击"查找下一处"按钮找到被替换内容，若想替换则单击"替换"按钮；否则继续单击"查找下一处"按钮，如此反复即可。

6. 撤销与恢复

撤销功能可以撤销最近进行的操作，恢复到执行操作前的状态。

- 撤销前一次操作的是【Ctrl+Z】组合键；恢复撤销操作的是【Ctrl+Y】组合键。
- 用户可以单击"快速访问工具栏"中的"撤销"按钮或采用快捷键方式撤销和恢复一次操作。

3.1.4 字符与段落格式化

1. 字符格式化

设置并改变字符的外观称为字符格式化，它包括设置字体与字号，设置粗体、斜体，添加下画线，改变字符颜色，设置特殊效果，调整字符间距等。

1）字体效果设置

（1）利用"字体"命令组中的命令按钮进行快速设置

选定要修改的文本，在"开始"选项卡"字体"命令组（如图 3-14 所示）中，使用相应的命令按钮可以完成字体设计。在该命令组中可以完成字体、字号、文字效果、字体颜色、清除格式等多种设置。

WPS Office 还提供了多种字体特效设置，包括艺术字、阴影、倒影、发光等多种设置。

选择要设置特效的文本，单击"开始"选项卡中的"文字效果"下拉按钮，打开如图 3-15 所示的下拉列表，根据需要完成设置。

（2）使用字体对话框进行设置

选定要修改的文本，单击"开始"选项卡中的"字体"命令组右下角按钮，打开如图 3-16

所示的"字体"对话框。在"字体"选项卡中可以完成字体、字号、字形、颜色、效果等的设置。

在"字体"对话框中单击"文本效果"按钮，打开如图 3-17 所示的"设置文本效果格式"对话框，可以进行文本颜色、文本轮廓及效果等设置。

图 3-14　"字体"命令组

图 3-15　"文字效果"下拉列表

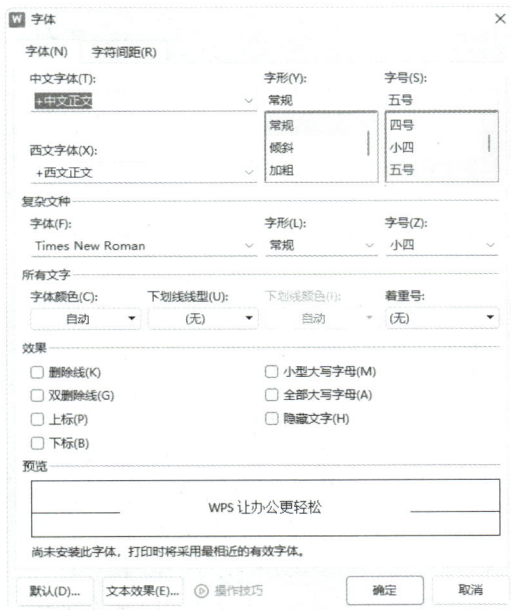

图 3-16　"字体"对话框

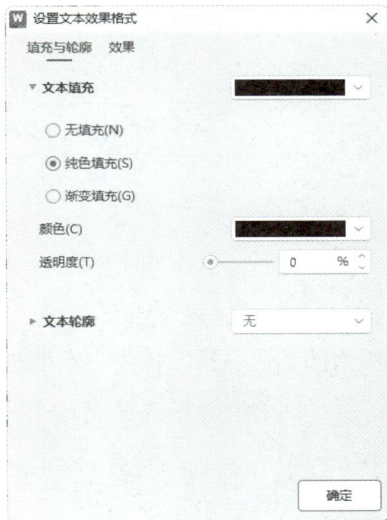

图 3-17　"设置文本效果格式"对话框

2）设置字符宽度、间距与位置

默认情况下，WPS Office 文档的字符宽度比例是 100%，同一行文本依据同一条基线进行分布。通过修改字符宽度、字符间距与字符显示的位置，可以创建特殊的文本效果。

（1）在"字体"对话框中切换到如图 3-18 所示的"字符间距"选项卡，在"缩放"下拉列表框中选择字符宽度的缩放比例。如果下拉列表框中没有需要的宽度比例，可以直接输入所需的比例。在"预览"区域可以预览设置效果。

（2）在"间距"下拉列表框中选择需要的间距类型。字符间距是指文档中相邻字符之间的水平距离。WPS Office 提供了"标准"、"加宽"和"紧缩"3 种预置的字符间距选项，默认为"标准"。如果选择其他 2 个选项，还可以在"磅值"数值框中指定具体值。

（3）在"位置"下拉列表框中选择文本的显示位置。"位置"选项用于设置相邻字符之间的垂直距离。WPS Office 提供了"标准"、"上升"和"下降"3 种预置选项。"上升"是指相对于原来的基线上升指定的磅值；"下降"是指相对于原来的基线下降指定的磅值。

2. 段落格式化

段落是指用回车键进行了换行后而形成的一段文字，可以具有自身的格式特征，如对齐方式、间距和样式。每个段落都是以段落标记"↵"作为结束标识。每按【Enter】键结束段落并换行时，生成的新段落会具有与前一段相同的特征，但也可以为每个段落设置不同的格式。

使用如图 3-19 所示的"段落"功能组中的命令按钮可以便捷地设置段落格式。

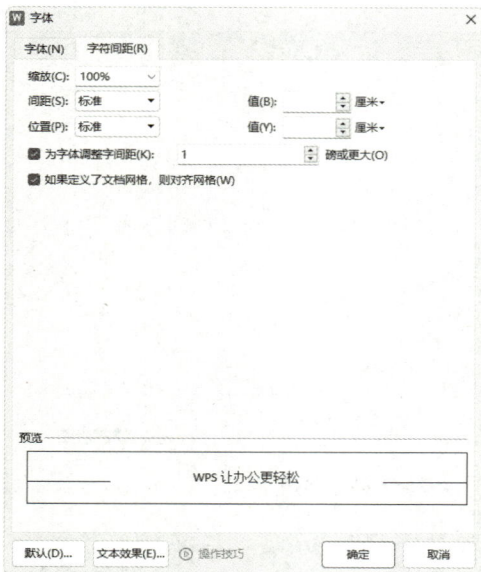

图 3-18 "字符间距"选项卡

图 3-19 "段落"功能组

1）段落的缩进设置

段落的缩进包括左缩进、右缩进、首行缩进和悬挂缩进。为了标识一个新段落的开始，一般都将一个段落的首行缩进两个字符，称首行缩进。悬挂缩进是指段落的第二行及后续的各行缩进量都大于首行，常用于项目符号和编号列表。可以使用以下 3 种方法设置段落的缩进。

（1）运用命令组中的命令按钮设置段落的缩进

将光标定位在要改变缩进量的段落内或选中要改变缩进量的段落，单击"开始"选项卡中的"增加缩进量"按钮 或"减少缩进量"按钮 即可。

（2）使用段落对话框设置段落的缩进

单击"开始"选项卡中的"段落"功能扩展按钮 ，打开如图 3-20 所示的"段落"对话框。

在"缩进"区域中的"文本之前"编辑框中输入文本之前缩进的数值，在"文本之后"编辑框中输入文本之后缩进的数值，在"特殊格式"下拉列表框中，选择"首行缩进"或"悬挂缩进"选项，然后在右侧的"度量值"编辑框中输入数值或单击数值滚动框选择数值。

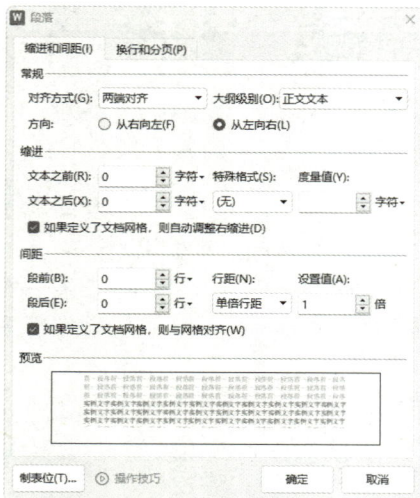

图 3-20 "段落"对话框

（3）使用标尺设置段落的缩进

WPS Office 默认不显示标尺，要使用标尺，首先要显示标尺，勾选"视图"选项卡中的"标尺"复选框即可显示文档的标尺。

使用标尺工具可以设置段落的缩进，标尺上的标记 ⌂ 称为"左缩进"，拖动此标记可以设置段落左侧距离页面左边界的起始位置。标尺上的标记 △ 称为"右缩进"，拖动此标记可以设置段落右侧距离页面右边界的起始位置。标尺上的标记 ▽ 称为"首行缩进"，拖动此标记可以设置段落首行文字的起始位置，如图 3-21 所示。

图 3-21　水平标尺

2）段落的对齐方式设置

在进行文档编辑时，为了追求特定的格式效果，经常需要对段落的对齐方式进行细致调整。例如，在规范的排版习惯中，文档中的标题通常设置为居中对齐，以突出其重要性；而正文部分则通常设置为左对齐，以保持读者阅读的流畅性和整洁性。这些对齐方式的适当使用，对于提升文档的整体视觉效果和专业性至关重要。

在"段落"对话框的"常规"区域中，单击"对齐方式"的下拉按钮，在打开的下拉列表中选择对齐方式，选择"左对齐"，则当前段落严格沿左侧边缘对齐，而右侧保持自然参差；选择"右对齐"，则当前段落严格沿右侧边缘对齐，而左侧保持自然参差；选择"居中对齐"，则当前段落各行以中线为基准对称分布；选择"两端对齐"，则当前段落的左右两端均对齐（末行通常保持左对齐）；选择"分散对齐"，则当前段落的所有行实现两端对齐，末行的字符间距将会随之改变而使所有字符均匀分布在该行。

也可以使用"段落"命令组中的按钮设置段落的对齐方式，单击"左对齐"按钮 三、"居中对齐"按钮 三、"右对齐"按钮 三、"两端对齐"按钮 三 和"分散对齐"按钮 三 将实现不同的对齐效果。

3）段落行距与间距设置

（1）行距

行距是指各行文本间的垂直距离。改变行距将影响整个段落中的所有行。选定要更改其行距的段落，在如图 3-20 所示的"间距"区域中的"行距"编辑框中输入或选择所需的数值。

- 单倍行距：行距设置为该行最大字体的高度加上一小段额外间距，额外的间距的大小取决于所用的字体。如果段落行距设置为单倍行距，段落中某行插入图片的高度大于文本的高度时，则该行的高度自动调整为与图片的高度相同，从而使图片能够完整地显示。
- 1.5 倍行距：段落行距为单倍行距的 1.5 倍。
- 两倍行距：段落行距为单倍行距的 2 倍。
- 最小值：恰好容纳该行中最大的文字或图形。
- 固定值：行距固定，在"设置值"框中输入或选择所需数值即可。默认值为 12 磅。
- 多倍行距：段落行距为单倍行距的 3 倍。

（2）间距

间距是指不同段落间的垂直距离。

将插入点放置在段落中或选中多个段落。在如图 3-20 所示的"间距"区域中的"段前"和

"段后"右侧的编辑框中输入所需数值，单击"确定"按钮即可设置段落的间距。

提示：格式刷是一种能够快速统一文档格式的工具。

（1）选中设置完成格式的文字或图形。

（2）单击"开始"选项卡中的"格式刷"按钮 🖌，格式刷只能使用一次；双击该按钮，格式刷可以连续使用，再次单击该按钮或按【Esc】键取消使用格式刷。

（3）选择需要应用相同格式的文字或图形，按住左键选择范围，释放鼠标，相应的格式设置完成。

3.1.5 项目符号与编号

使用项目符号与编号，可以对文档中具有并列关系的文本进行组织，或者将有先后顺序的文本进行编号，从而使文本的层次结构更加清晰、更具条理和可读性。

1. 添加项目符号

借助 WPS Office 的自动编号功能，只需在输入第一项时添加项目符号，输入其他列表项时自动添加项目符号。

（1）在文档中选中列表的第一项，或将光标定位在第一项的文本中。如果已创建了多个列表项，则选中所有列表项。

（2）单击"开始"选项卡中的"项目符号"下拉按钮 ☷ ，打开如图 3-22 所示的"项目符号"下拉列表。

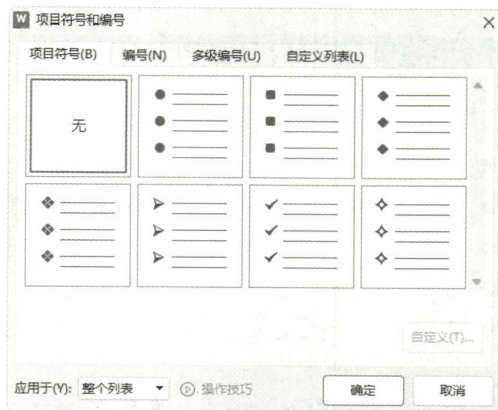

（3）在下拉列表中单击需要的项目符号样式，即可在选定段落左侧添加指定的项目符号。

（4）按【Enter】键结束段落并换行，WPS Office 自动在下一段落起始位置添加项目符号。

（5）在项目符号右侧输入列表的其他列表项，然后按【Enter】键输入下一项。

（6）所有列表项输入完成后，按【Enter】键另起一行，然后按【Backspace】键删除自动添加的最后一个项目符号，即可结束列表项的创建。

2. 自定义项目符号

如果"项目符号"下拉列表中没有需要的符号样式，用户还可以自定义一种符号作为项目符号。

（1）在"项目符号"下拉列表中选择"自定义项目符号"命令，打开如图 3-23 所示的"项目符号和编号"对话框。

图 3-22 "项目符号"下拉列表

图 3-23 "项目符号和编号"对话框

（2）在项目符号列表中选择一种符号样式（不能选择"无"），单击"自定义"按钮打开如图 3-24 所示的"自定义项目符号列表"对话框。

（3）单击"字符"按钮打开如图 3-25 所示的"符号"对话框，设置符号字体后，在符号列表框中选择需要的符号，单击"插入"按钮返回"自定义项目符号列表"对话框。

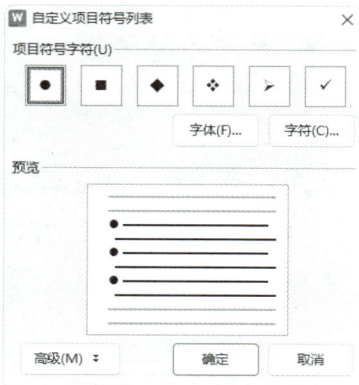

图 3-24 "自定义项目符号列表"对话框

图 3-25 "符号"对话框

此时，在"自定义项目符号列表"对话框的符号列表中可以看到添加的符号，在"预览"区域可以看到项目符号的效果。

（4）单击"高级"按钮，展开对话框，根据需要设置项目符号和符号之后的文本的缩进位置。

（5）如果要修改项目符号和列表项的字体、颜色等格式。单击"字体"按钮，打开"字体"对话框，在"复杂文种"区域设置项目符号的字形和字号；在"所有文字"区域设置项目符号的颜色。设置完成后，单击"确定"按钮返回"自定义项目符号列表"对话框。

（6）在"自定义项目符号列表"对话框中单击"确定"按钮返回到"项目符号和编号"对话框。在"应用于"下拉列表框中选择自定义的项目符号要应用的范围。

- 整个列表：将当前插入点所在的整个列表的项目符号都更改为自定义的符号。
- 插入点之后：将当前插入点之后的列表项的项目符号更改为自定义的符号。
- 所选文字：将所选文字所在的列表项的项目符号更改为自定义的符号。

（7）设置完成后，单击"确定"按钮关闭对话框，即可在文档中查看自定义的项目列表效果。

3. 添加编号

（1）在文档中选中列表的第一项，或将光标定位在第一项的文本中。如果已创建了多个列表项，则选中所有列表项。

（2）单击"开始"选项卡中的"编号"下拉按钮，打开如图 3-26 所示的"编号"下拉列表。

（3）在下拉列表中单击需要的编号样式，即可在选定段落左侧添加指定的编号。

图 3-26 "编号"下拉列表

4. 自定义编号

如果"编号"下拉列表中没有需要的符号样式，用户还可以自定义一种符号作为编号符号。

（1）在"项目符号"下拉列表中选择"自定义编号"命令，打开如图 3-27 所示的"项目符号和编号"对话框的"编号"选项卡。

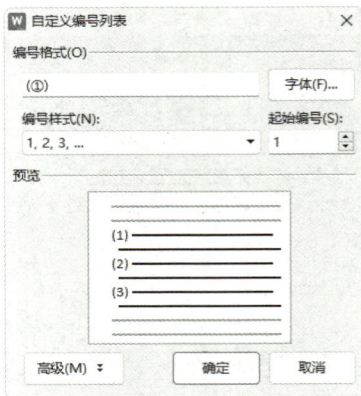

（2）在编号列表中选择一种编号样式（不能选择"无"），单击"自定义"按钮打开如图 3-28 所示的"自定义编号列表"对话框。根据需要设置编号格式、编号样式及起始编号。

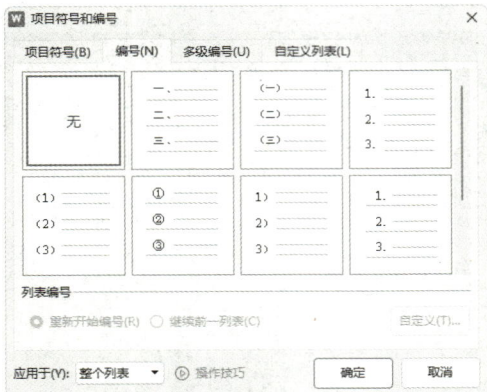

图 3-27 "项目符号和编号"对话框的"编号"选项卡　　图 3-28 "自定义编号列表"对话框

（3）设置完成后，单击"确定"按钮关闭对话框，即可在文档中查看自定义的编号列表效果。

案例 实施

（1）启动 WPS Office，单击"WPS Office"页面上的"新建"按钮 ＋ 新建，打开"新建"面板，单击"文字"按钮，打开"新建文档"页面，单击"空白文档"，新建一个空白的"文字文稿 1"文档。

（2）单击"快速访问工具栏"中的"保存"按钮，打开"另存为"对话框，指定保存位置，输入文件名称为"文字的起源"，如图 3-29 所示，单击"保存"按钮，保存文档。

图 3-29 "另存为"对话框

（3）切换到中文输入法，在光标闪烁的位置输入第一段文本内容，如图 3-30 所示。

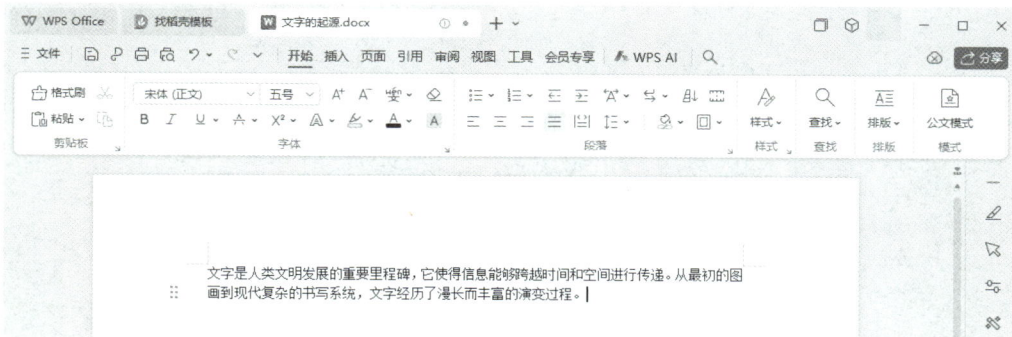

图 3-30   输入第一段文本内容

（4）按【Enter】键换行，继续输入文字和符号，如图 3-31 所示。

图 3-31   输入文字和符号

（5）单击"快速访问工具栏"中的"保存"按钮，保存文档。单击"文字的起源.docx"标题右侧的"关闭"按钮×，关闭该文档。

（6）打开并登录"讯飞星火"网页版，在输入框中输入提示词"严格遵守上传的文档内容，不改变原本的意思，优化文档中的文字使其与'文字的起源'相符"。单击"上传附件"按钮，在打开的菜单中选择"文档"选项，打开"打开"对话框，选择"文字的起源"文档，单击"打开"按钮，上传文档，如图 3-32 所示，单击"发送"按钮，讯飞星火根据提示词优化"文字的起源"文档的文本内容，如图 3-33 所示。

（7）单击"复制"按钮，复制生成的文本内容。

（8）单击"WPS Office"页面上的"打开"按钮 打开，打开"打开文件"对话框，选择"文字的起源.docx"文件，单击"打开"按钮，打开该文档。

（9）单击"开始"选项卡"选择"下拉列表中的"全选"命令，选中整个文本，按【Delete】键删除所选文本。

（10）单击"开始"选项卡中的"粘贴"按钮 粘贴，或按【Ctrl+V】组合键，粘贴讯飞星火人工智能生成的文本内容。

（11）选中不需要的文本，按【Delete】键删除所选文本；采用相同的方法，删除文档中不需要的文本，结果如图 3-34 所示。

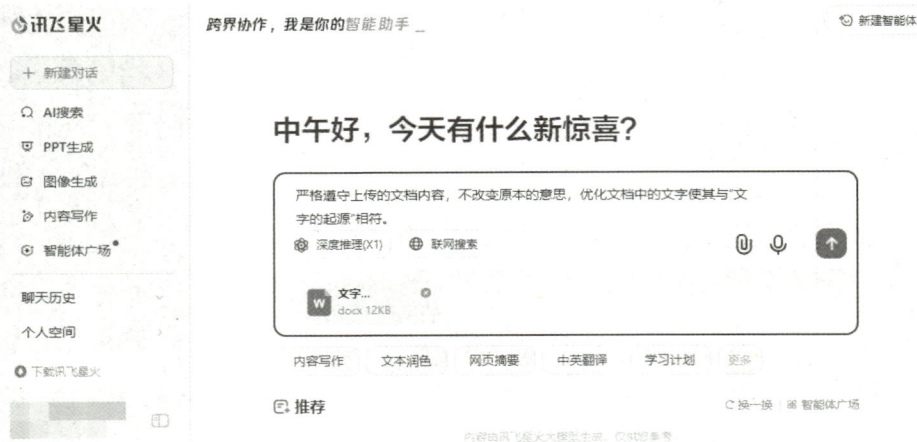

图 3-32　输入提示词和上传文档

图 3-33　讯飞星火优化后的文本内容　　　图 3-34　修改讯飞星火生成的文本内容

（12）按住【Ctrl】键选中全部小标题，设置字体为"宋体"，字号为"小四"，加粗。

（13）其余正文文本设置字体为"宋体"，字号为"五号"，结果如图 3-35 所示。

（14）按住【Ctrl】键选中全部小标题，然后单击"开始"选项卡中的"段落"功能扩展按钮↘，打开"段落"对话框，设置对齐方式为"左对齐"，行距为"1.5 倍"，单击"确定"按钮，完成小标题的段落格式设置。

（15）选中其余正文文本，单击"开始"选项卡中的"段落"功能扩展按钮↘，打开"段落"对话框，设置特殊格式为"首行缩进 2 字符"，结果如图 3-36 所示。

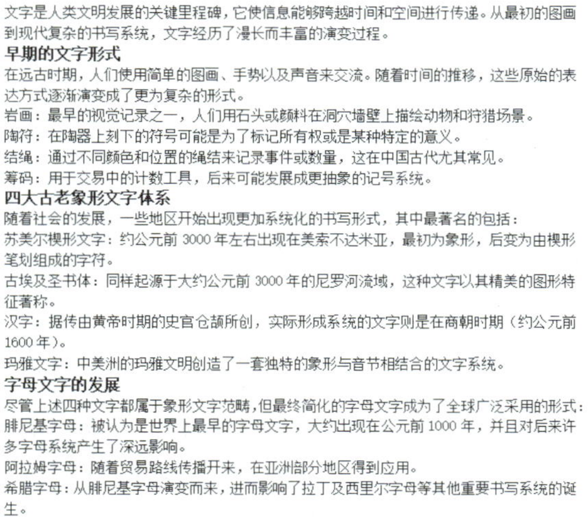

图 3-35　设置字体格式

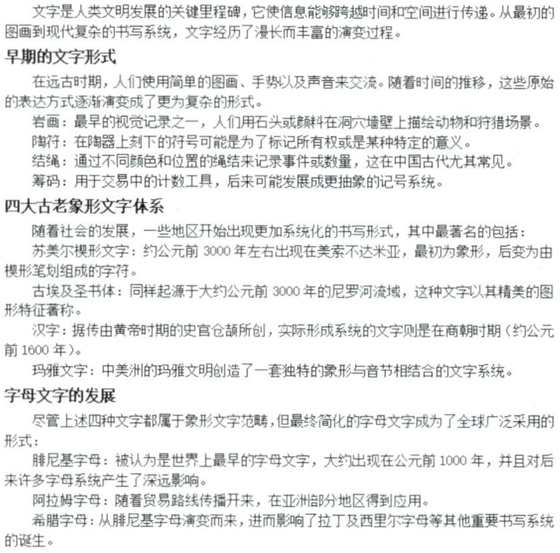

图 3-36　设置段落格式

（16）按住【Ctrl】键选中全部的小标题，然后单击"开始"选项卡中的"编号"下拉按钮 ☰▾，在弹出的"编号"下拉列表中选择"一、"类型的编号，结果如图 3-37 所示。

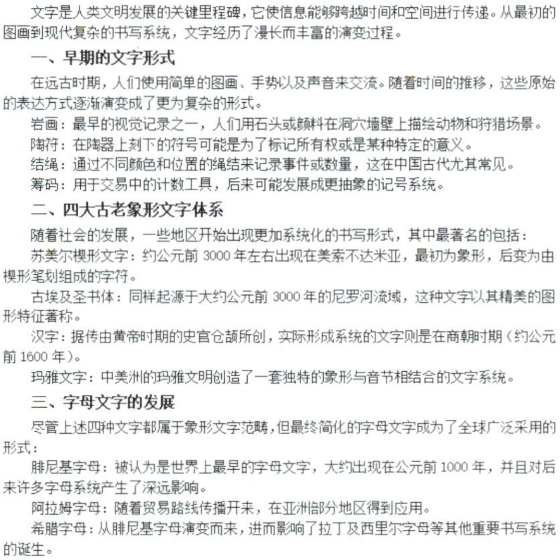

图 3-37　设置小标题编号

（17）选中需要添加项目符号的文本，然后单击"开始"选项卡中的"项目符号"下拉按钮☷▾，弹出"项目符号"下拉列表，选择带填充效果的大圆形项目符号，最终结果如图 3-1所示。

（18）单击"快速访问工具栏"上的"保存"按钮🖫，保存文档。

小组 评价

评价内容	评价标准	分值	教师评估
文档的基本操作	能够新建、保存和打开文档	25	
文本的输入与编辑	能够输入与删除文本	25	
字符与段落格式化	可以设置字符与段落的格式	25	
项目符号与编号	可以设置项目符号与编号	25	
总分		100	

3.2 生态共守——编辑"'低碳生活'宣传海报"文档

案例 描述

本案例将实现在 WPS Office 文档中编辑"'低碳生活'宣传海报"文档。通过对本案例相关知识的学习和实践，要求学生掌握 WPS Office 文档的页面设置，以及图形、图片、文本框、艺术字和智能图形的插入与编辑，最终完成"'低碳生活'宣传海报"文档的编辑，效果如图 3-38 所示。

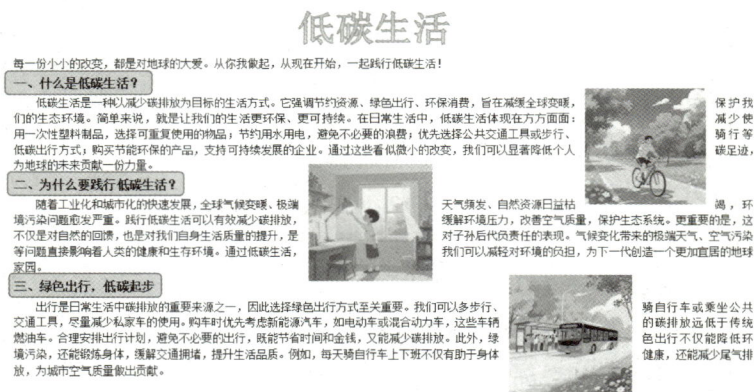

图 3-38 "低碳生活"宣传海报

创建 小组

全班根据实际情况进行分组，建议每组 3～5 人，各组选出组长，组长为组员分配任务并将分工和实施详情记录下来。在开始案例实施前，请全组成员查看知识链接的内容。请各组组长参考以下问题，组织组员收集和整理相关材料，并根据收集到的资料进行讨论。

问题：如何精密地调整图形和图片的大小？

知识 链接

3.2.1 页面设置

WPS Office 文档中默认的页面设置是以 A4（21 厘米×29.4 厘米）为大小的页面，按纵向格式编排及打印输出。如果未满足需要，可以通过页面设置进行调整。

1. 设置纸张方向

页面的方向分为横向和纵向，WPS Office 文档默认的页面方向为纵向，用户可以根据需要进行调整。

（1）打开要设置页面属性的文档，单击"页面"选项卡中的"纸张方向"下拉按钮 ，打开如图 3-39 所示的"纸张方向"下拉列表。

（2）在下拉列表中单击需要的纸张方向。

设置的页面方向默认应用于当前节，如果没有添加分节符，则应用于整篇文档。如果要指定设置的纸张方向应用的范围，可以单击"页面"选项卡中的"页面设置"按钮 ，打开"页面设置"对话框。在"方向"区域选择需要的纸张方向，然后在"应用于"下拉列表框中选中要应用的范围，如图 3-40 所示。设置完成后，单击"确定"按钮关闭对话框。

图 3-39 "纸张方向"下拉列表　　　　图 3-40 设置纸张方向和应用范围

2. 设置页面规格

通常情况下，用户应该根据文档的类型要求或打印机的型号设置纸张的大小。

（1）打开要设置纸张大小的文档。

（2）单击"页面"选项卡中的"纸张大小"按钮 ，在打开的"纸张大小"下拉列表中可以看到 WPS Office 预置了 13 种常用的纸张规格，如图 3-41 所示。

（3）单击需要的纸张规格，即可将页面修改为指定的大小。

如果预置的纸张规格中没有需要的页面尺寸，单击"其它页面大小"命令，打开"页面设置"对话框。在"纸张大小"下拉列表框中选择"自定义大小"，然后在下方的"宽度"和"高度"数值框中输入尺寸，如图 3-42 所示。在"应用于"下拉列表框中还可以指定纸张大小应用的范围。设置完成后，单击"确定"按钮关闭对话框。

3. 调整页边距

页边距是页面的正文区域与纸张边缘之间的空白距离，包括上、下、左、右四个方向的边距，以及装订线的距离。页边距的设置在正式的文档排版中十分重要，页边距太窄会影响文档装订，页边距太宽不仅浪费纸张而且影响版面美观。

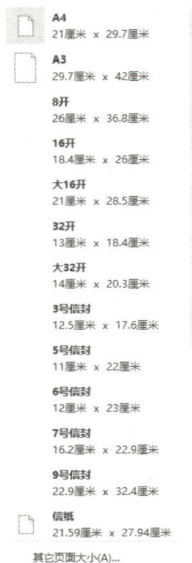

图 3-41　"纸张大小"下拉列表

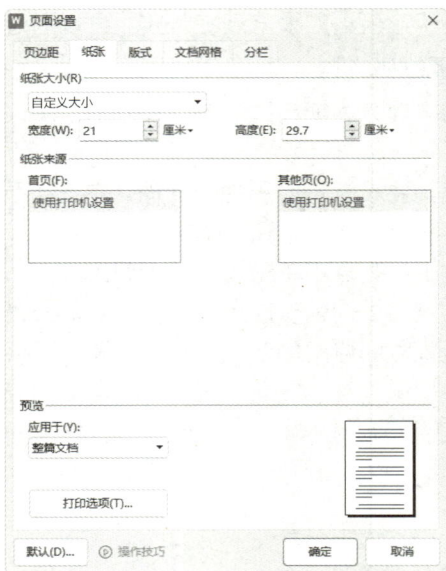

图 3-42　自定义纸张大小

图 3-43　常用的页边距尺寸

（1）打开要设置页边距的文档。单击"页面"选项卡中的"页边距"按钮，在打开的"页边距"下拉列表中可以看到，WPS Office 内置了 4 种常用的页边距尺寸，如图 3-43 所示。单击需要的页边距设置，即可将指定的边距设置应用于当前文档或当前节。

（2）如果内置的页边距样式中没有合适的尺寸，可以单击"自定义页边距"命令打开"页面设置"对话框，在"页边距"区域自定义上、下、左、右边距。如果文档要装订，还应设置装订线位置和装订线宽，在"应用于"下拉列表框中还可以指定边距的应用范围。

（3）设置装订线宽可以避免装订文档时文档边缘的内容被遮挡。设置完成后，单击"确定"按钮关闭对话框。此时，在"页边距"下拉列表中可以看到自定义的边距设置，可将该自定义边距应用于其他文档。

3.2.2　图形的插入和编辑

WPS Office 为用户提供了一系列丰富的内置形状库。借助这一功能，用户得以便捷地绘制出多种常用图形，且操作简单，仅需单击一下鼠标即可实现。即便用户缺乏绘图方面的专业知识或经验，也能通过简单的图形组合以及编辑图形顶点的方式，轻松创建出一些相对复杂的图形结构。

1. 插入形状

单击"插入"选项卡中的"形状"下拉按钮，打开"形状"下拉列表，如图 3-44 所示。在下拉列表中可选择线条、矩形、基本形状、箭头总汇、公式形状、流程图等图形，然后在绘图起始位置按住左键，拖动鼠标至结束位置就能完成所选图形的绘制，如图 3-45 所示。

注意： 拖动鼠标的同时按住【Shift】键，可绘制宽和高相等的图形，如圆、正方形等。

预设

线条

矩形

基本形状

箭头总汇

公式形状

流程图

星与旗帜

标注

智能图形

列表　循环　流程　时间轴　关系　矩阵　更多

新建绘图画布(N)

图 3-44　"形状"下拉列表

图 3-45　绘制的形状

2. 编辑形状

在图形创作的初始阶段，所绘制的图形对象未必能完全符合预期要求，因此，通常需要对图形对象的尺寸与角度进行细致调整，以确保其最终形态能够满足特定的设计标准或审美需求。

（1）选中图形对象，图形对象四周显示控制手柄，如图 3-46 所示，拖动控制手柄调整图形对象大小和角度。

将鼠标指针移到圆形控制手柄上，指针变成双向箭头时，按住左键拖动到合适位置释放，即可改变图形对象的大小。

提示：在图形对象四个角上的控制手柄上按住左键拖动，可约束比例缩放图片。

选中图形对象后，使用"绘图工具"选项卡中的"大小和位置"功能组分别设置图形对象的高度和宽度，可以精确地设置图形对象的尺寸。

单击"大小"功能扩展按钮↘，打开"布局"对话框，在"大小"选项卡中也可以精确设置图形对象的尺寸和缩放比例，如图 3-47 所示。

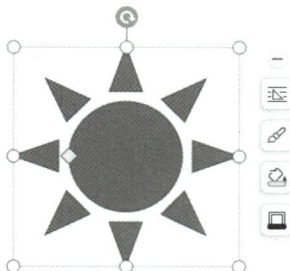

图 3-46　选中图形对象显示控制手柄

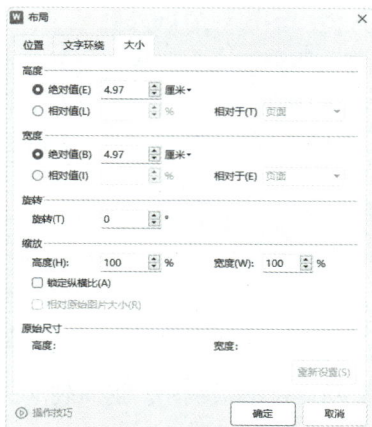

图 3-47　"布局"对话框

（2）将鼠标指针移到旋转手柄 上，指针显示为 ，按住左键拖动到合适角度后释放，图形对象绕中心点进行相应角度的旋转，如图 3-48 所示。

在如图 3-47 所示的"布局"对话框的"旋转"选项区域输入角度，可以将图形对象旋转到精确的角度。

单击"绘图工具"选项卡中的"旋转"下拉按钮 ，在打开的如图 3-49 所示的"旋转"下拉列表中选择需要的旋转角度，图形对象将进行 90° 倍数的旋转。

图 3-48　旋转图形对象　　　　　　　　图 3-49　"旋转"下拉列表

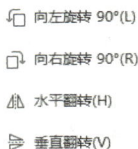

（3）单击图形对象右侧的"布局选项"按钮 ，在弹出的"布局选项"列表中可以看到，WPS Office 提供了多种文字环绕方式，如图 3-50 所示，单击即可应用。单击"绘图工具"选项卡中的"环绕"下拉按钮 ，也可以打开"环绕"下拉列表，如图 3-51 所示。

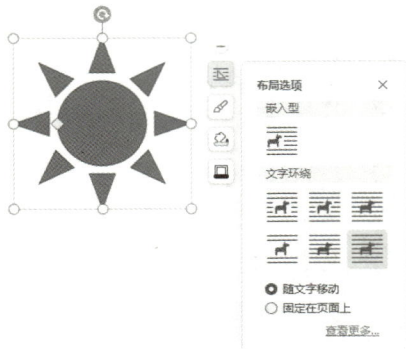

图 3-50　"布局选项"列表　　　　　　　图 3-51　"环绕"下拉列表

通过文字环绕方式图标按钮，可以大致了解各种环绕方式的效果。

- 嵌入型：图形对象嵌入到某一行中，不能随意移动。
- 四周型环绕：文字以矩形方式环绕在图形对象四周。
- 紧密型环绕：文字根据图形对象轮廓形状紧密环绕在图片四周。当图形对象轮廓为不规则形状时，环绕效果与"穿越型环绕"相同。
- 衬于文字下方：图形对象显示在文字下方，被文字覆盖。
- 浮于文字上方：图形对象显示在文字上方，覆盖文字。
- 上下型环绕：文字环绕在图形对象上方和下方，图形对象左、右两侧不显示文字。
- 穿越型环绕：文字可以穿越不规则图形对象的空白区域环绕图形对象。

3. 修饰图形

如果需要设置形状填充、形状轮廓、颜色设置、阴影效果、三维效果、旋转和排列等基本操作，先选定要编辑的图形对象，打开如图 3-52 所示的"绘图工具"选项卡，选择相应功能按钮实现。

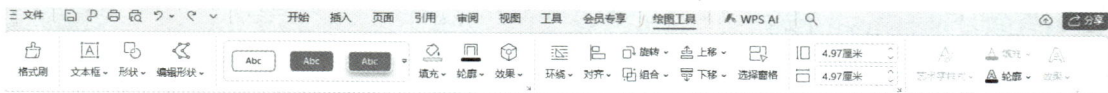

图 3-52　"绘图工具"选项卡

1）形状填充

选择要填充的形状，单击"绘图工具"选项卡中的"填充"下拉按钮，打开如图 3-53 所示的"填充"下拉列表。如果选择设置单色填充，可选择面板已有的颜色，或单击"其他填充颜色"命令选择其他颜色为填充色；如果选择设置图片填充，单击"图片或纹理"命令后再单击"本地图片"命令，打开"选择纹理"对话框，选择一张图片填充图形；如果选择设置渐变填充，则单击界面右侧的"属性"按钮，打开如图 3-54 所示的"属性"面板，选择"渐变填充"选项，选择一种渐变样式即可，也可自行设置渐变填充效果。

2）形状轮廓

选择图形对象，单击"绘图工具"选项卡中的"轮廓"下拉按钮，打开如图 3-55 所示的"轮廓"下拉列表，设置轮廓线的线型、宽度和颜色等。

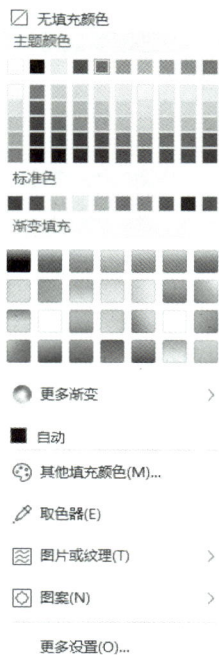

图 3-53　"填充"下拉列表

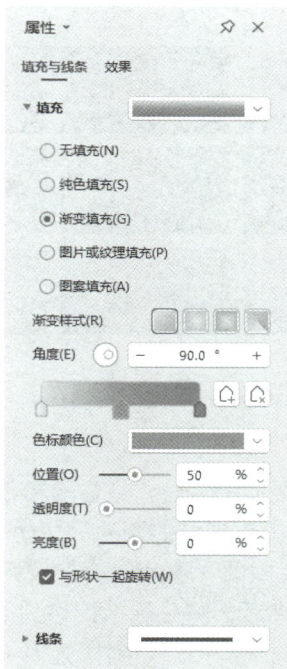

图 3-54　"属性"面板

图 3-55　"轮廓"下拉列表

3）形状效果

形状效果包括阴影、倒影、发光、柔化边缘、三维旋转等多种类型效果。选择要设置形状效果的图形对象，单击"绘图工具"选项卡中的"效果"下拉按钮，打开如图 3-56 所示的"效果"下拉列表，选择一种形状效果进行设置。

4）应用内置样式

选择要形状填充的图片，在"绘图工具"选项卡的"形状样式"中选择一种内置样式即可应用到图片上。

图 3-56　"效果"下拉列表

3.2.3　图片的插入和编辑

在 WPS Office 中，不仅可以插入本地计算机收藏和稻壳商场提供的图片，还支持通过扫描仪导入图片，甚至还可以通过微信扫描二维码连接到手机，插入手机中的图片。

1. 插入图片

（1）在文档中单击需要插入图片的位置，单击"插入"选项卡中的"图片"下拉按钮，在如图 3-57 所示的"图片"下拉列表中选择图片来源。

（2）选择图片来源，例如，单击"本地图片"命令，打开"插入图片"对话框，选择要插入的图片，单击"打开"按钮，插入图片。

在文档中插入的图片默认按原始尺寸或文档可容纳的最大空间显示，往往需要对图片的尺寸和角度进行调整，有时还要设置图片的颜色和效果，以与文档的主题融合。

图 3-57　"图片"下拉列表

2. 编辑图片

（1）如果插入的图片中包含不需要的部分，或者希望仅显示图片的某个区域，不需要启动专业的图片处理软件，使用 WPS Office 提供的图片裁剪功能就可轻松实现。

① 选中图片，单击快速工具栏中的"图片裁剪"按钮，图片四周显示黑色的裁剪标识，右侧显示"裁剪"菜单，如图 3-58 所示。将鼠标指针移到某个裁剪标识上，按住左键拖动至合适的位置释放，即可沿鼠标拖动方向裁剪图片。确认无误后按【Enter】键或单击空白区域完成裁剪。

图 3-58　"裁剪"菜单

② 单击"裁剪"菜单中的形状，按【Enter】键或单击文档的空白区域，可以将图片裁剪为所需的形状。

③ 在"裁剪"菜单中切换到"按比例裁剪"选项卡，然后单击需要的比例，按【Enter】键或单击文档的空白区域，将图片的宽度和高度按比例裁剪。

提示：如果要调整裁剪区域，可在裁剪状态下，在图片上按住左键拖动。

（2）选中图片，在"图片工具"选项卡中，利用如图 3-59 所示的"设置形状格式"功能组的工具按钮修改图片的颜色效果。

图 3-59　"设置形状格式"功能组

① 单击"增加对比度"按钮 或"降低对比度"按钮 。增加对比度，画面中亮的区域会更亮，暗的区域会更暗；降低对比度，则明暗差异会减小。

② 单击"增加亮度"按钮 或"降低亮度"按钮 ，调整图片画面的亮度。

③ 单击"设置透明色"按钮 ，鼠标指针显示为 时，在要设置为透明的颜色区域单击，将图片中特定颜色变为透明。

④ 单击"色彩"下拉按钮 ，在打开的"色彩"下拉列表中选择相应的命令，更改图片的颜色效果，例如，显示为灰度、黑白或冲蚀效果。

⑤ 单击"边框"下拉按钮 边框 ，在打开如图 3-60 所示的"边框"下拉列表中可以设置图片轮廓的颜色、线型和宽度，为图片添加边框

⑥ 单击"效果"下拉按钮 ，在打开的"效果"下拉列表中选择需要的效果，如图 3-61 所示，为图片添加特效。在下拉列表中单击"更多设置"命令，打开如图 3-62 所示的"属性"面板修改效果参数。

图 3-60　"边框"下拉列表　　　图 3-61　"效果"下拉列表　　　图 3-62　"属性"面板

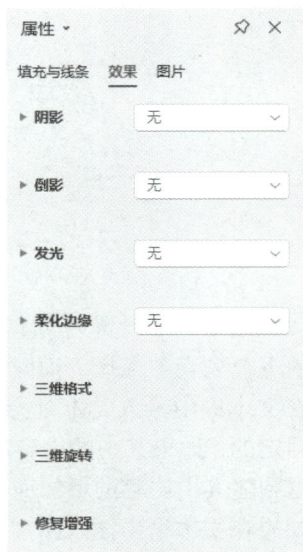

⑦ 单击"重设样式"按钮 ⚙️重设样式，取消对图片所做的所有更改。

对图片的大小和角度的调整以及环绕方式的选择同对图形对象的编辑一致，不再赘述。

3.2.4 文本框的插入和编辑

通过使用文本框，用户可以将文本放置到文档页面中的任意位置，而不必受到段落格式、页面设置等因素的影响；也可以像处理一个新页面一样处理文字，如设置文字的方向、格式化文字、设置段落格式等。

1. 插入文本框

（1）单击"插入"选项卡中的"文本框"下拉按钮 🅰️文本框，打开如图 3-63 所示的"文本框"下拉列表，选择任意选项。当鼠标指针变为一个十字形状时，将它移到要绘制文本框的起始位置，按住左键并拖动到目标位置，释放鼠标，即可绘制出以拖动的起始位置和终止位置为对角顶点的空白文本框，如图 3-64 所示。

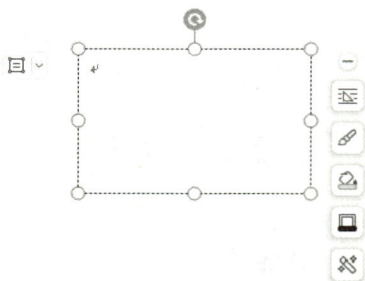

图 3-63 "文本框"下拉列表   图 3-64 绘制文本框

（2）选中需要设置为文本框的内容，单击"插入"选项卡中的"文本框"下拉按钮 🅰️文本框，在打开的下拉列表中选择"横向"或"竖向"命令，被选中的内容将被设置为文本框。

在文本框中输入文本时会发现不同类型的文本框的区别，"横向"和"竖向"文本框的大小是固定的，如果其中的内容超出了文本框的显示范围，超出的部分将不可见；而"多行文字"文本框则随其中内容的增加而自动扩展，以完全容纳所有内容。

如果在文本框中插入图片等非文本类型的内容，插入的内容将自动等比例缩小到文本框的宽度。

2．设置文本框格式

处理文本框中的文字与处理页面中的文字类似，可以在文本框中设置页边距，同时也可以设置文本框的文字环绕方式、大小等。

（1）选中文本框中文本内容，利用"文本工具"选项卡中的工具按钮可以设置字符格式和段落格式。选中文本框，利用如图 3-64 所示的右侧快速工具栏可以设置文本框的布局选项和外观效果。

（2）右击文本框边框，打开快捷菜单，选择"设置对象格式"命令，打开如图 3-65 所示的"属性"面板。

在"形状选项"的"填充与线条"选项卡中，可根据需要设置文本框的线条和颜色。

在"形状选项"的"效果"选项卡中，可根据需要设置文本框的显示效果，如阴影、发光、柔化边缘、三维旋转等。

在"文本选项"的"布局区域"选项卡中，可根据需要设置文本框格式内部边距，输入文本框与文本间的各边间距数值即可。

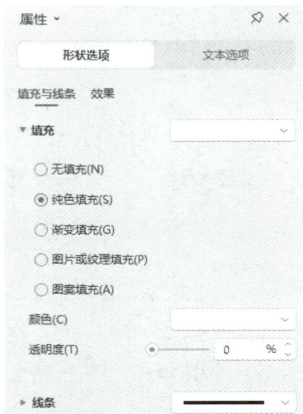

图 3-65　"属性"面板

3.2.5　艺术字的创建和编辑

在文档中，艺术字的运用能够赋予文字超越常规的视觉魅力和表现力。它通过独特的字体风格、丰富的色彩搭配以及多变的形态设计，为标题、标语或其他需要强调的文字信息增添了艺术效果。

在 WPS Office 中创建艺术字有两种方式，一种是为选中的文字套用一种艺术字效果，另一种是直接插入艺术字。

1．创建艺术字

（1）选中需要制作成艺术字的文本。如果不选中文本，将直接插入艺术字。

（2）单击"插入"选项卡中的"艺术字"下拉按钮，打开如图 3-66 所示的"艺术字"下拉列表。

图 3-66　"艺术字"下拉列表

（3）单击需要的艺术字样式，即可应用样式。

如果应用样式之前选中了文本，则选中的文本可在保留字体的同时，应用指定的字号和效果，且文本显示在文本框中，如图 3-67 所示。

如果没有选中文本，则直接插入对应的艺术字编辑框，且自动选中占位文本"请在此放置您的文字"，如图 3-68 所示，输入文字替换占位文本，然后修改文本字体。

图 3-67　文本套用艺术字样式前、后的效果

图 3-68　插入的艺术字编辑框

2. 编辑艺术字

创建艺术字后，不仅可以编辑艺术字所在的文本框格式，还可以编辑艺术字的文本效果。

（1）选中艺术字所在的文本框，利用快速工具栏中的"形状填充"按钮 和"形状轮廓"按钮 设置文本框的效果。单击"布局选项"按钮 修改艺术字的布局方式。

（2）在"文本工具"选项卡中单击"效果"下拉按钮 ，打开如图 3-69 所示的"文本效果"下拉列表，选择"转换"命令，然后在级联菜单中选择一种文本排列方式，创建具有特殊排列方式的艺术字。

图 3-69　"文本效果"下拉列表

3.2.6　智能图形的插入和编辑

1. 插入智能图形

（1）单击"插入"选项卡中的"智能图形"按钮 智能图形，弹出如图 3-70 所示的"智能图形"对话框。

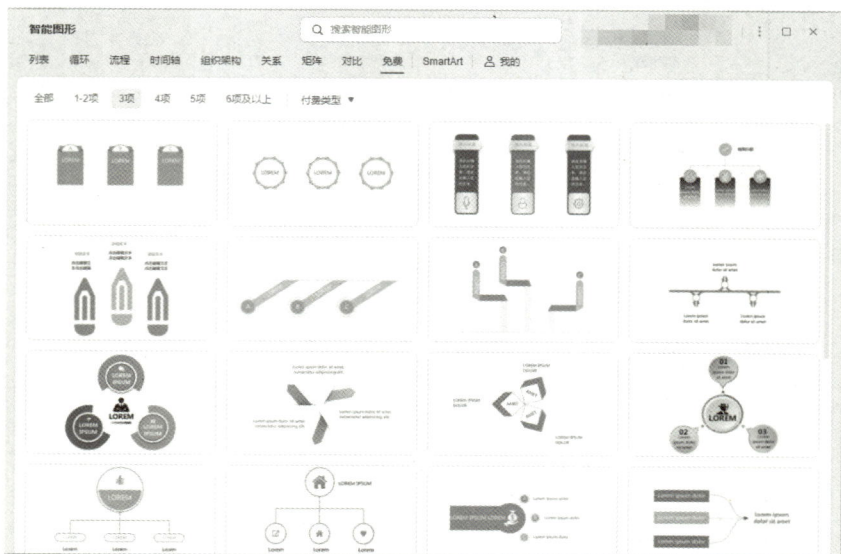

图 3-70　"智能图形"对话框

（2）在对话框中选择需要的智能图形，单击"立即使用"按钮，即可在工作区插入图示布局，功能区自动切换到"绘图工具"选项卡。例如，插入"免费"选项卡中"3 项"中的第一个智能图形，结果如图 3-71 所示。

（3）单击图形中的占位文本，输入文本。

2. 编辑智能图形

（1）默认生成的图形布局通常不符合设计需要，需要在图形中添加或删除项目。选中智能图形，单击右侧的"智能图形处理"按钮，在弹出的"智能图形处理"列表中可以更改项目数目和颜色，如图 3-72 所示。

图 3-71　插入"重点流程"图形　　　　图 3-72　"智能图形处理"列表

如果要删除图形中的某个项目，选中项目后按【Delete】键；如果要删除整个图形，则单击图形的边框，然后按【Delete】键。

案例 实施

（1）启动 WPS Office，单击"WPS Office"页面上的"打开"按钮 打开，打开"打开文件"对话框，在原始文件的文件夹中找到并选择"低碳生活.docx"文档，单击"打开"按钮，打开"低碳生活.docx"文档，如图 3-73 所示。

（2）单击"页面"选项卡中的"纸张方向"下拉按钮，在打开的"纸张方向"下拉列表中选择"横向"命令，纸张方向变成横向，结果如图 3-74 所示。

（3）选中标题文字，单击"插入"选项卡"艺术字"下拉列表中的"渐变填充-淡绿色，轮廓-着色 4"样式，创建标题艺术字。单击标题艺术字右侧的"布局选项"按钮，在弹出的"布局选项"列

低碳生活

每一份小小的改变，都是对地球的大爱。从你我做起，从现在开始，一起践行低碳生活！

一、什么是低碳生活？

低碳生活是一种以减少碳排放为目标的生活方式。它强调节约资源、绿色出行、环保消费，旨在减缓全球变暖，保护我们的生态环境。简单来说，就是让我们的生活更环保、更可持续。在日常生活中，低碳生活体现在方方面面：减少使用一次性塑料制品，选择可重复使用的物品；节约用水用电，避免不必要的浪费；优先选择公共交通工具或步行、骑行等低碳出行方式；购买节能环保的产品，支持可持续发展的企业。通过这些看似微小的改变，我们可以显著降低个人碳足迹，为地球的未来贡献一份力量。

二、为什么要践行低碳生活？

随着工业化和城市化的快速发展，全球气候变暖、极端天气频发、自然资源日益枯竭、环境污染问题愈发严重。践行低碳生活可以有效减少碳排放，缓解环境压力，改善空气质量，保护生态系统。更重要的是，这不仅是对自然的回馈，也是对我们自身生活质量的提升，是对子孙后代负责任的表现。气候变化带来的极端天气、空气污染等问题直接影响着人类的健康和生存环境。通过低碳生活，我们可以减轻对环境的负担，为下一代创造一个更加宜居的地球家园。

三、绿色出行，低碳起步

出行是日常生活中碳排放的重要来源之一，因此选择绿色出行方式至关重要。我们可以多步行、骑自行车或乘坐公共交通工具，尽量减少私家车的使用。购车时优先考虑新能源汽车，如电动车或混合动力车，这些车辆的碳排放远低于传统燃油车。合理安排出行计划，避免不必要的出行，既能节省时间和金钱，又能减少碳排放。此外，绿色出行不仅能降低环境污染，还能锻炼身体，缓解交通拥堵，提升生活品质。例如，每天骑自行车上下班不仅有助于身体健康，还能减少尾气排放，为城市空气质量做出贡献。

图 3-73　"低碳生活"原始文档

表中选择"上下型环绕"选项，移动标题艺术字，效果如图 3-75 所示。

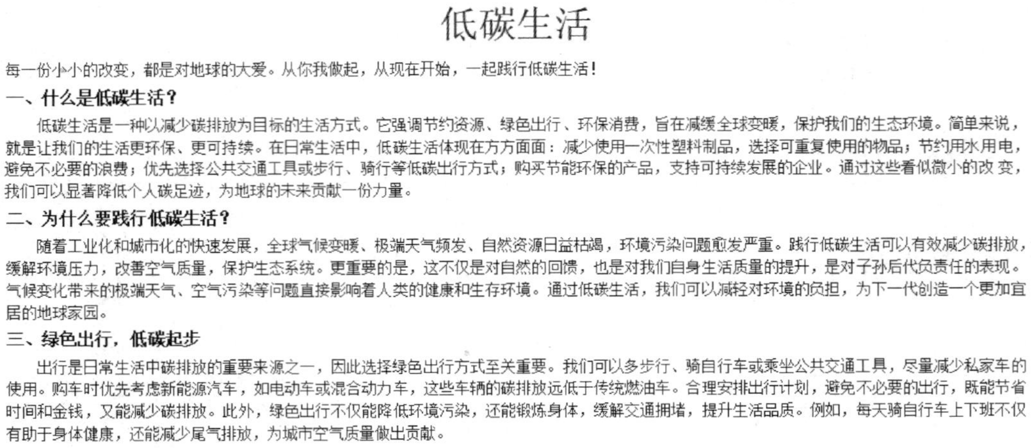

低碳生活

每一份小小的改变，都是对地球的大爱。从你我做起，从现在开始，一起践行低碳生活！

一、什么是低碳生活？

低碳生活是一种以减少碳排放为目标的生活方式。它强调节约资源、绿色出行、环保消费，旨在减缓全球变暖，保护我们的生态环境。简单来说，就是让我们的生活更环保、更可持续。在日常生活中，低碳生活体现在方方面面：减少使用一次性塑料制品，选择可重复使用的物品；节约用水用电，避免不必要的浪费；优先选择公共交通工具或步行、骑行等低碳出行方式；购买节能环保的产品，支持可持续发展的企业。通过这些看似微小的改变，我们可以显著降低个人碳足迹，为地球的未来贡献一份力量。

二、为什么要践行低碳生活？

随着工业化和城市化的快速发展，全球气候变暖、极端天气频发、自然资源日益枯竭，环境污染问题愈发严重。践行低碳生活可以有效减少碳排放，缓解环境压力，改善空气质量，保护生态系统。更重要的是，这不仅是对自然的回馈，也是对我们自身生活质量的提升，是对子孙后代负责任的表现。气候变化带来的极端天气、空气污染等问题直接影响着人类的健康和生存环境。通过低碳生活，我们可以减轻对环境的负担，为下一代创造一个更加宜居的地球家园。

三、绿色出行，低碳起步

出行是日常生活中碳排放的重要来源之一，因此选择绿色出行方式至关重要。我们可以多步行、骑自行车或乘坐公共交通工具，尽量减少私家车的使用。购车时优先考虑新能源汽车，如电动车或混合动力车，这些车辆的碳排放远低于传统燃油车。合理安排出行计划，避免不必要的出行，既能节省时间和金钱，又能减少碳排放。此外，绿色出行不仅能降低环境污染，还能锻炼身体，缓解交通拥堵，提升生活品质。例如，每天骑自行车上下班不仅有助于身体健康，还能减少尾气排放，为城市空气质量做出贡献。

图 3-74　设置纸张方向

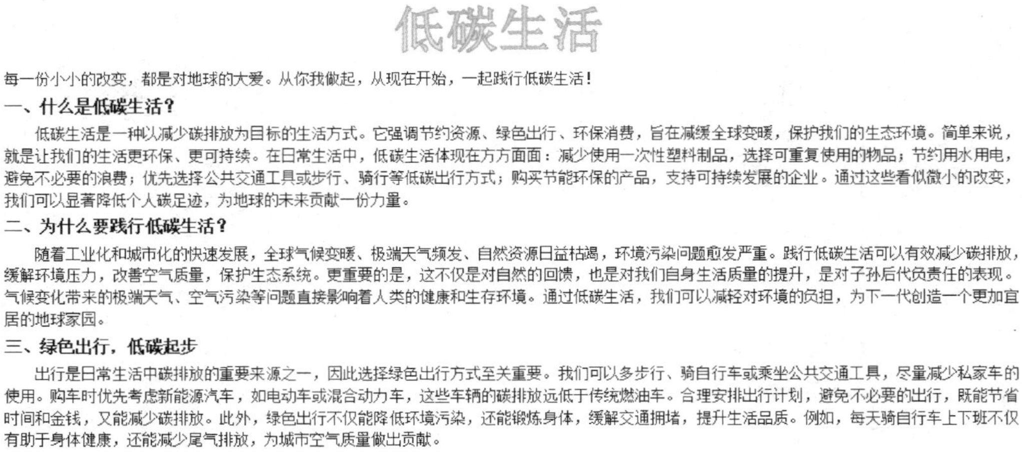

低碳生活

每一份小小的改变，都是对地球的大爱。从你我做起，从现在开始，一起践行低碳生活！

一、什么是低碳生活？

低碳生活是一种以减少碳排放为目标的生活方式。它强调节约资源、绿色出行、环保消费，旨在减缓全球变暖，保护我们的生态环境。简单来说，就是让我们的生活更环保、更可持续。在日常生活中，低碳生活体现在方方面面：减少使用一次性塑料制品，选择可重复使用的物品；节约用水用电，避免不必要的浪费；优先选择公共交通工具或步行、骑行等低碳出行方式；购买节能环保的产品，支持可持续发展的企业。通过这些看似微小的改变，我们可以显著降低个人碳足迹，为地球的未来贡献一份力量。

二、为什么要践行低碳生活？

随着工业化和城市化的快速发展，全球气候变暖、极端天气频发、自然资源日益枯竭，环境污染问题愈发严重。践行低碳生活可以有效减少碳排放，缓解环境压力，改善空气质量，保护生态系统。更重要的是，这不仅是对自然的回馈，也是对我们自身生活质量的提升，是对子孙后代负责任的表现。气候变化带来的极端天气、空气污染等问题直接影响着人类的健康和生存环境。通过低碳生活，我们可以减轻对环境的负担，为下一代创造一个更加宜居的地球家园。

三、绿色出行，低碳起步

出行是日常生活中碳排放的重要来源之一，因此选择绿色出行方式至关重要。我们可以多步行、骑自行车或乘坐公共交通工具，尽量减少私家车的使用。购车时优先考虑新能源汽车，如电动车或混合动力车，这些车辆的碳排放远低于传统燃油车。合理安排出行计划，避免不必要的出行，既能节省时间和金钱，又能减少碳排放。此外，绿色出行不仅能降低环境污染，还能锻炼身体，缓解交通拥堵，提升生活品质。例如，每天骑自行车上下班不仅有助于身体健康，还能减少尾气排放，为城市空气质量做出贡献。

图 3-75　创建艺术字

（4）单击"插入"选项卡"形状"下拉列表中的"圆角矩形"图标，在小标题处绘制圆角矩形，设置圆角矩形的填充颜色为"浅绿，着色 4，浅色 60%"，布局选项为"衬于文字下方"，结果如图 3-76 所示。

（5）打开并登录"豆包"网页版，单击"图像生成"按钮 图像生成 超能创意"1.0，进入图像生成页面，在输入框中输入提示词"生成关于低碳生活的图片，要求风格统一"，如图 3-77 所示，单击"发送"按钮 ↑，豆包开始生成图片，如图 3-78 所示。

（6）选择满意的图片，单击右上角的"下载"按钮 ↓，将图片下载到指定位置。

（7）在 WPS Office 中，单击"插入"选项卡"图片"下拉列表中的"本地图片"命令，打开"插入图片"对话框，选择上一步下载的图片，单击"打开"按钮，将图片插入到文档中。

（8）拖动图片上的控制点调整图片大小；单击图片右侧的"布局选项"按钮 ≚，在弹出的"布局选项"列表中选择"四周型环绕"选项，然后拖动图片到合适的位置，效果如图 3-38 所示。

（9）单击"快速访问工具栏"中的"保存"按钮 ，保存文档。

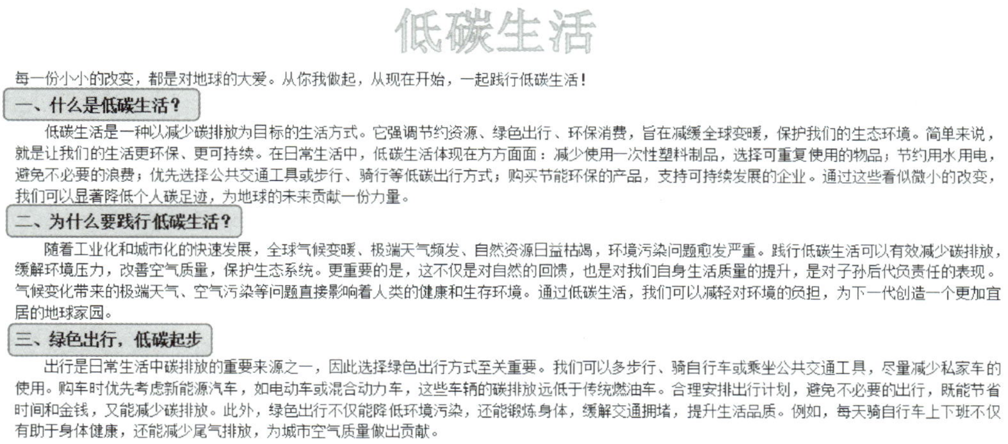

低碳生活

每一份小小的改变，都是对地球的大爱。从你我做起，从现在开始，一起践行低碳生活！

一、什么是低碳生活？

低碳生活是一种以减少碳排放为目标的生活方式。它强调节约资源、绿色出行、环保消费，旨在减缓全球变暖，保护我们的生态环境。简单来说，就是让我们的生活更环保、更可持续。在日常生活中，低碳生活体现在方方面面：减少使用一次性塑料制品，选择可重复使用的物品；节约用水用电，避免不必要的浪费；优先选择公共交通工具或步行、骑行等低碳出行方式；购买节能环保的产品，支持可持续发展的企业。通过这些看似微小的改变，我们可以显著降低个人碳足迹，为地球的未来贡献一份力量。

二、为什么要践行低碳生活？

随着工业化和城市化的快速发展，全球气候变暖、极端天气频发、自然资源日益枯竭，环境污染问题愈发严重。践行低碳生活可以有效减少碳排放，缓解环境压力，改善空气质量，保护生态系统。更重要的是，这不仅是对自然的回馈，也是对我们自身生活质量的提升，是对子孙后代负责任的表现。气候变化带来的极端天气、空气污染等问题直接影响着人类的健康和生存环境。通过低碳生活，我们可以减轻对环境的负担，为下一代创造一个更加宜居的地球家园。

三、绿色出行，低碳起步

出行是日常生活中碳排放的重要来源之一，因此选择绿色出行方式至关重要。我们可以多步行、骑自行车或乘坐公共交通工具，尽量减少私家车的使用。购车时优先考虑新能源汽车，如电动车或混合动力车，这些车辆的碳排放远低于传统燃油车。合理安排出行计划，避免不必要的出行，既能节省时间和金钱，又能减少碳排放。此外，绿色出行不仅能降低环境污染，还能锻炼身体，缓解交通拥堵，提升生活品质。例如，每天骑自行车上下班不仅有助于身体健康，还能减少尾气排放，为城市空气质量做出贡献。

图 3-76　插入图形

图 3-77　输入提示词

图 3-78　生成图片

小组 评价

评价内容	评价标准	分值	教师评估
页面设置	能够设置页面	25	
图形的插入和编辑	能够完成图形的插入并对其进行编辑	25	
图片的插入和编辑	能够完成图片的插入并对其进行编辑	25	
艺术字的创建和编辑	能够完成艺术字的创建并对其进行编辑	25	
总分		100	

3.3 乡兴脉搏——制作"乡村建设统计表"文档

案例 描述

本案例将实现在 WPS Office 文档中制作"乡村建设统计表"文档。通过对本案例相关知识的学习和实践，要求学生掌握 WPS Office 文档中表格的插入与编辑、表格的边框与底纹设置、表格样式的套用，最终完成"乡村建设统计表"文档的制作，效果如图 3-79 所示。

序号	项目类别	建设内容	负责单位	开工时间	预计完工时间	投资金额（万元）
1	基础设施建设	村内道路硬化	交通局	2025-06-01	2025-12-31	50
2	农业设施建设	灌溉系统改造	农业局	2025-07-15	2026-05-30	80
3	公共服务设施建设	村文化活动中心建设	文化局	2025-08-01	2026-03-31	65
4	生态环保建设	村内河道治理	环保局	2025-09-01	2026-01-31	40

图 3-79 "乡村建设统计表"文档

创建 小组

全班根据实际情况进行分组，建议每组 3～5 人，各组选出组长，组长为组员分配任务并将分工和实施详情记录下来。在开始案例实施前，请全组成员查看知识链接的内容。请各组组长参考以下问题，组织组员收集和整理相关材料，并根据收集到的资料进行讨论。

问题：怎么样能快速变更 WPS Office 文档中表格的行与列的长度与宽度？

知识 链接

3.3.1 插入表格

WPS Office 提供了多种创建表格的方式，将插入点定位在文档中要插入表格的位置，然后单击"插入"选项卡中的"表格"下拉按钮，打开如图 3-80 所示的"表格"下拉列表。

在"表格"下拉列表中可以看到，WPS Office 提供了 4 种创建表格的方式，下面分别进行简要介绍。

（1）如果希望快速创建一个无任何样式的表格，在下拉列表中的表格模型上移动鼠标指定表格的行数和列数，选中的单元格区域显示为橙色，表格模型顶部显示当前选中的行列数，如图 3-81 所示。单击即可在文档中插入表格，列宽按照窗口宽度自动调整。

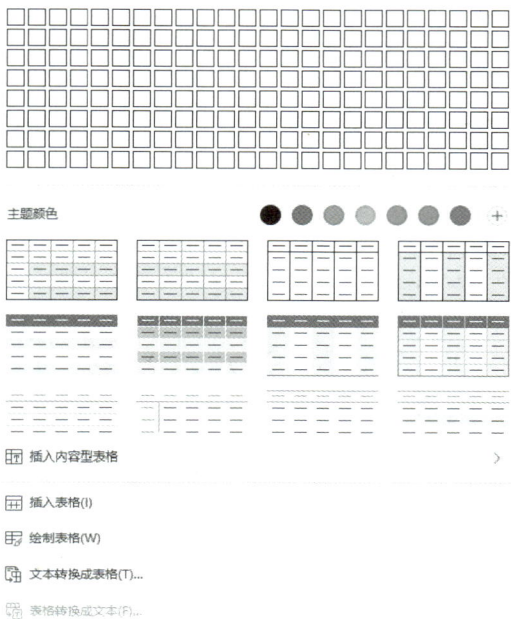

图 3-80　"表格"下拉列表

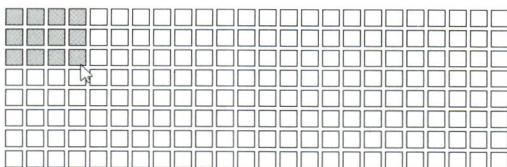

图 3-81　使用表格模型创建表格

（2）如果希望创建一个指定列宽的表格，在下拉列表中单击"插入表格"命令，在如图 3-82 所示的"插入表格"对话框中"表格尺寸"区域分别指定表格的列数和行数，然后在"列宽选择"区域指定表格列宽。如果希望以后创建的表格自动设置为当前指定的尺寸，则勾选"为新表格记忆此尺寸"复选框。设置完成后，单击"确定"按钮插入表格。

（3）如果希望快速创建特殊结构的表格，选择"绘制表格"命令，此时鼠标指针显示为铅笔形 ✐，按住左键拖动，文档中将显示表格的预览图，指针右侧显示当前表格的行列数，如图 3-83 所示。释放鼠标，即可绘制指定行列数的表格。

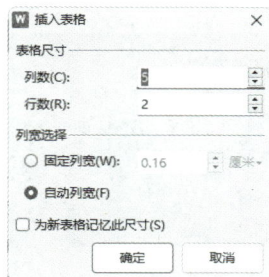

图 3-82　"插入表格"对话框

图 3-83　绘制表格

在表格绘制模式下，在单元格中按住左键拖动，就可以很方便地绘制斜线表头，或将单元格进行拆分。绘制完成后，单击"表格工具"选项卡中的"绘制表格"按钮 或按【Esc】键，即可退出绘制模式。

3.3.2 编辑表格

创建表格后，如不满足要求，可以对表格进行编辑，如改变表格的大小和位置，插入或删除行、列、单元格，合并、拆分单元格等。

1. 改变表格的大小和位置

（1）拖动表格右下角的控制点⬚，可以调整表格的宽度和高度。

（2）拖动表格左上角的移动标记⊞，可以移动表格到所需位置。

2. 插入行和列

（1）将光标定位在表格中需要插入行、列或者单元格的位置。

（2）单击"表格工具"选项卡中的"插入"下拉按钮⬚，打开如图 3-84 所示的"插入"下拉列表，单击"在上方插入行""在下方插入行""在左侧插入列""在右侧插入列"，可方便地插入行或列。

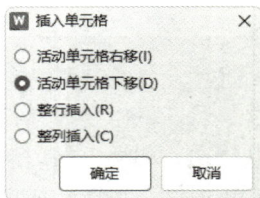

（3）如果要在表格底部添加行，可以直接单击表格底边框上的 + 按钮或将光标定位在末行行尾的段落标记前，直接按【Enter】键插入一行；如果要在表格右侧添加列，直接单击表格右边框上的 + 按钮。

3. 插入单元格

将光标定位在要插入单元格的位置，单击"行和列"功能组右下角按钮⬎或单击图 3-84 中的"插入单元格"命令，打开"插入单元格"对话框，如图 3-85 所示。选择相应的插入方式后，单击"确定"按钮即可。

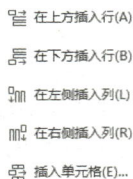

图 3-84 "插入"下拉列表　　　　图 3-85 "插入单元格"对话框

4. 删除行、列和单元格

如果要删除单元格、行或列，则在选中相应的表格元素后，单击"删除"下拉按钮⬚，在如图 3-86 所示的"删除"下拉列表中选择要删除的表格元素，选择"单元格"命令，在如图 3-87 所示的"删除单元格"对话框中可以选择填补空缺单元格的方法。

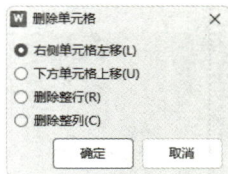

图 3-86 "删除"下拉列表　　　　图 3-87 "删除单元格"对话框

提示：选中单元格后，按【Delete】键只能删除该单元格中的内容，不能从结构上删除单元格。使用"删除单元格"对话框不仅可以删除单元格内容，而且能在表格结构上删除单元格。

5. 合并单元格

合并单元格是指将多个单元格合并为一个可以使用以下两种方法。

（1）选中要合并的单元格，单击"表格工具"选项卡中的"合并单元格"按钮，或者右击，在弹出的快捷菜单中选择"合并单元格"命令，如图 3-88 所示。合并单元格后，原单元格的列宽和行高合并为当前单元格的列宽和行高。

（2）选中要合并的单元格，单击"表格工具"选项卡中的"擦除"按钮，此时鼠标指针显示为橡皮擦，在要合并的两个单元格之间的边框线上按住左键拖动，选中的边框线变为红色粗线，释放鼠标，即可擦除边框线，共用该边框线的两个单元格合并为一个。

6. 拆分单元格

拆分单元格是指将一个单元格拆分为多个。

（1）选中要进行拆分的单元格。单击"表格工具"选项卡中的"拆分单元格"按钮，或者右击，在快捷菜单中选择"拆分单元格"命令，打开如图 3-89 所示的"拆分单元格"对话框。

（2）指定选中的单元格拆分后的行数和列数。如果选择了多个单元格，勾选"拆分前合并单元格"复选框，可以先合并选中的单元格，然后进行拆分。

（3）单击"确定"按钮关闭对话框，即可完成拆分。

图 3-88 "单元格"快捷菜单

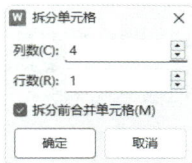

7. 调整表格的列宽与行高

创建表格后，可以根据表格内容的需要调整表格的列宽与行高。

（1）使用鼠标调整表格的列宽与行高

若要改变列宽或行高，可以将指针停留在要更改其宽度的列的边框线上，直到鼠标指针变为 ‖ 形状时，按住左键拖动，达到所需列宽（或行高）时，释放鼠标即可。

（2）使用对话框调整表格行高与列宽

用鼠标拖动的方法直观但不易精确掌握尺寸，使用功能区中的命令或者表格属性可以精确地设置行高与列宽。将光标定位在要改变列宽和行高的表格中，单击"表格工具"选项卡中的"表格属性"按钮 表格属性，打开"表格属性"对话框，如图 3-90 所示，可以精确设置表格宽度；切换到"行"和"列"选项卡，可以分别设置行高与列宽。设置完成后，单击"确定"按钮关闭对话框。

图 3-89 "拆分单元格"对话框　　　图 3-90 "表格属性"对话框

3.3.3　设置表格的边框和底纹

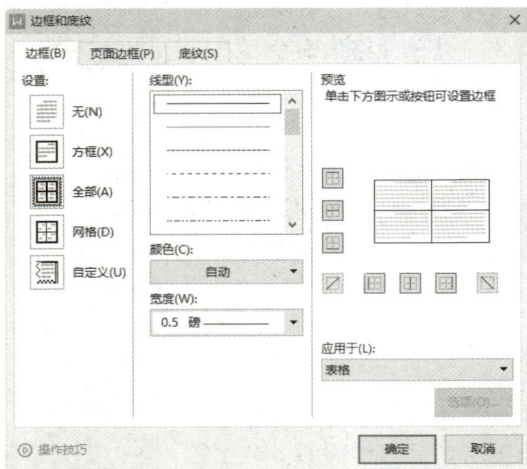

图 3-91　"边框与底纹"对话框

为美化表格或突出表格的某一部分，可以为表格添加边框和底纹。其通常包括以下两种方法。

（1）选中要设置边框和底纹的单元格，单击"表格工具"选项卡中的"表格属性"按钮 表格属性，打开"表格属性"对话框，在"表格"选项卡中单击"边框和底纹"按钮，打开"边框和底纹"对话框，如图 3-91 所示。在"边框"选项卡中可以设置边框的样式，选择边框线的类型、颜色和宽度，在"底纹"选项卡中可以设置填充色、底纹的图案和颜色，若是只应用于所选单元格，则在"应用于"框中选择"单元格"选项。

（2）选定要设置边框和底纹的单元格，单击"表格样式"选项卡中的"边框"下拉按钮 边框 ，在打开的下拉列表中选择相关的边框命令设置边框，选择"边框和底纹"命令，打开"边框和底纹"对话框。余下操作与前文一致。也可以单击"表格样式"选项卡中"底纹"下拉按钮 底纹 ，在打开的下拉列表中设置底纹。

3.3.4　套用表格样式

使用上述方法设置表格格式，有时比较麻烦，因此，WPS Office 提供了很多现成的表格样式供用户选择，这就是表格的自动套用格式。

选定表格，在"表格样式"选项卡中列出了 WPS Office 自带的常用格式，可以单击右边的按钮 ，打开如图 3-92 所示的"表格样式"下拉列表，选择表格样式，表格自动套用所选样式。

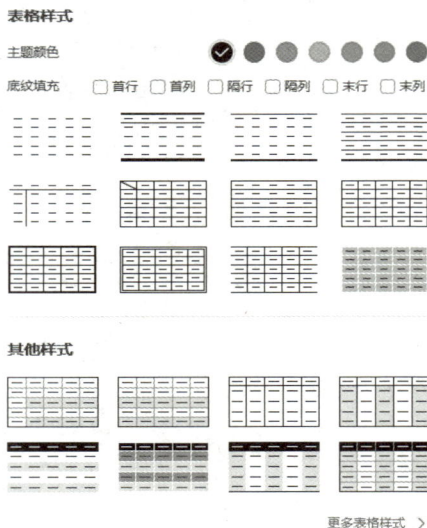

图 3-92　"表格样式"下拉列表

案例 实施

（1）启动 WPS Office，单击"WPS Office"页面上的"新建"按钮 **＋ 新建**，打开"新建"面板，单击"文字"按钮，打开"新建文档"页面，单击"空白文档"，新建一个空白的"文字文稿 1"文档。

（2）在"页面"选项卡中的"纸张方向"下拉列表中选择"横向"命令。

（3）单击"插入"选项卡"表格"下拉列表中的"插入表格"命令，打开"插入表格"对话框，设置列数为 7，行数为 6，选择"自动列宽"选项，单击"确定"按钮，插入表格，如图 3-93 所示。

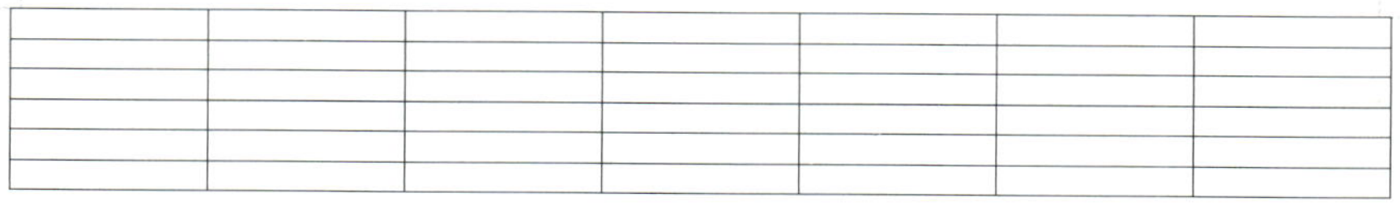

图 3-93 插入表格

（4）选中第一行，单击"表格工具"选项卡中的"表格属性"按钮 ⊟◎ **表格属性**，打开"表格属性"对话框，切换到"行"选项卡，勾选"指定高度"复选框，输入高度为 1 厘米，设置行高值为最小值，如图 3-94 所示，单击"确定"按钮，调整行高。

图 3-94 "表格属性"对话框

（5）选中整个表格，在"表格样式"选项卡"表格样式"下拉列表中勾选主题颜色为"绿色"，底纹填充勾选"首行"，然后单击"网格表 3-双线边框"，效果如图 3-95 所示。

图 3-95 设置表格样式

（6）在表格的表头中输入文本，设置字体为"宋体"，字号为"五号"，加粗，选中整个表格，在"表格工具"选择卡"对齐方式"功能组中单击"垂直居中"按钮 ≡ 和"水平居中"按钮 ≡，如图 3-96 所示。

序号	项目类别	建设内容	负责单位	开工时间	预计完工时间	投资金额（万元）

图 3-96　设置表格格式

（7）单击"快速访问工具栏"中的"保存"按钮🖫，打开"另存为"对话框，指定保存位置，输入文件名称为"乡村建设统计表"，单击"保存"按钮，保存文档。

（8）打开并登录"Kimi"网页版，在输入框中输入提示词"请根据我上传的文档内容，填写其中的表格内容"，单击"上传文件"按钮🔗，打开"打开"对话框，选择"乡村建设统计表"文档，单击"打开"按钮，上传文档，单击"长思考"按钮，如图 3-97 所示，然后单击"发送"按钮⬆，Kimi 根据提示词进行长思考后输出结果，如图 3-98 所示。

KIMI

> 乡村建设统计表.docx
> 11.57 KB
>
> 请根据我上传的文档内容，填写其中的表格内容
>
> ⊕ 未联网　　💡 长思考 (k1.5)　　　　　　　　　🔗　◇　⬆

> 📺 PPT轻松搞定，秘诀在这！　　　🌐 用贝叶斯理论解构生命本质
>
> 📝 参与用户调研，帮Kimi做得更好　　📄 什么是Markdown？AI写作都在用

图 3-97　输入提示词和上传文档

表格						📋 复制
序号	项目类别	建设内容	负责单位	开工时间	预计完工时间	投资金
1	基础设施建设	村内道路硬化	交通局	2025-06-01	2025-12-31	50
2	农业设施建设	灌溉系统改造	农业局	2025-07-15	2026-05-30	80
3	公共服务设施建设	村文化活动中心建设	文化局	2025-08-01	2026-03-31	65
4	生态环保建设	村内河道治理	环保局	2025-09-01	2026-01-31	40

图 3-98　输出的结果

（9）复制表中的数据，然后粘贴到 WPS Office 的表格中，完成后如图 3-99 所示。

序号	项目类别	建设内容	负责单位	开工时间	预计完工时间	投资金额（万元）
1	基础设施建设	村内道路硬化	交通局	2025-06-01	2025-12-31	50
2	农业设施建设	灌溉系统改造	农业局	2025-07-15	2026-05-30	80
3	公共服务设施建设	村文化活动中心建设	文化局	2025-08-01	2026-03-31	65
4	生态环保建设	村内河道治理	环保局	2025-09-01	2026-01-31	40

图 3-99　粘贴结果

（10）将鼠标指针停留在需要调整列宽的单元格右侧边框线上，当指针变为形状时，按住左键向左拖动，达到所需列宽时，释放鼠标调整列宽。

（11）选中表格最后一行，单击"表格工具"选项卡中"删除"下拉按钮，在弹出的下拉列表中选择"行"选项，删除表格最后一行，结果如图 3-79 所示。

（12）单击"快速访问工具栏"中的"保存"按钮，保存文档。

小组 评价

评价内容	评价标准	分值	教师评估
插入表格	能够插入表格	25	
编辑表格	可以编辑表格	25	
设置表格边框和底纹	熟悉表格边框和底纹的设置	25	
套用表格样式	能够套用表格样式	25	
总分		100	

3.4 智护绿壤——编辑"科技进步与环境保护"文档

案例 描述

本案例将实现在 WPS Office 文档中编辑"科技进步与环境保护"文档。通过对本案例相关知识的学习和实践，要求学生掌握 WPS Office 文字文档中页眉、页脚和页码的设置，分页与分节，编制目录和索引，文档的修订与批注，最终完成"科技进步与环境保护"文档的编辑，效果如图 3-100 所示。

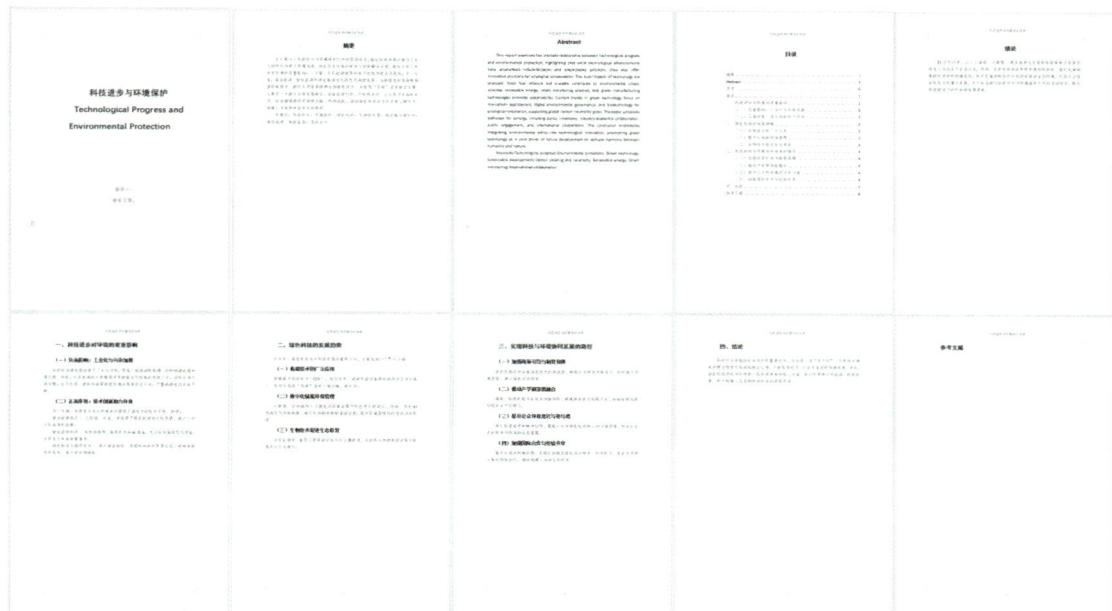

图 3-100　"科技进步与环境保护"文档

创建 小组

全班根据实际情况进行分组，建议每组 3~5 人，各组选出组长，组长为组员分配任务并将分工和实施详情记录下来。在开始案例实施前，请全组成员查看知识链接的内容。请各组组长参考以下问题，组织组员收集和整理相关材料，并根据收集到的资料进行讨论。

问题：分页符与分节符的区别在哪里？

知识 链接

3.4.1 页眉、页脚和页码的设置

页眉和页脚中可以包括页码、日期、公司徽标、文档标题、文件名或作者名等文字或图形信息，这些信息通常显示在文档每页的顶部或底部。

在文档中可以自始至终用同一个页眉或页脚，也可以在文档的不同部分按节设置不同的页眉和页脚。例如，可以在首页上使用不同的页眉和页脚或者不使用页眉和页脚，还可以在奇数页和偶数页上使用不同的页眉和页脚，而且文档不同部分的页眉和页脚也可以不同。

1. 插入页眉和页脚

（1）打开要编辑页眉和页脚的文档。将鼠标指针移到页面顶端，WPS Office 显示提示信息"双击编辑页眉"；如果将鼠标指针移到页面底端，将显示"双击编辑页脚"。

（2）双击页眉或页脚位置，或单击"插入"选项卡中的"页眉页脚"按钮 页眉页脚，进入页眉页脚编辑状态，并自动切换到"页眉页脚"选项卡，如图 3-101 所示。

图 3-101　页眉编辑状态

（3）在"页眉页脚"选项卡中，单击"页眉上边距"微调框中的 按钮，或直接输入数值调整页眉区域的高度；单击"页脚下边距"微调框中的 按钮，或直接输入数值调整页脚区域的高度。

（4）在页眉和页脚中输入并编辑内容。可以输入纯文字，也可以在"页眉页脚"选项卡中通过单击相应的按钮，插入横线、日期和时间、图片以及域等。

① 单击"页眉横线"下拉按钮 页眉横线 ，在打开的下拉列表中可以选择横线的线型和颜色。单击"删除横线"命令，可取消显示横线。

② 单击"日期和时间"按钮 ，打开如图 3-102 所示的"日期和时间"对话框，可以设置日期、时间的语言和格式。勾选"自动更新"复选框，则插入的日期和时间会实时更新。

提示：选择的语言不同，日期和时间的可用格式也会有所不同。

③ 单击"图片"下拉按钮 ，在打开的下拉列表中选择图片来源，可以是本地计算机上的图片，也可以通过扫描仪或手机获取图片，稻壳会员还可免费使用图片库中的图片。

④单击"域"按钮，打开如图 3-103 所示的"域"对话框，在其中可以选择常用的域，也可手动编辑域代码，定制个性化的页眉页脚内容。

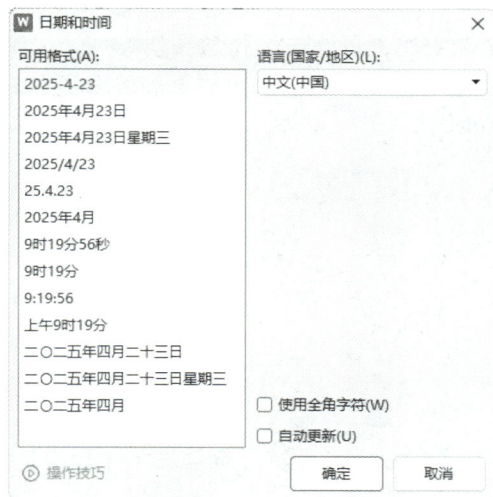

图 3-102　"日期和时间"对话框

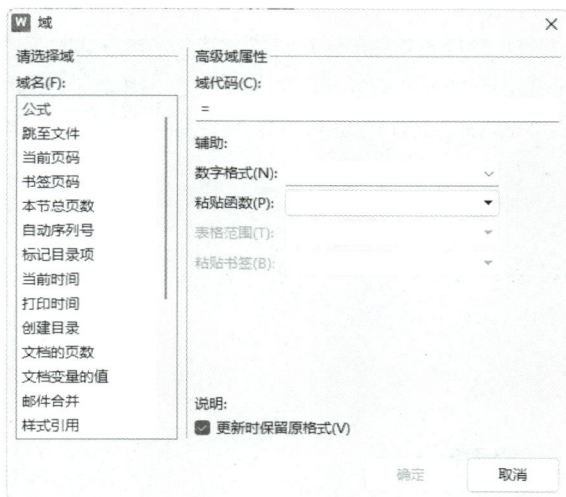

图 3-103　"域"对话框

（5）与文档正文中的内容相同，插入的页眉内容可以进行编辑修改和格式设置。完成页眉内容的编辑后，单击"页眉和页脚"选项卡中的"页眉页脚切换"按钮，文档自动转至当前页的页脚。

（6）按照第（4）步编辑页眉的方法编辑页脚内容。

（7）如果对文档内容进行了分节或设置了不同的页眉页脚，编辑完成当前页面的页眉页脚后，单击"前一项"按钮，可进入上一节的页眉或页脚；单击"显示后一项"按钮，可以进入下一节的页眉或页脚。

（8）完成所有编辑后，单击"页眉页脚"选项卡中的"关闭"按钮，退出页眉页脚的编辑状态。

2. 创建首/奇偶页不同的页眉和页脚

为文档设置页眉和页脚后，默认情况下，所有页面在相同的位置显示相同的页眉和页脚。在编排长文档时，通常要求将首页设置为与其他页面不同的页眉、页脚样式，此时需要设置"页眉页脚选项"。

（1）在文档页眉或页脚位置双击左键进入编辑状态。

（2）单击"页眉和页脚"选项卡中的"页眉页脚选项"按钮，打开"页眉/页脚设置"对话框，勾选"首页不同"复选框，如图 3-104 所示。如果要在首页页眉中显示横线，勾选"显示首页页眉横线"复选框。

（3）设置完成后，单击"确定"按钮关闭对话框。此时，在首页的页眉和页脚区域会标注"首页页眉"和"首页页脚"。

（4）在"页眉页脚"选项卡中，分别调整页眉区域和页脚区域的高度。然后在首页页眉中编辑页眉的内容。

（5）完成所有编辑后，单击"页眉页脚"选项卡中的"关闭"按钮，退出页眉和页脚的编辑状态。

采用相同的方法，创建奇偶页不同的页眉页脚。

3. 插入页码

为文档插入页码一方面可以统计文档的页数，另一方面便于读者快速定位和检索。页码通常添加在页眉或页脚中。

（1）打开要插入页码的文档。单击"插入"选项卡中的"页码"下拉按钮 页码，在如图 3-105 所示的"页码"下拉列表中单击需要显示页码的位置，即可进入页眉页脚编辑状态，在整篇文档所有页面的指定位置插入页码，如图 3-106 所示。

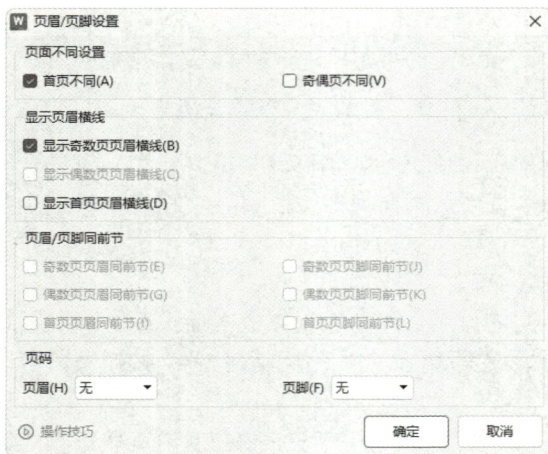

图 3-104　勾选"首页不同"复选框

图 3-105　"页码"下拉列表

图 3-106　插入页码

（2）单击"重新编号"下拉按钮，设置页码的起始编号，如图 3-107 所示。如果在文档中插入了分节符，可以设置当前节的页码是否续前节排列。

（3）单击"页码设置"下拉按钮，在打开的下拉列表中修改页码的编号样式、显示位置以及应用范围，如图 3-108 所示。

（4）如果要取消显示页码，单击"删除页码"下拉按钮，在打开的下拉列表中选择要删除的页码范围，如图 3-109 所示。

（5）设置完成后，单击"页眉页脚"选项卡中的"关闭"按钮 ⊠，退出页眉页脚的编辑状态。

如果要修改页码，双击页眉页脚区域，按照步骤（3）～（5）进行重新设置，或单击"插入"选项卡中的"页码"下拉按钮 页码，在打开的下拉列表中选择"页码"命令，打开如图 3-110 所示的"页码"对话框进行修改。在"页码"对话框中，可以修改页码的编号样式、显示位置、是否包含章节号、编号方式以及应用范围。

图 3-107　设置页码的起始编号

图 3-108　设置页码格式

图 3-109　删除页码

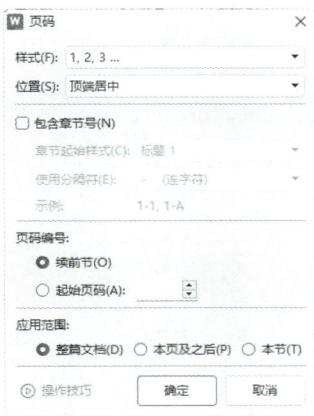

图 3-110　"页码"对话框

3.4.2　分页与分节

长篇文档通常包含多个并列或层级的组成部分，在编排这类文档时，合理地进行分页和分节能使文档结构更清晰。将文档内容分页或分节后，还可以在不同的内容部分采用不同的页面布局和版面设置。

1. 使用分页符分页

分页符用于标记一页终止并开始下一页。默认情况下，文档内容在超出页面能容纳的行数时，会自动进入下一页。如果希望文档中指定位置之后的内容在新的一页开始显示，可以利用分页符进行精准分页。

（1）将光标定位在需要分页的位置，单击"插入"选项卡中的"分页"下拉按钮 ▤ 分页 ，或单击"页面"选项卡中的"分隔符"下拉按钮 ▤ 分隔符 ，打开如图 3-111 所示的"分页"下拉列表。

（2）选择"分页符"命令，或按【Ctrl+Enter】组合键，即可在指定位置显示分页符标记。分页符前、后的页面属性默认保持一致。

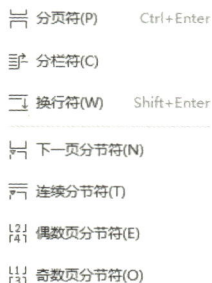

图 3-111 "分页"下拉列表

分栏符通常用于分栏文档中，将分栏符之后的内容移至另一栏显示。如果文档为单栏，效果与分页符相同。

使用换行符可以从指定位置强制换行，并在换行位置显示换行标记↓。换行符前后的文本段落仍属于同一个段落。

2. 使用分节符分节

使用分节符可以将文档内容按结构分为不同的"节"，在不同的"节"使用不同的页面设置或版式。

（1）将光标定位在文档中需要分节的位置。

（2）单击"插入"选项卡中的"分页"下拉按钮，在打开的下拉列表中选择需要的分节符。

① 选择"下一页分节符"命令，插入点之后的内容作为新节内容移到下一页。

② 选择"连续分节符"命令，插入点之后的内容换行显示，但可设置新的格式或版面，通常用于混合分栏的文档。

③ 选择"偶数页分节符"命令，插入点之后的内容转到下一个偶数页开始显示。如果插入点在偶数页，将自动插入一个空白页。

④ 选择"奇数页分节符"命令，插入点之后的内容转到下一个奇数页开始显示。如果插入点在奇数页，将自动插入一个空白页。

插入分节符后，上一页的内容结尾处显示分节符的标记。如果要删除分节符，可将光标定位在分节符左侧，然后按【Delete】键。

单击"章节"选项卡中的"删除本节"按钮，删除当前光标定位点所在的节内容以及分节符标记。

3.4.3 编制目录和索引

1. 编制目录

目录是指文档中标题的列表，可以帮助读者快速了解文档的主要内容。在目录的首页按住【Ctrl】键并单击对应目录项可跳转到目录所指向的章节。也可以打开视图导航窗格，然后列出整个文档的结构。

（1）选中要显示在目录中的标题，单击"引用"选项卡中的"目录"下拉按钮，打开如图 3-112 所示的"目录"下拉列表。WPS Office 内置了几种目录样式，单击即可插入指定样式的目录。

（2）单击"自定义目录"命令，打开如图 3-113 所示的"目录"对话框，自定义目录标题与页码之间的分隔符、显示级别和页码显示方式。

"显示级别"下拉列表框用于指定在目录中显示的标题的最低级别，低于此级别的标题不会显示在目录中。

如果勾选"使用超链接"复选框，目录项将显示为超链接，单击跳转到相应的标题内容。

如果要将目录项的级别和标题样式的级别对应，单击"选项"按钮，打开如图 3-114 所示的"目录选项"对话框进行设置。

图 3-112 "目录"下拉列表

（3）设置完成后，单击"确定"按钮，即可插入目录。此时，按住【Ctrl】键并单击目录项，即可跳转到对应的位置。

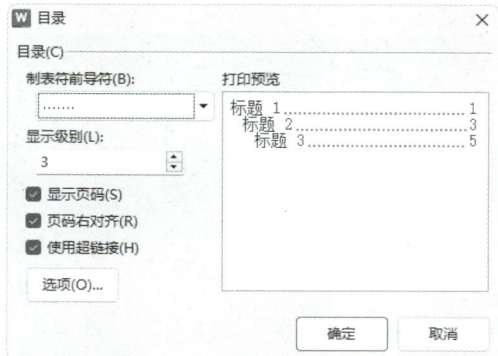

图 3-113　"目录"对话框

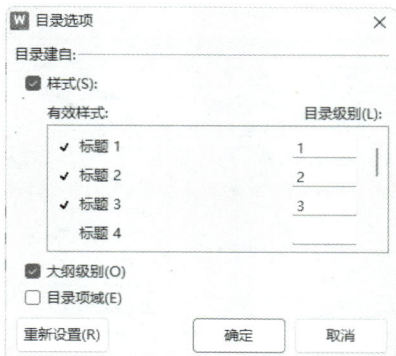

图 3-114　"目录选项"对话框

2. 编制索引

索引可以帮助读者快速查找需要的信息。

单击"引用"选项卡中的"插入索引"按钮 插入索引，打开如图 3-115 所示"索引"对话框，在对话框中设置相关的项，单击"确定"即可。

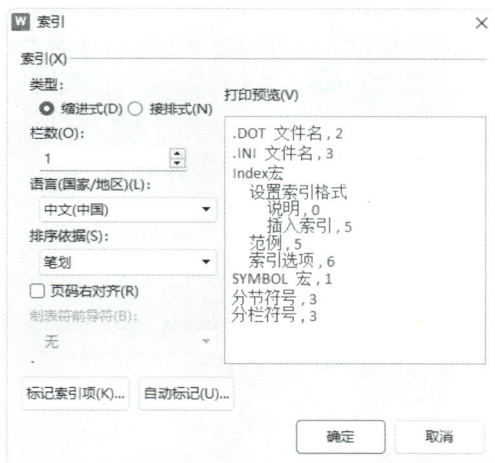

图 3-115　"索引"对话框

3.4.4　文档的修订与批注

1. 修订操作

修订显示文档中所做的如删除、插入或其他编辑、更改的位置的标记。

（1）单击"审阅"选项卡中的"修订"下拉按钮 ，打开如图 3-116 所示的"修订"下拉列表，选择"修订"命令或按【Ctrl+Shift+E】组合键启动"修订"功能。

（2）启动"修订"功能后，删除或增加文字、空格等都会自动呈现备注等信息。

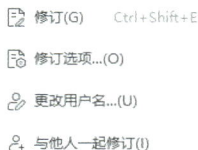

图 3-116　"修订"下拉列表

（3）选择"修订选项"命令，打开"选项"对话框的"修订"选项卡（如图 3-117 所示），用户可以根据自己的需求设置标记、批注框和打印。

图 3-117 "选项"对话框

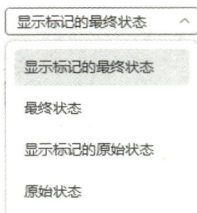

图 3-118 "显示标记状态"下拉列表

（4）在"审阅选项卡"中"修订"下拉按钮的右侧有显示标记最终状态设置栏，单击 ∨ 按钮，打开如图 3-118 所示的"显示标记状态"下拉列表，可设置显示标记的原始状态和最终状态，以及不显示标记的原始状态和最终状态。

（5）启动"修订"功能后，再次单击"修订"按钮，或按【Ctrl+Shift+E】组合键可关闭修订功能。

（6）用户可对修订的内容选择接受或拒绝修订，单击"审阅"选项卡中的单击"接受"按钮 接受 ∨ 或"拒绝"按钮 拒绝 ∨，在打开的下拉列表中可以设置接受或拒绝单个修订，接受或拒绝所有格式的修订，接受或拒绝所有显示的修订，接受或拒绝对文档所做的所有修订。

2. 批注操作

批注指作者或审阅者为文档添加的注释。

1）插入批注

选中要插入批注的文字或插入点，单击"审阅"选项卡中的"插入批注"按钮 插入批注，插入批注，任意输入批注内容，批注可以是意见、建议或疑问等。

2）删除批注

若要快速删除单个批注，则可右击批注，然后从弹出的快捷菜单中单击"删除批注"按钮即可。或者单击"审阅"选项卡中的"删除"下拉按钮 删除批注 ∨，在打开的下拉列表中选择"删除批注"命令，删除所选批注；如果选择"删除文档中的所有批注"命令，删除文档中的所有批注。

案例 实施

（1）启动 WPS Office，单击"WPS Office"页面上的"打开"按钮 打开，打开"打开文件"对话框，在原始文件文件夹中选择"科技进步与环境保护.docx"文档，单击"打开"按钮，打开"科技进步与环境保护"原始文档，如图 3-119 所示。

图 3-119　"科技进步与环境保护"原始文档

（2）将光标定位在绪论左侧，单击"页面"选项卡"分隔符"下拉列表中的"下一页分节符"命令，在光标前增加一页并插入分节符，如图 3-120 所示。

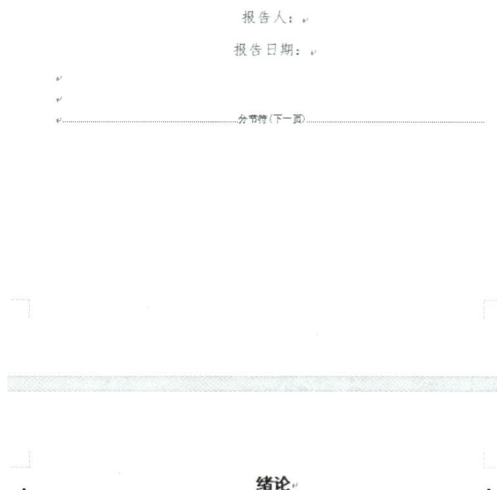

图 3-120　插入分隔符

（3）将光标定位在分节符前，单击"页面"选项卡"分隔符"下拉列表中的"下一页分节符"命令，在该位置插入分页符，新建一个空白页，且分节符将移到空白页上。

（4）单击"快速访问工具栏"中的"保存"按钮，保存文档。

（5）打开并登录"DeepSeek"网页版，在输入框中输入提示词"请为我提供的这篇报告生成双版本的摘要和关键字，各 200 字"，单击"上传附件"按钮，在打开的菜单中选择"文档"选项，打开"打开"对话框，选择"科技进步与环境保护.docx"文档，单击"打开"按钮，上传文档，如图 3-121 所示。单击"深度思考"按钮，然后单击"发送"按钮，DeepSeek 根据提示词和文档内容进行深度思考后输出摘要和关键字，如图 3-122 所示。

图 3-121　输入提示词和上传文档

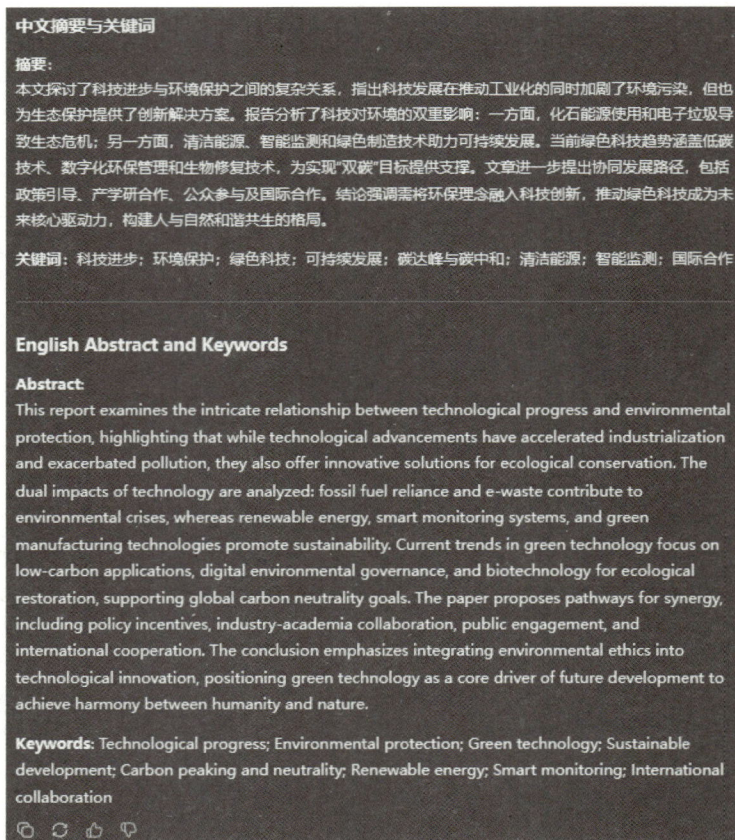

图 3-122　DeepSeek 生成的摘要和关键字

（6）单击"复制"按钮□，复制生成的文本内容，粘贴到 WPS Office 的报告文档中的空白页，删除多余的文字，单击"开始"选项卡中的"格式刷"按钮□ 格式刷，将中、英文摘要的标题格式与绪论标题格式统一，中、英文摘要的正文格式与绪论正文格式统一，结果如图 3-123 所示。

（7）将光标定位在摘要这一页的分节符前，单击"页面"选项卡"分隔符"下拉列表中的"分页符"命令，在该位置插入分页符，按【Enter】键将分节符移到空白页上。

（8）将光标定位在空白页的分节符前并输入"目录"字样，然后单击"开始"选项卡中的"格式刷"按钮□ 格式刷，将目录标题格式与绪论标题格式统一。

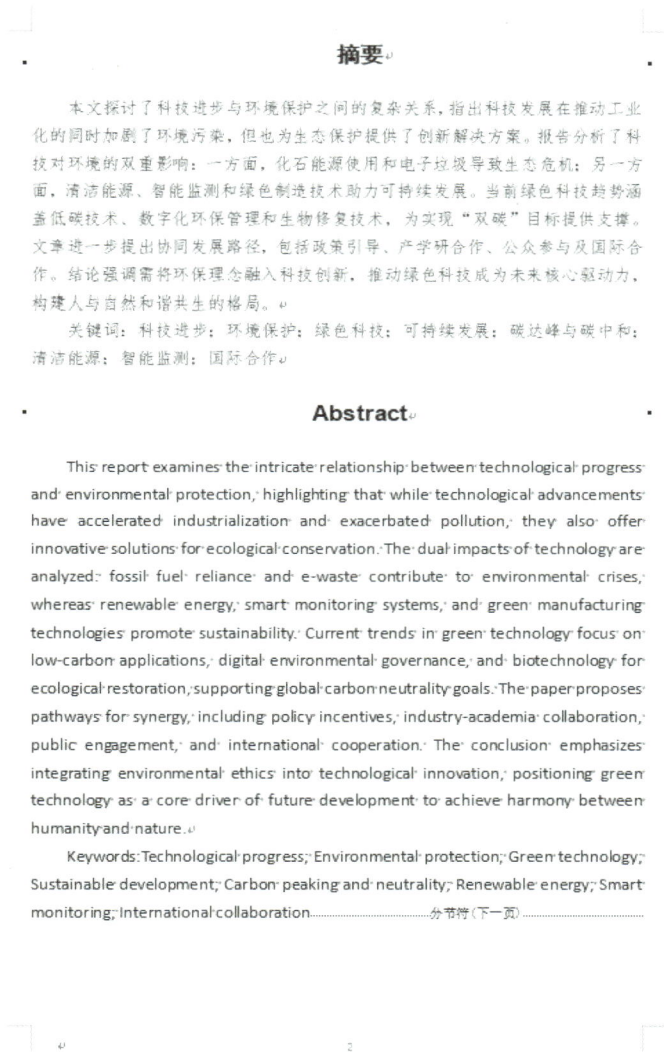

摘要

　　本文探讨了科技进步与环境保护之间的复杂关系，指出科技发展在推动工业化的同时加剧了环境污染，但也为生态保护提供了创新解决方案。报告分析了科技对环境的双重影响：一方面，化石能源使用和电子垃圾导致生态危机；另一方面，清洁能源、智能监测和绿色制造技术助力可持续发展。当前绿色科技趋势涵盖低碳技术、数字化环保管理和生物修复技术，为实现"双碳"目标提供支撑。文章进一步提出协同发展路径，包括政策引导、产学研合作、公众参与及国际合作。结论强调需将环保理念融入科技创新，推动绿色科技成为未来核心驱动力，构建人与自然和谐共生的格局。

　　关键词：科技进步；环境保护；绿色科技；可持续发展；碳达峰与碳中和；清洁能源；智能监测；国际合作

Abstract

This report examines the intricate relationship between technological progress and environmental protection, highlighting that while technological advancements have accelerated industrialization and exacerbated pollution, they also offer innovative solutions for ecological conservation. The dual impacts of technology are analyzed: fossil fuel reliance and e-waste contribute to environmental crises, whereas renewable energy, smart monitoring systems, and green manufacturing technologies promote sustainability. Current trends in green technology focus on low-carbon applications, digital environmental governance, and biotechnology for ecological restoration, supporting global carbon neutrality goals. The paper proposes pathways for synergy, including policy incentives, industry-academia collaboration, public engagement, and international cooperation. The conclusion emphasizes integrating environmental ethics into technological innovation, positioning green technology as a core driver of future development to achieve harmony between humanity and nature.

Keywords: Technological progress; Environmental protection; Green technology; Sustainable development; Carbon peaking and neutrality; Renewable energy; Smart monitoring; International collaboration————————分节符（下一页）————————

图 3-123　复制并修改生成的摘要

（9）将光标定位在摘要左侧，单击"插入"选项卡中的"页眉页脚"按钮□ 页眉页脚，进入页眉页脚编辑状态，关闭"同前节"按钮，输入"科技进步与环境保护报告"；在"页眉页脚"选项卡中设置页眉上边距为 2.00 厘米，勾选"首页不同"复选框，在"开始"选项卡中设置页眉的字体为"宋体"，字号为"小五"，段落为"居中"，效果如图 3-124 所示。

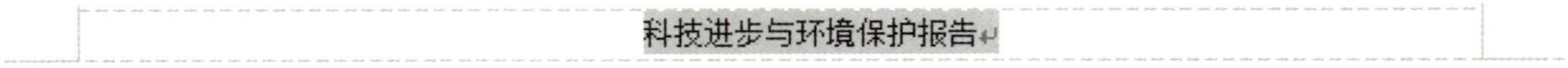

科技进步与环境保护报告↵

图 3-124　插入页眉

（10）单击"页眉页脚"选项卡中的"页眉页脚切换"按钮▤，切换到页脚位置。单击"插入页码"按钮，打开"页码设置"对话框，设置样式为"I，II，III…"，应用范围为"本节"，单击"确定"按钮，插入页码，如图 3-125 所示。

重新编号 ▾　　页码设置 ▾　　✕ 删除页码 ▾

↵　　　　　　　　　　　　　　I

图 3-125　插入页码

（11）单击"页眉页脚"选项卡中的"关闭"按钮⊠，关闭"页眉页脚"选项卡并退出页眉页脚的编辑。

（12）将光标定位在每一个没有分页的标题左侧，单击"页面"选项卡"分隔符"下拉列表中的"分页符"命令，插入分页符。

（13）将光标定位在绪论左侧，单击"插入"选项卡中的"页眉页脚"按钮▤ 页眉页脚，进入页眉页脚编辑状态，单击"页眉页脚"选项卡中的"页眉页脚切换"按钮▤，切换到页脚处，单击"插入页码"按钮，打开"页码设置"对话框，设置样式为"1，2，3…"，应用范围为"本页及以后"，单击"确定"按钮，插入页码。

（14）将光标定位在目录右侧，按【Enter】键换行，单击"引用"选项卡中的"目录"下拉列表中的"自定义目录"命令，打开"目录"对话框，设置显示级别为 3，勾选"显示页码"和"页码右对齐"复选框，单击"确定"按钮，生成目录，如图 3-126 所示，最终效果如图 3-100 所示。

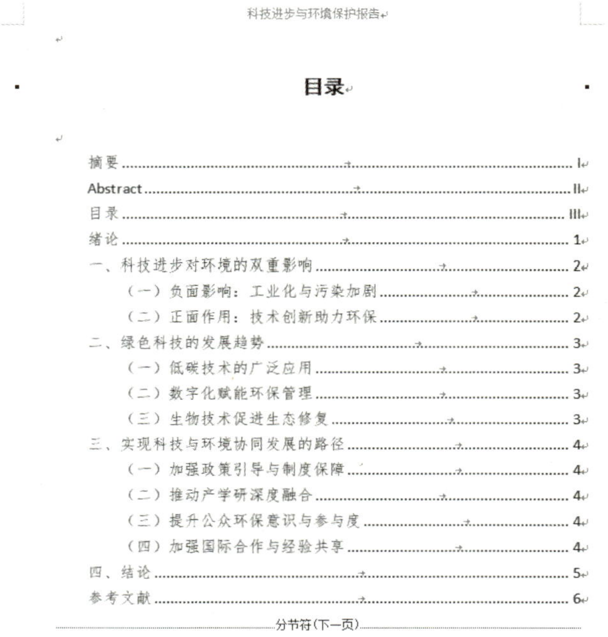

科技进步与环境保护报告↵

目录

分节符(下一页)

图 3-126　生成目录

（15）单击"快速访问工具栏"中的"保存"按钮🖫，保存文档。

小组 评价

评价内容	评价标准	分值	教师评估
页眉、页脚和页码的设置	能够插入并设置页眉页脚和页码	40	
分页与分节	可以插入分页符与分节符	30	
编制目录和索引	能够编制目录和索引	30	
总分		100	

思考与练习

一、选择题

1. 在调整图形对象的大小时，如果希望保持比例缩放，应该怎么做？（　　　）

　　A. 直接拖动任意控制手柄

　　B. 拖动角上的控制手柄并按住【Ctrl】键

　　C. 拖动角上的控制手柄并按住【Shift】键

　　D. 所有选项都对

2. 如果需要将某张图片裁剪成圆形，应使用哪个功能？（　　　）

　　A. 单击快速工具栏中"图片裁剪"按钮，选择"裁剪"菜单中的"按形状裁剪"选项卡

　　B. 单击快速工具栏中"图片裁剪"按钮，选择"裁剪"菜单中的"按比例裁剪"选项卡

　　C. 单击快速工具栏中"图片裁剪"按钮，选择"裁剪"菜单中的"按比例裁剪"选项卡，选择"自由裁剪"命令

　　D. 单击快速工具栏中"图片裁剪"按钮，选择"裁剪"菜单中的"更改图片"命令

3. 下列关于"智能图形"的说法，哪一项是错误的？（　　　）

　　A. 智能图形可以自动调整布局

　　B. 智能图形中的项目数目不能更改

　　C. 智能图形支持颜色和样式自定义

　　D. 智能图形可以嵌套其他图形

4. 如果希望在文档中插入一个横跨两列的表格标题，应使用什么操作？（　　　）

　　A. 合并单元格　　　　　　　　　　B. 拆分单元格

　　C. 插入列　　　　　　　　　　　　D. 插入行

二、操作题

1. 制作会议记录表，如图 3-127 所示。

（1）插入表格。

（2）合并单元格。

（3）输入文本。

（4）调整单元格行高。

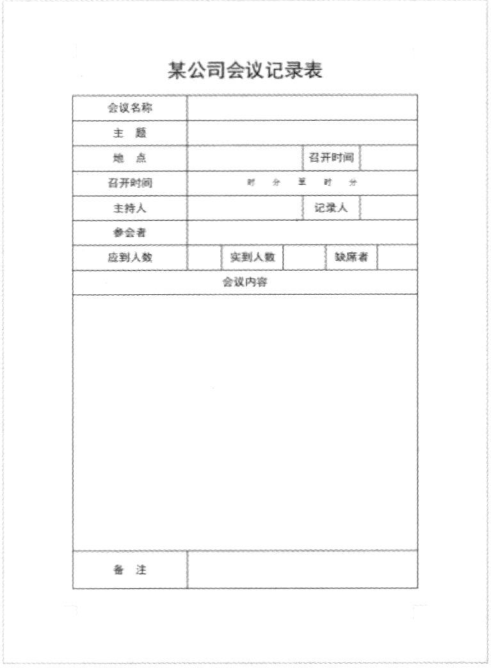

某公司会议记录表

会议名称				
主 题				
地 点		召开时间		
召开时间	时 分 至 时 分			
主持人		记录人		
参会者				
应到人数		实到人数	缺席者	
会议内容				
备 注				

图 3-127　会议记录表

项目四　表格处理与智能分析

导读

随着信息技术的广泛应用，表格处理与智能数据分析能力已成为现代人必备的基本素养之一。WPS Office 表格作为一款功能强大且操作便捷的电子表格软件，广泛应用于数据管理、统计分析、可视化呈现等多个领域，是提升工作效率、实现数据驱动决策的重要工具。

知识 目标

1. 掌握 WPS Office 表格的基本工作界面组成及功能。
2. 了解工作簿和工作表的基本概念及其相关操作。
3. 熟悉单元格、行和列的基本操作方法。
4. 理解公式和函数的使用方法。
5. 熟悉排序、筛选、分类汇总和图表的使用方法。

技能 目标

1. 能够灵活地插入、重命名、移动、复制和删除工作表。
2. 能够正确输入和编辑各种类型的数据。
3. 能够运用公式和函数进行数据统计和计算。
4. 能够创建和编辑图表，直观展示数据的趋势和关系。

素质 目标

通过本项目的学习，学生将在掌握 WPS Office 表格基本操作和数据分析技能的基础上，全面提升信息素养与综合实践能力，同时引导学生运用数据思维分析实际问题，提升解决现实需求的能力。

4.1　创建"'健康中国'行动计划表"工作簿

案例 描述

本案例将实现在 WPS Office 表格中创建"'健康中国'行动计划表"工作簿，通过对本案例的学习与实践，要求学生掌握工作簿与工作表的创建，工作表的命名、复制与移动等操作。

创建 小组

全班根据实际情况进行分组，建议每组 3～5 人，各组选出组长，组长为组员分配任务并将分工和实施详情记录下来。在开始案例实施前，请全组成员查看知识链接的内容。请各组组长参考以下问题，组织组员收集和整理相关材料，并根据收集到的资料进行讨论。

问题：为什么有时保存的 .xlsx 文件在旧版 WPS Office 中无法打开？如何解决？

知识 链接

4.1.1 WPS Office 表格工作界面

启动 WPS Office，单击"新建"按钮 ➕ 新建，打开"新建"面板，单击"表格"按钮，打开如图 4-1 所示的"新建表格"页面，单击"空白表格"，新建"工作簿 1"，进入 WPS Office 表格工作界面。

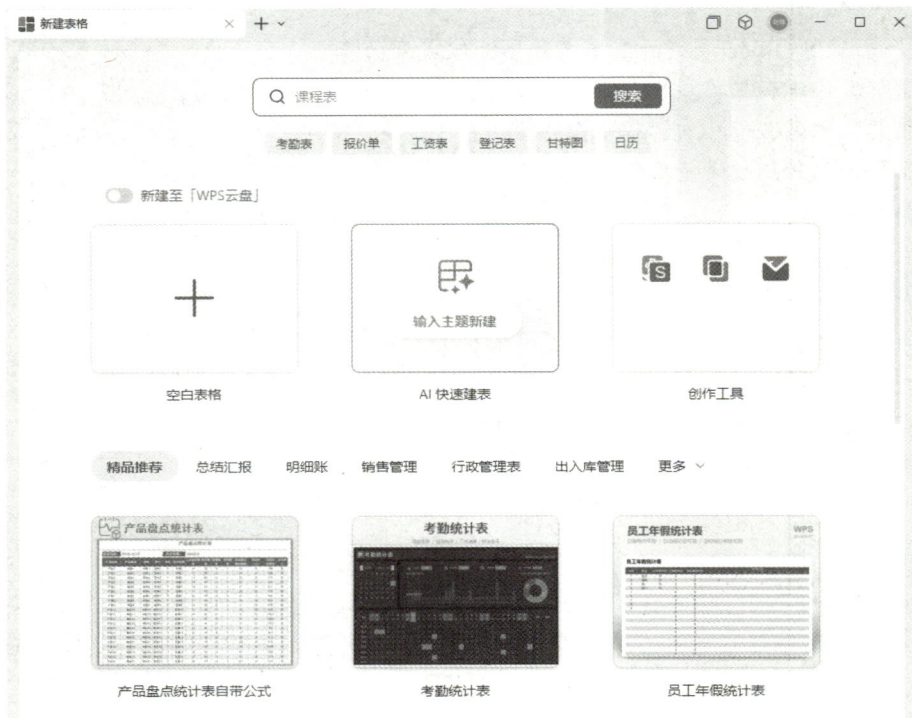

图 4-1 "新建表格"页面

WPS Office 表格工作界面主要由标题栏、功能区、编辑栏、工作区和状态栏五部分组成，如图 4-2 所示。

WPS Office 表格工作界面中的标题栏、功能区、状态区和文档处理操作界面中的功能是类似的，不再赘述，下面介绍 WPS Office 表格工作界面中特有的功能。

1. 编辑栏

编辑栏既可以输入、编辑或显示工作表中当前单元格的数据，也可以输入、编辑公式。

2．工作区

工作区显示正在编辑的工作表。工作表由行和列组成，工作表中的每一个小格称为"单元格"，它是工作表中最基本的单位，是用户输入、编辑数据的区域。

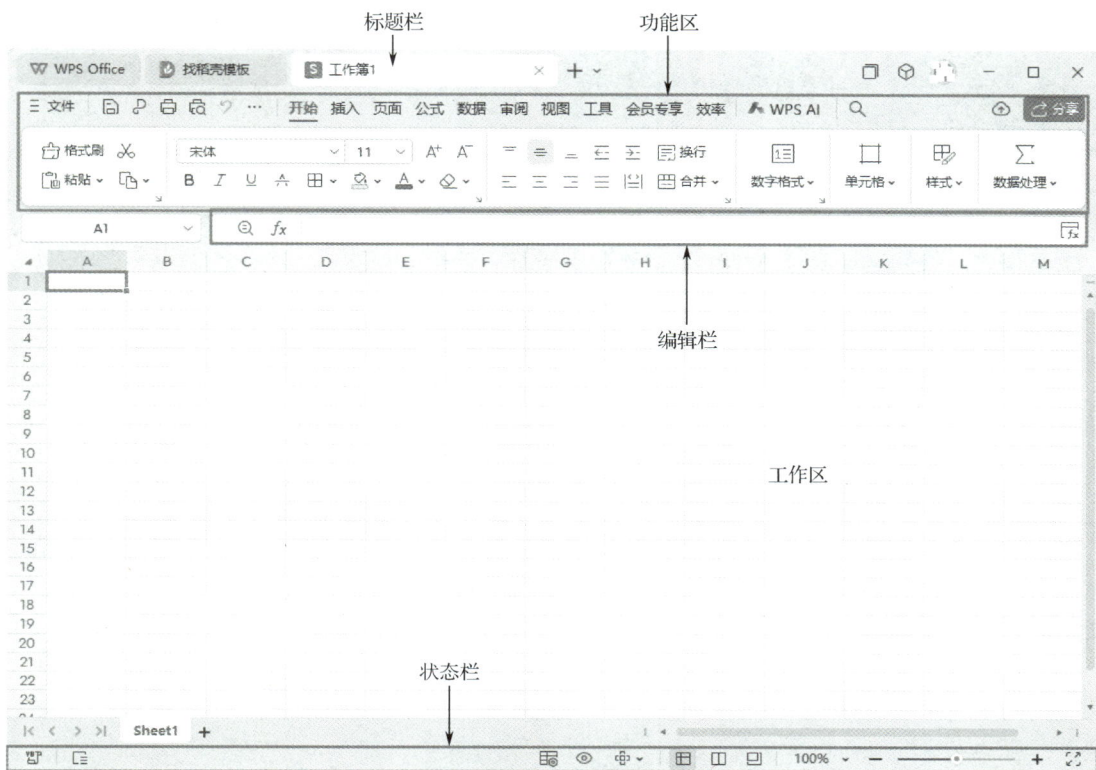

图 4-2　WPS Office 表格工作界面

4.1.2　工作簿的基本操作

工作簿是 WPS Office 中用于计算和存储数据的文件，它是用户的工作平台。每个工作簿可以包含一个或多个工作表。

1．新建工作簿

启动 WPS Office，单击"新建"按钮 ，打开"新建"面板，单击"表格"按钮，打开"新建表格"页面，单击"空白表格"，新建"工作簿 1"。

2．保存工作簿

无论是新建的工作簿文件还是编辑后的工作簿文件，都要及时保存，防止工作成果由于一些意外情况而丢失。WPS Office 表格保存的文件类型默认扩展名为".xlsx"，也可以根据需要选择其他的文件类型，例如，.et、.ett、.xls、.xlt、.dbf、.html、.pdf 等。

对于新建或修改的工作簿的保存方法有如下 3 种：

● 单击"快速访问工具栏"上的"保存"按钮 。
● 单击"文件"选项卡中的"保存"命令。
● 按【Ctrl+S】组合键，快速保存工作簿。

3. 打开工作簿

如果用户想对以前所保存的工作簿继续进行编辑、修改等操作，则需要打开工作簿文件。打开工作簿的方法有如下 4 种：

- 打开该工作簿所在的文件夹，直接双击该工作簿的图标即可打开该工作簿。
- 启动 WPS Office 后，单击"文件"选项卡中的"打开"命令。
- 单击"快速访问工具栏"中的"打开"按钮 。
- 按【Ctrl+O】组合键，快速打开工作簿。

4.1.3　工作表的基本操作

工作表又称为电子表格，一个工作表由若干行、若干列组成。一个工作簿是多张工作表的集合，工作表之间是相互独立的，通过单击工作表标签可以方便地在各工作表之间进行切换。

工作簿建立后，根据需要，可以对工作表进行插入、重命名、移动、复制、删除等操作。

1. 插入工作表

在默认情况下，每个工作簿中只包含一个工作表"Sheet1"。根据需要，用户可以在一个工作簿中插入多张工作表，常用的方法有以下 3 种：

1）利用"新工作表"按钮

单击工作表标签右侧的"新工作表"按钮 ，即可在当前活动工作表右侧插入一个新的工作表。新工作表的名称依据活动工作簿中工作表的数量自动命名。

2）利用鼠标右键快捷菜单

在工作表标签上右击，在弹出的快捷菜单中选择"插入工作表"命令（如图 4-3 所示），打开如图 4-4 所示的"插入工作表"对话框，设置插入数目以及插入位置，然后单击"确定"按钮，即可插入新的工作表。

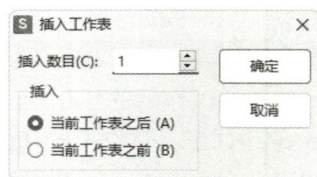

图 4-3　快捷菜单　　　　　　　图 4-4　"插入工作表"对话框

3）利用功能区命令

单击"开始"选项卡中的"工作表"下拉按钮 囲工作表∨，打开如图 4-5 所示的"工作表"下拉列表，选择"插入工作表"命令，打开如图 4-4 所示的"插入工作表"对话框，设置插入数目以及插入位置，然后单击"确定"按钮，即可插入新的工作表。

2. 选择工作表

在实际应用中，一个工作簿通常包含多张工作表，用户可能要在多张工作表中编辑数据，或对不同工作表的数据进行汇总计算，这就要在不同的工作表之间进行切换。

（1）单击工作表的名称标签，即可进入对应的工作表。工作表的名称标签位于状态栏上方，其中高亮显示的工作表为活动工作表。

（2）选中一个工作表之后，按住【Shift】键并单击最后一个要选中的工作表，可以选择多个连续的工作表。

（3）选中一个工作表之后，按住【Ctrl】键并单击其他要选中的工作表，可以选择多个不连续的工作表。

（4）在工作表标签上右击，然后在弹出的右键菜单中选择"选定全部工作表"命令，选中当前工作簿中所有的工作表。

图 4-5　"工作表"
下拉列表

3. 重命名工作表

如果一个工作簿中包含多张工作表，为每个工作表指定一个具有代表意义的名称很有必要。重命名工作表有以下 2 种常用方法：

（1）双击要重命名的工作表名称标签，输入新的名称后按【Enter】键。

（2）在要重命名的工作表名称标签上右击，在弹出的快捷菜单中选择"重命名"命令，输入新名称后按【Enter】键。

4. 更改工作表标签颜色

为便于用户快速识别或组织工作表，WPS Office 提供了一项非常有用的功能，可以为不同工作表标签指定不同的颜色。

选中要添加颜色的工作表名称标签，右击，在弹出的快捷菜单中选择"工作表标签"下拉列表中的"标签颜色"命令，打开颜色色板，如图 4-6 所示。在色板中选择需的颜色，即可改变工作表标签的颜色。

图 4-6　设置工作表标签颜色

5. 移动工作表

1）用鼠标移动工作表

用鼠标选中要移动的工作表标签，按住左键不放，在工作表标签之间移动鼠标，鼠标所在位置会出现一个"白板"图标□，且在该工作表标签的左上方出现一个黑色倒三角标志，如图 4-7 所示。将鼠标移到目标位置，释放鼠标，工作表即可移动到指定的位置，如图 4-8 所示。

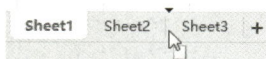

图 4-7　移动工作表标签

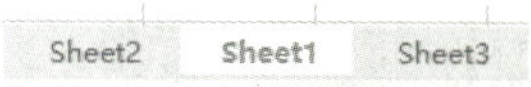

图 4-8　移动后的效果

图 4-9　"移动或复制工作表"
对话框

2）利用"移动或复制工作表"对话框

在要移动或复制的工作表名称标签上右击，从弹出的右键菜单中选择"移动"命令，打开如图 4-9 所示的对话框。在"下列选定工作表之前"下拉列表中选择要移到的目标位置。如果要复制工作表，勾选"建立副本"复选框。单击"确定"按钮。

6. 复制工作表

1）用鼠标复制工作表

按住【Ctrl】键的同时，在要复制的工作表标签上按住左键不放，在工作表标签之间移动鼠标，此时鼠标所在位置显示一个带"＋"号的"白板"图标□和一个黑色倒三角。移动到目标位置，释放【Ctrl】键及左键，即可在指定位置生成一个工作表副本。

2）右键快捷菜单复制工作表

在要复制的工作表标签上右击，在弹出的快捷菜单中选择"创建副本"命令，可在该工作表后生成一个工作表副本。

7. 删除工作表

如果不再使用某个工作表，可以将其删除。

在要删除的工作表标签上右击，在弹出的快捷菜单中选择"删除"命令。删除工作表是永久性的，不能通过"撤销"命令恢复。

删除多个工作表的方法与此类似，不同的是在选定工作表时要按住【Ctrl】键或【Shift】键以选择多个工作表。

案例 实施

（1）启动 WPS Office，单击"WPS Office"页面上的"新建"按钮 ＋ 新建，打开"新建"面板，单击"表格"按钮，打开"新建表格"页面，单击"空白表格"，新建一个空白的工作簿 1。

（2）双击工作表名称标签"sheet1"，输入新的名称为"'健康中国'行动计划表"，按【Enter】键确认，更改工作表名称，如图 4-10 所示。

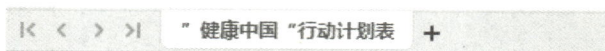

图 4-10　重命名工作表

（3）单击"快速访问工具栏"中的"保存"按钮□，打开"另存为"对话框，指定保存位置，输入文件名为"'健康中国'行动计划表"，采用默认文件类型，单击"保存"按钮，保存工作簿。

小组 评价

评价内容	评价标准	分值	教师评估
WPS Office 表格工作界面	熟悉 WPS Office 表格工作界面	40	
工作簿的基本操作	能够新建并保存工作簿	30	
工作表的基本操作	能够重命名工作表名称	30	
总分		100	

4.2　输入并设置"'健康中国'行动计划表"

案例 描述

本案例将实现在 WPS Office 表格中输入并设置"'健康中国'行动计划表"。通过对本案例相关知识的学习和实践，要求学生掌握 WPS Office 表格中单元格、行与列的基本操作、数据的输入和格式化工作表，最终完成"'健康中国'行动计划表"的输入并设置，效果如图 4-11 所示。

⁝	A	B	C	D	E	F	G	H
1				行动计划表				
2	宣传社区	项目名称	第一周（场次）	第二周（场次）	第三周（场次）	第四周（场次）	总场次	总场次排名
3	社区A	健康宣传讲座	2	6	8	4		
4	社区B	健康知识讲座	3	2	3	2		
5	社区C	健康知识讲座	4	2	1	6		
6	社区D	健康宣传讲座	2	2	2	2		
7	社区E	健康宣传讲座	3	1	4	4		

图 4-11　输入文本数据后的"'健康中国'行动计划表"

创建 小组

全班根据实际情况进行分组，建议每组 3～5 人，各组选出组长，组长为组员分配任务并将分工和实施详情记录下来。在开始案例实施前，请全组成员查看知识链接的内容。请各组组长参考以下问题，组织组员收集和整理相关材料，并根据收集到的资料进行讨论。

问题 1：如果表格标题需要跨越多列居中显示，应如何操作？合并单元格后，如果发现需要恢复为原始状态，该如何取消合并？

问题 2：如果表格中的数据量很大（如 100 行、50 列），如何快速调整所有行的行高或所有列的列宽？

知识 链接

4.2.1　单元格、行与列的基本操作

工作表是一个二维表格，由行和列构成，行和列相交形成的方格称为单元格。单元格中可

以填写数据，是存储数据的基本单位，也是 Excel 用于存储信息的最小单位。单元格的地址用列标行号标识，如 A2 单元格表示该单元格为 A 列的第 2 行。

1. 选定单元格区域

在输入和编辑单元格内容之前，必须使单元格处于活动状态。所谓活动单元格，是指可以进行数据输入的选定单元格，其特征是被绿色粗边框围绕。

通过键盘和鼠标选定单元格区域的操作如表 4-1 所示。

表 4-1　选定单元格区域

选定内容	操作
单个单元格	单击相应的单元格，或用方向键移动到相应的单元格
连续单元格区域	单击选定该区域的第一个单元格，然后按住左键并拖动，直至选定最后一个单元格。值得注意的是：拖动鼠标前鼠标指针应呈空心十字形
工作表中所有单元格	单击工作表左上角的"全选"按钮
不相邻的单元格或单元格区域	先选定一个单元格或区域，然后按住【Ctrl】键并选定其他的单元格或区域
较大的单元格区域	先选定该区域的第一个单元格，然后按住【Shift】键并单击区域中的最后一个单元格
整行	单击行号
整列	单击列号
相邻的行或列	沿行号或列号拖动鼠标
不相邻的行或列	先选中第一行或列，然后按住【Ctrl】键并选定其他的行或列
增加或减少活动区域中的单元格	按住【Shift】键并单击新选定区域中最后一个单元格，在活动单元格和所单击的单元格之间的矩形区域将成为新的选定区域
取消单元格选定区域	单击工作表中其他任意一个单元格

2. 移动或复制单元格内容

移动单元格是指把某个单元格（或区域）的内容从当前的位置移动到另外一个位置；而复制单元格是指某个单元格（或区域）的当前内容不变，在另外一个位置生成一个副本。

用鼠标拖动的方法可以方便地移动或复制单元格。

（1）选定要移动或复制的单元格。

（2）将鼠标指向选定区域的边框，此时鼠标指针变为。

（3）按住左键拖动到目的位置，释放鼠标，即可将选中的区域移到指定位置。

（4）如果要复制单元格，则在拖动鼠标的同时按住【Ctrl】键。

选定区域后单击"剪切"按钮或"复制"按钮，然后打开要复制到的工作表，在要粘贴单元格区域的位置单击"粘贴"按钮，将选定区域复制在工作表中。

3. 清除单元格

清除单元格只是删除单元格中的内容、格式或批注，单元格仍然保留在工作表中。

选中要清除的单元格区域，按【Delete】键即可清除指定单元格区域的内容。

4. 删除单元格

删除单元格则是从工作表中移除这些单元格，并调整周围的单元格，填补删除后的空缺。

（1）选中要删除的单元格、行或列。在"开始"选项卡"行和列"下拉列表中单击"删除单元格"命令，打开如图 4-12 所示的"删除单元格"级联菜单。

（2）选择"删除单元格"选项，打开如图 4-13 所示的"删除"对话框，可以选择删除活动单元格之后，其他单元格的排列方式。

图 4-12　"删除单元格"级联菜单

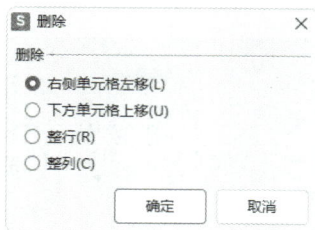

图 4-13　"删除"对话框

（3）选择"删除行"选项，删除活动单元格所在行。

（4）选择"删除列"选项，删除活动单元格所在列。

5. 合并单元格

WPS Office 表格默认生成的工作表是规整的行列排布的表格，但在实际应用中，经常会用到一些不规整的表格，某一项可能占用多行或多列单元格，这就需要对单元格进行合并。

所谓合并单元格，是指将多个单元格合并为一个大的单元格。合并单元格的操作步骤如下：

（1）选择要合并的多个连续的单元格。

（2）单击"开始"选项卡中的"合并"下拉按钮，打开如图 4-14 所示的"合并"下拉列表。

① 选择"合并居中"命令，将选择的多个单元格合并为一个较大的单元格，且合并后的单元格内容居中显示。

② 选择"合并单元格"命令，将所有选中的单元格合并为一个单元格。

③ 选择"合并内容"命令，将所有选中的单元格的内容合并到一个单元格中。

④ 选择"按行合并"命令，将选中的单元格根据行进行合并。

⑤ 择"跨列居中"命令，将所有选中的单元格居中显示，但是参与合并的单元格依然独立存在。

⑥ 要合并的单元格中包含数据，单击下拉列表中的"合并居中"命令或"合并单元格"命令，仅保留左上角单元格中的值，其他单元格的内容将被丢弃。

⑦ 要取消合并单元格，在"合并"下拉列表中选择"取消合并单元格"命令。

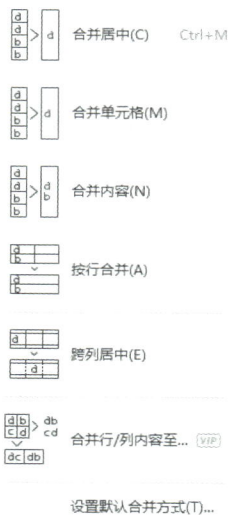

图 4-14　"合并"下拉列表

6. 调整行高与列宽

WPS Office 工作表中的所有单元格默认拥有相同的行高和列宽，如果要在单元格中容纳不同大小和类型的内容，就需要调整行高和列宽。

如果对行高与列宽的要求较少，可以利用鼠标拖动进行调整。

（1）将鼠标指针移到行号的下边界上，指针显示为纵向双向箭头 ✛ 时，按住左键拖动到合适位置释放，可改变指定行的高度。

（2）将鼠标指针移到列标的右边界上，指针显示为横向双向箭头 ✛ 时，按住左键拖动到合适位置释放，可改变指定列的宽度。

提示：双击列标题的右边界，可使列宽自动适应单元格中内容的宽度。如果要一次改变多行或多列的高度或宽度，只需要选中多行或多列，然后用鼠标拖动其中任意一行或一列的边界即可。

使用命令可以精确地指定行高和列宽。

（1）选中要调整行高或列宽的单元格。

（2）单击"开始"选项卡中的"行和列"下拉按钮，在打开的如图 4-15 所示的"行和列"下拉列表中选择需要的命令。

□ 行高(H)...
□ 最适合的行高(A)
□ 列宽(W)...
□ 最适合的列宽(I)
□ 标准列宽(S)...
□ 插入单元格(E) >
□ 删除单元格(C) >
□ 隐藏与取消隐藏(U) >

图 4-15 "行和列"
下拉列表

（3）单击"行高"命令，打开"行高"对话框设置行高的单位与数值，如图 4-16 所示，单击"确定"按钮，调整行高。单击"最适合的行高"命令，WPS Office 根据输入的内容自动调整行高。

（4）单击"列宽"命令，打开"列宽"对话框设置列宽的单位与数值，如图 4-17 所示，单击"确定"按钮，调整列宽。单击"最适合的列宽"命令，WPS Office 根据输入的内容自动调整列宽。

（5）单击"标准列宽"命令，打开如图 4-18 所示的"标准列宽"对话框，设置标准列宽的单位与数值，单击"确定"按钮，将工作表中的所有列宽设置为一个固定值。

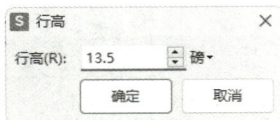

| S 行高 ✕ |
| 行高(R): 13.5 ⬍ 磅▾ |
| 确定　取消 |

图 4-16 "行高"对话框

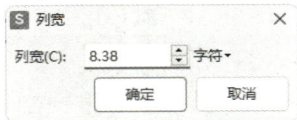

| S 列宽 ✕ |
| 列宽(C): 8.38 ⬍ 字符▾ |
| 确定　取消 |

图 4-17 "列宽"对话框

| S 标准列宽 ✕ |
| 标准列宽(S): 8.38 ⬍ 字符▾ |
| 确定　取消 |

图 4-18 "标准列宽"对话框

4.2.2 数据输入

WPS Office 支持多种数据类型，在活动单元格中输入的数据可由数字、字母、汉字、标点和特殊符号等组成。在单元格中输入数据结束后，按【Enter】键或单击编辑栏中的 ✓ 按钮可以确定输入，按【Esc】键或单击编辑栏中的 ✕ 按钮可以取消输入。

1. 数值型数据的输入

数值型数据是指由数字 0～9、正负号、小数点组成的常量整数和小数以及（）、E、e、%、¥的组合。默认情况下，数值型数据输入后自动右对齐，输入时分为以下几种情况。

（1）输入正数，直接将数字输入到单元格中。

（2）输入负数，可直接在数字前加一个负号"-"或给数字加上圆括号。例如，在单元格中输入"-78"或"（78）"都可以得到"-78"。

（3）输入分数，应在整数和分数之间输入一个空格。如果输入的分数小于 1，应先输入"0"和空格再输入分数。例如，输入 4/9，正确的输入是：0 空格 4/9。如果输入的分数大于 1，应先输入整数和空格再输入分数。例如，输入 8 又 5/7，正确的输入是：8 空格 5/7。

（4）输入科学记数，先输入整数部分，再输入"E"或"e"和指数部分。

（5）输入百分比数据，直接在数字后输入百分符号"%"，例如，80%。

输入数字时，若单元格中出现符号"####"，是因为单元格的列宽不够，不能显示全部数据，此时增大单元格的列宽即可。如果输入的数据过长（超过单元格的列宽或超过 11 位时），系统则自动以科学记数法表示。

2. 文本型数据的输入

（1）文本是指由汉字、数字、字母或符号等组成的数据。一般的文本型数据可以直接输入，输入后在单元格中自动左对齐。

（2）对于数字形式的文本型数据，如身份证号码、邮政编码、电话号码、学号、编号等，输入时应先在数字前输入英文状态的单引号"'"，以区别于数值型数据。例如，输入编号0506，应输入"'0506"，其中单引号不在单元格中显示，只在编辑框中显示，其显示形式为 0506 。

（3）当输入的文本长度超出单元格的宽度，不能在一个单元格中全部显示时，若右侧的单元格无内容，WPS Office允许该文本扩展到右侧单元格显示，否则截断显示，此时占用该位置的文本被隐藏。

3. 日期、时间型数据的输入

WPS Office内置了一些日期时间的格式，当用户输入的数据与这些格式相匹配时，系统即识别其为日期时间型数据。因此在输入日期时间时，必须遵循一定的格式。

1）日期型数据的输入

常用的日期格式包括"yyyy/mm/dd""yyyy-mm-dd""yy/mm/dd""mm/dd"等，其中"y"表示年，"m"表示月，"d"表示日，斜线"/"或减号"-"作为日期型数据中年、月、日的分隔符，如2023/12/18、2023-12-18、23/12/18、12/18。

2）时间型数据的输入

常用的时间格式包括"hh:mm:ss""hh:mm:ss（AM/PM）""hh:mm""hh:mm（AM/PM）"等，其中"h"表示小时，"m"表示分钟，"s"表示秒。Excel时间用24小时制表示，若要用12小时制表示时间，在时间后输入一个空格再输入"AM/PM"，其分别表示上午和下午，如13:35:34、1:35:34PM、13:35、1:35PM。

提示：如果要输入当前的日期，按【Ctrl+;】组合键；如果要输入当前的时间，按【Ctrl+Shift+;】组合键。

4. 快速填充相同数据

在选中的单元格区域输入相同的数据有多种方法，下面简要介绍3种常用的操作。

1）使用快捷键快速填充

选中要填充相同数据的单元格区域，输入要填充的数据，要填充数据的区域可以是连续的，也可以是不连续的。按【Ctrl+Enter】组合键，即可在选中的单元格区域填充相同的内容。

2）拖动填充手柄快速填充

选中已输入数据的单元格，将鼠标指针移到单元格右下角的"填充手柄"上，指标显示为黑色十字形＋。按住左键拖动选择要填充的单元格区域，释放鼠标，即可在选择区域的所有单元格中填充相同的数据。

使用填充手柄在单元格区域填充数据后，在最后一个单元格右侧显示"自动填充选项"按钮 ，单击该按钮，在如图4-19所示的"自动填充选项"下拉列表中可以选择填充方式。

提示：在单元格区域填充的数据类型不同，"自动填充选项"下拉列表中显示的选项也会有所差异。

3）利用"填充"命令快速填充

选中已输入数据的单元格，按住左键拖动，选中要填充相同数据的单元格区域。单击"开始"选项卡中的"填充"下拉按钮 ，打开如图4-20所示的"填充"下拉列表，选择填充方式，即可在选定的区域填充相同的数据。

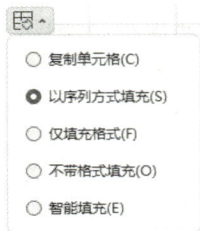

| 图 4-19 "自动填充选项"下拉列表 | 图 4-20 "填充"下拉列表 |

4.2.3 格式化工作表

在表格编辑过程中需要对表格进行必要的格式设置和美化，WPS Office 2022 提供了包括文本、数字和表格等多种手动及自动格式设置方法。

1. 设置对齐方式

默认情况下，单元格中不同类型的数据对齐方式也会有所不同。为使表格数据排列整齐，通常会修改单元格数据的对齐方式。

图 4-21 "对齐方式"功能按钮

方法一：利用"开始"选项卡中如图 4-21 所示的"对齐方式"功能按钮，可以方便地设置单元格内容的对齐方式。

选中要设置对齐方式的单元格或区域，单击需要的对齐按钮，即可应用格式。

方法二：利用"单元格格式"对话框进行设置。

（1）在单元格上右击，在弹出的右键菜单中选择"设置单元格格式"命令，打开"单元格格式"对话框，切换到"对齐"选项卡，如图 4-22 所示。

（2）分别在"水平对齐"和"垂直对齐"下拉列表框中选择一种对齐方式。

（3）在"文本控制"区域进一步设置文本格式选项。

（4）在"方向"区域设置文本的排列方向。

除了可以直接设置竖排文本或指定旋转角度，还可以用鼠标拖动方向框中的文本指针直观地设置文本的方向。

提示：在"度"数值框中输入正数可以使文本顺时针旋转，输入负数则使文本逆时针旋转。

2. 设置数据格式

不同数据需要进行不同的格式化处理，比如期末考试成绩需要保留一位小数（如 98.5），而日期需要使用年月日格式（如 2023-12-15）或中文格式（如 2023 年 12 月 15 日），对于表示货币的数值则需要加上货币符号（如$或￥），对于计算百分比的数据需要加上百分数符号"%"等。

（1）选取需要设置数值表格的工作表。

（2）右击，在弹出的快捷菜单中选择"设置单元格格式"命令，打开"单元格格式"对话框，然后切换到如图 4-23 所示的"数字"选项卡。

（3）在"分类"列表中选取分类，然后根据需要设置数据格式。例如，设置数值格式，在"分类"列表中选择"数值"，在"小数位数"微调框中进行小数位数输入或微调。如果需要使用千位分隔符，则勾选"使用千位分隔符"复选框。

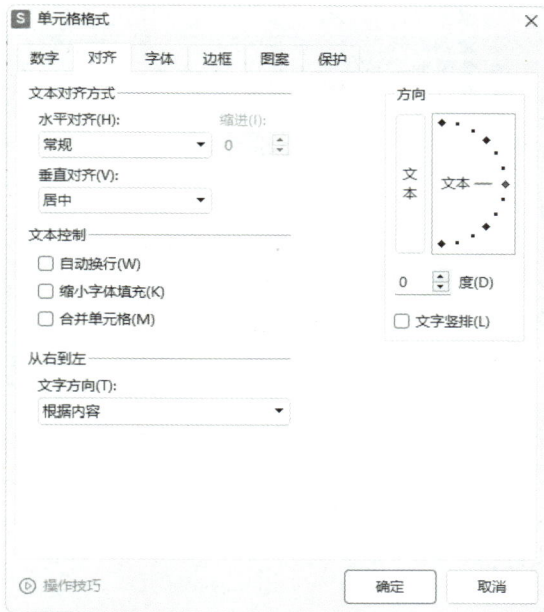

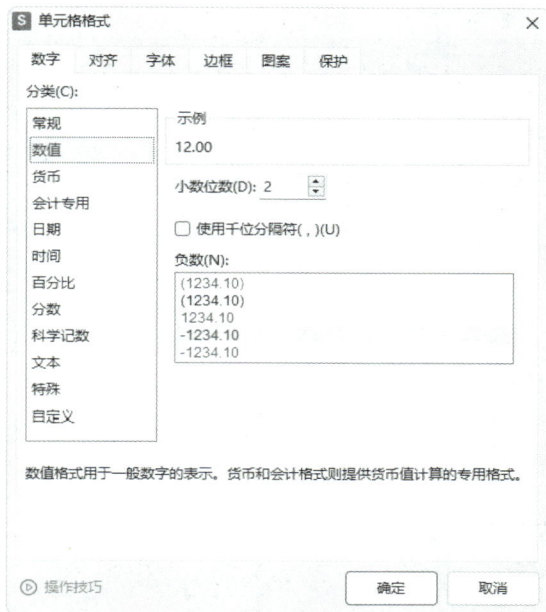

图 4-22　"对齐"选项卡　　　　　　　　　　　图 4-23　"数字"选项卡

3. 设置边框和底纹

默认情况下，WPS Office 工作表的背景颜色为白色，各个单元格由浅灰色网格线进行分隔，但网格线不能打印显示。为单元格或区域设置边框和底纹，不仅能美化工作表，而且可以更清楚地区分单元格。

（1）选中要添加边框和底纹的单元格或区域。

（2）右击，在弹出的快捷菜单中选择"设置单元格格式"命令，打开"单元格格式"对话框，然后切换到如图 4-24 所示的"边框"选项卡设置边框线的样式、颜色和位置。

设置边框线的位置时，在"预置"区域单击"无"可以取消已设置的边框；单击"外边框"可以在选定区域四周显示边框；单击"内部"设置分隔相邻单元格的网格线样式。

在"边框"区域的预览文本上单击，或直接单击预览文本四周的边框线按钮，即可在指定位置显示或取消显示边框。

（3）切换到如图 4-25 所示的"图案"选项卡，在"颜色"列表中选择底纹的背景色；在"图案样式"列表框中选择底纹图案；在"图案颜色"列表框中选择底纹的前景色。

（4）设置完成后，单击"确定"按钮关闭对话框。

4. 套用样式

所谓样式，实际上就是一些特定属性的集合，如字体大小、对齐方式、边框和底纹等。使用样式可以在不同的表格区域一次应用多种格式，快速设置表格元素的外观效果。WPS Office 预置了丰富的表格样式和单元格样式，单击即可一键改变单元格的格式和表格外观。

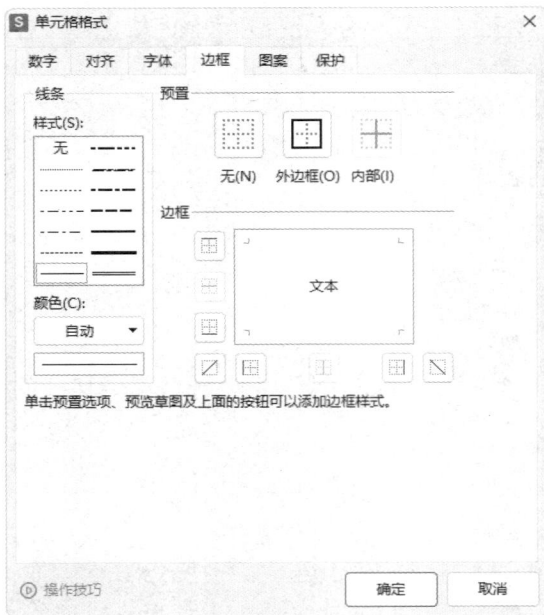

图 4-24 "边框"选项卡

图 4-25 "图案"选项卡

（1）选择要格式化的单元格，单击"开始"选项卡中"单元格样式"下拉按钮 ⊡ 单元格样式 ~，在打开的下拉列表中选择需要的样式图标，即可在选中的单元格中应用指定的样式，如图 4-26 所示。

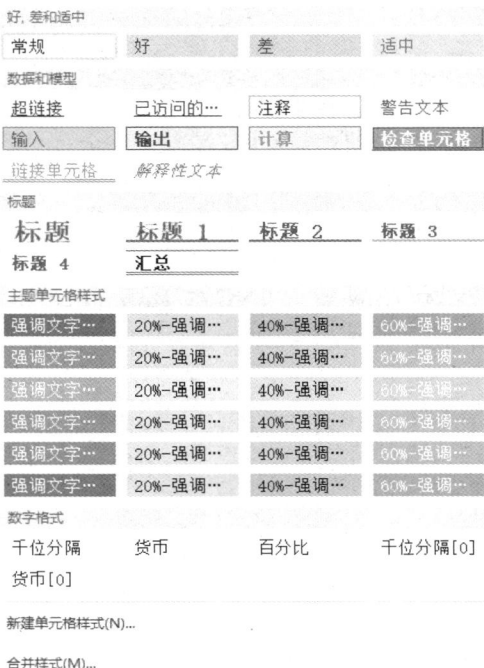

图 4-26　单元格样式

（2）选择要格式化的表格区域，或选中其中一个单元格，单击 "开始"选项卡中的"表格样式"下拉按钮 表格样式 ~，打开如图 4-27 所示的"表格样式"下拉列表。选择需要的主题颜色，然后单击需要的样式，打开如图 4-28 所示的"套用表格样式"对话框。

"表数据的来源"文本框中将自动识别并填充要套用样式的单元格区域，可以根据需要修改。

图 4-27 "表格样式"下拉列表   图 4-28 "套用表格式"对话框

在"标题行的行数"下拉列表框中指定标题的行数；如果没有标题行，则选择 0。

勾选"转换成表格，并套用表格样式"单选按钮；如果第一行是标题行，勾选"表包含标题"复选框，否则 WPS Office 会自动添加以"列 1""列 2"……命名的标题行。

注意：将普通的单元格区域转换为表格后，有些操作将不能进行，如分类汇总。

（3）单击"确定"按钮，即可关闭对话框，并应用表格样式。

案例 实施

（1）启动 WPS Office，单击"WPS Office"页面上的"打开"按钮 📂 打开 ，打开"打开文件"对话框，找到"'健康中国'行动计划表"文件，单击"打开"按钮，打开"'健康中国'行动计划表"工作簿。

（2）在"'健康中国'行动计划表"工作表中的单元格中输入文本，如图 4-29 所示。

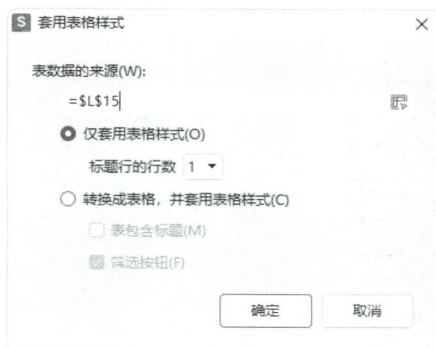

▲	A	B	C	D	E	F	G	H	I
1	行动计划表								
2	宣传社区	项目名称	第一周（场	第二周（场	第三周（场	第四周（场	总场次	总场次排名	
3	社区A	健康宣传讲	2	6	8	4			
4	社区B	健康知识讲	3	2	3	2			
5	社区C	健康知识讲	4	2	1	6			
6	社区D	健康宣传讲	2	2	2	2			
7	社区E	健康宣传讲	3	1	4	4			

图 4-29 输入文本

（3）单击"快速访问工具栏"中的"保存"按钮 🖫 ，保存工作簿。

（4）单击"WPS Office"页面右侧的"灵犀"图标 ，打开"WPS 灵犀"页面，在对话框中输入提示词"帮我设置表格的行高与列宽"，单击"读文档"按钮 读文档 中的"本地文件"

按钮，打开"打开"对话框，找到"'健康中国'行动计划表"，单击"打开"按钮，上传文档，如图 4-30 所示，单击发送按钮 ▶，灵犀经过思考后输出结果，如图 4-31 所示。

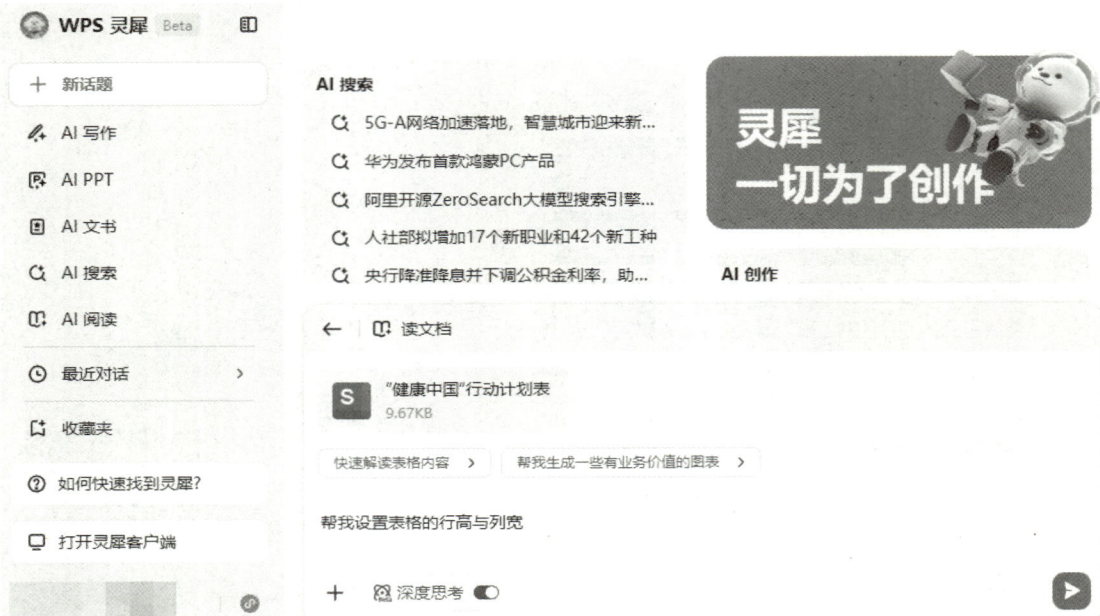

图 4-30　上传文档

表格行高列宽设置及新文件创建

成功创建了格式化后的新文件！以下是文件格式设置的详细说明：

1. **行高设置**：
   - 所有行统一设置为20磅，确保表格行高一致
2. **列宽设置**：
   - A列(宣传社区)：12字符
   - B列(项目名称)：16字符
   - C-H列(各周场次数据)：10-12字符
   - 特别加宽了项目名称列的宽度以适应中文内容
3. **对齐方式**：
   - 所有单元格设置为水平和垂直居中，使表格更加整齐美观
4. **输出结果**：
   - 新文件已保存为"/mnt/data/健康中国行动计划表_格式化.xlsx"
   - 原始数据完全保留，仅调整了格式设置

如果需要进一步调整格式或分析表格数据，请告诉我您的具体需求。

点击下方链接导出对应文件：
健康中国行动计划表_格式化.xlsx

图 4-31　输出结果

（5）单击生成内容中的链接，弹出"下载内容"对话框，如图 4-32 所示。

图 4-32　"下载内容"对话框

（6）双击"健康中国行动计划表_格式化.xlsx"文档，打开"健康中国行动计划表_格式化"工作簿，如图 4-33 所示。

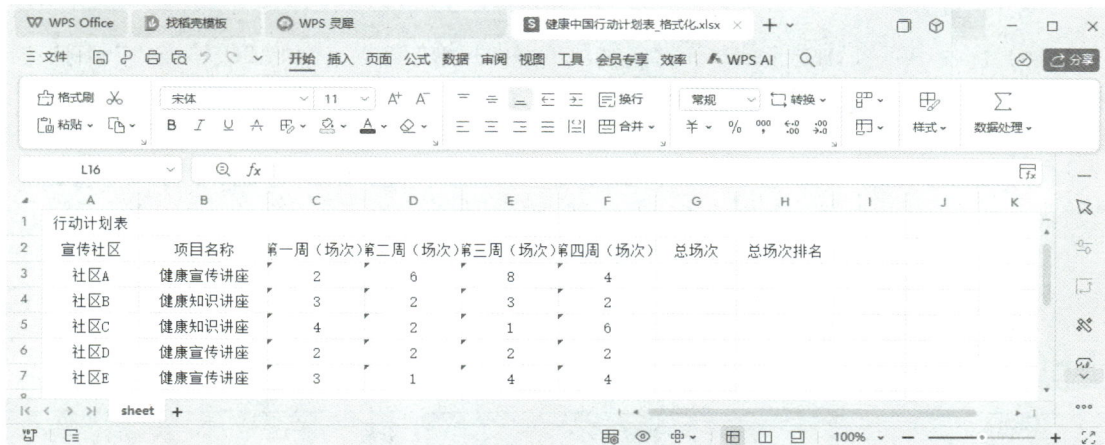

图 4-33　打开"健康中国行动计划表_格式化"工作簿

（7）选中 C 列到 F 列，单击"开始"选项卡"行和列"下拉列表中的"最适合的列宽"命令，以合适的列宽显示文本，结果如图 4-34 所示。

图 4-34　调整列宽

（8）选中 A1:H1 区域，单击"开始"选项卡"合并"下拉列表中的"合并居中"命令，合并单元格并使文本居中显示。单击"开始"选项卡中的"加粗"按钮**B**，加粗文字，如图 4-35 所示。

▲	A	B	C	D	E	F	G	H
1				行动计划表				

图 4-35　合并单元格并加粗文字

（9）选中 C3:F7 区域，单击该区域左上角的"错误警告"下拉按钮 ，弹出"错误警告"下拉列表，如图 4-36 所示。单击"转换为数字"选项，消除错误警告，结果如图 4-37 所示。

第一周（场次）	第二周（场次）	第三周（场次）	第四周（场次）
2	6	8	4
3	2	3	2
4	2	1	6
2	2	2	2
3	1	4	4

图 4-36　"错误警告"下拉列表　　　　图 4-37　消除错误警告

（10）选中 A1 到 H7 全部单元格区域，单击"开始"选项卡中的"表格样式"下拉按钮 表格样式，在打开的下拉样式列表中选择主题颜色为"绿色"，然后单击"表样式 8"，打开"套用表格样式"对话框，单击"确定"按钮，完成表样式的套用。

（11）双击工作表名称标签"sheet"，输入新的名称为"'健康中国'行动计划表"，按【Enter】键确认，更改工作表名称，最终结果如图 4-11 所示。

（12）单击"选择"选项卡中的"另存为"命令，打开"另存为"对话框，指定保存位置，输入文件名为"健康中国"行动计划表，采用默认文件类型，单击"保存"按钮，保存工作簿。

小组 评价

评价内容	评价标准	分值	教师评估
单元格、行与列的基本操作	可以熟练地设置行高与列宽	30	
数据输入	能够输入数据	30	
格式化工作表	熟悉格式化工作表的各个操作	40	
总分		100	

4.3　统计"'健康中国'行动计划表"

案例 描述

本案例将实现在 WPS Office 表格中统计"'健康中国'行动计划表"的数据。通过对本案例相关知识的学习和实践，要求学生掌握 WPS Office 表格中单元格的引用、输入与编写公式，函数的使用，最终完成"'健康中国'行动计划表"的数据统计，效果如图 4-38 所示。

	A	B	C	D	E	F	G	H
1	行动计划表							
2	宣传社区	项目名称	第一周（场次）	第二周（场次）	第三周（场次）	第四周（场次）	总场次	总场次排名
3	社区A	健康宣传讲座	2	6	8	4	20	1
4	社区B	健康知识讲座	3	2	3	2	10	4
5	社区C	健康知识讲座	4	2	1	6	13	2
6	社区D	健康宣传讲座	2	2	2	2	8	5
7	社区E	健康宣传讲座	3	1	4	4	12	3

图 4-38 统计后的"'健康中国'行动计划表"

创建 小组

全班根据实际情况进行分组，建议每组 3～5 人，各组选出组长，组长为组员分配任务并将分工和实施详情记录下来。在开始案例实施前，请全组成员查看知识链接的内容。请各组组长参考以下问题，组织组员收集和整理相关材料，并根据收集到的资料进行讨论。

问题：使用 AI 编写公式和手动编写公式各有什么优缺点？你认为在什么情况下更适合使用 AI 辅助编写公式？

知识 链接

4.3.1 单元格引用

单元格引用是指使用单元格地址标识公式中使用的数据的位置。该公式可以引用同一工作表中的单元格、同一工作簿中不同工作表的单元格，甚至其他工作簿中的单元格。使用引用可简化工作表的修改和维护流程。

默认情况下，WPS Office 使用 A1 引用样式，使用字母标识列（从 A 到 IV，共 256 列）和数字标识行（从 1 到 65536）标识单元格的位置，示例如表 4-2 所示。

表 4-2 A1 引用样式示例

引用区域	引用方式
列 E 和行 3 交叉处的单元格	E3
在列 E 和行 3 到行 10 之间的单元格区域	E3:E10
在行 5 和列 A 到列 E 之间的单元格区域	A5:E5
行 5 中的全部单元格	5:5
行 5 到行 10 之间的全部单元格	5:10
列 H 中的全部单元格	H:H
列 H 到列 J 之间的全部单元格	H:J
列 A 到列 E 和行 10 到行 20 之间的单元格区域	A10:E20

在 WPS Office 表格中，常用的单元格引用有 3 种类型，下面分别进行介绍。

1. 相对引用

相对引用是基于公式和单元格引用所在单元格的相对位置。

在公式中引用单元格时，可以直接输入单元格的地址，也可以单击该单元格。

例如，在计算第一个学生的总分时，可以直接在 I3 单元格中输入“=D3+E3+F3+G3+H3”，也可以在输入“=”后，单击 D3 单元格，然后输入加号“+”，再单击 E3 单元格，等等，一直+到 H3 单元格，如图 4-39 所示。按【Enter】键，得到计算结果。

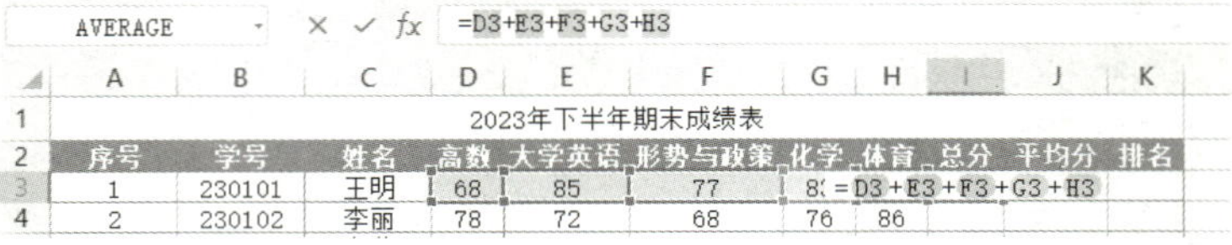

	A	B	C	D	E	F	G	H	I	J	K
1	2023年下半年期末成绩表										
2	序号	学号	姓名	高数	大学英语	形势与政策	化学	体育	总分	平均分	排名
3	1	230101	王明	68	85	77	8:	=D3+E3+F3+G3+H3			
4	2	230102	李丽	78	72	68	76	86			

图 4-39　在公式中引用单元格

如果公式所在单元格的位置改变，引用也随之自动调整。例如，使用填充手柄将 I3 单元格中的公式“=D3+E3+F3+G3+H3”复制到 I4 和 I5 单元格，I4 和 I5 单元格中的公式将自动调整为“=D4+E4+F4+G4+H4”和“=D5+E5+F5+G5+H5”，如图 4-40 所示。

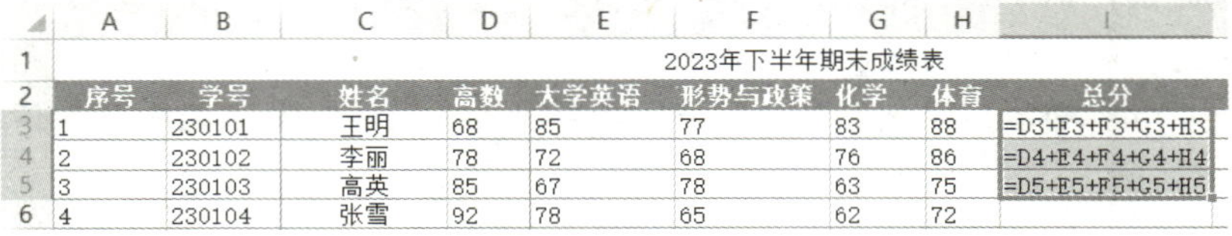

	A	B	C	D	E	F	G	H	I
1	2023年下半年期末成绩表								
2	序号	学号	姓名	高数	大学英语	形势与政策	化学	体育	总分
3	1	230101	王明	68	85	77	83	88	=D3+E3+F3+G3+H3
4	2	230102	李丽	78	72	68	76	86	=D4+E4+F4+G4+H4
5	3	230103	高英	85	67	78	63	75	=D5+E5+F5+G5+H5
6	4	230104	张雪	92	78	65	62	72	

图 4-40　复制相对引用的效果

提示： 默认情况下，单元格中显示的是计算结果，如果要查看单元格中输入的公式，可以双击单元格，或者选中单元格后在编辑栏中查看。

如果要查看的公式较多，可以在英文输入状态下，按【Ctrl+`】组合键，显示当前工作表中输入的所有公式。再次按【Ctrl+`】组合键，隐藏公式，显示所有单元格中公式计算的结果。

单击“公式”选项卡中的“显示公式”按钮 显示公式，也可以显示或隐藏单元格中的所有公式。

如果移动 F2:F4 单元格区域的公式，单元格中的公式不会变化。

2. 绝对引用

绝对引用中引用的地址是绝对的，不会随着公式位置的改变而改变。绝对引用在单元格地址的行、列引用前显示有绝对地址符“$”。

例如，将 I3 单元格中的公式“=SUM($D$3:$H$3)”复制到 I4:I5，可以看到 I4:I5 单元格中的公式也是“=SUM($D$3:$H$3)”，如图 4-41 所示。也就是说，复制绝对引用的公式后，公式中引用的仍然是原单元格数据。

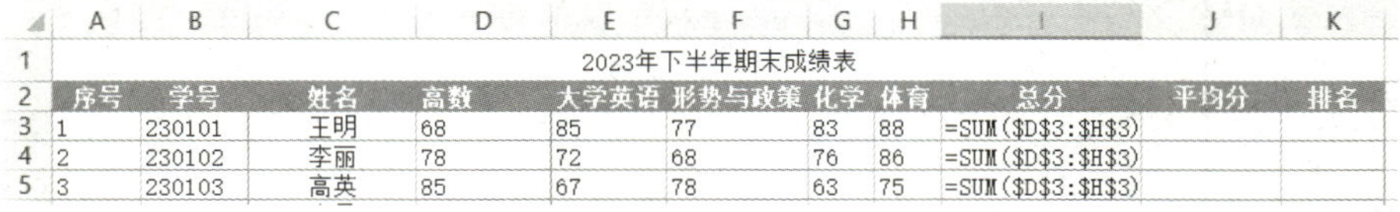

	A	B	C	D	E	F	G	H	I	J	K
1	2023年下半年期末成绩表										
2	序号	学号	姓名	高数	大学英语	形势与政策	化学	体育	总分	平均分	排名
3	1	230101	王明	68	85	77	83	88	=SUM($D$3:$H$3)		
4	2	230102	李丽	78	72	68	76	86	=SUM($D$3:$H$3)		
5	3	230103	高英	85	67	78	63	75	=SUM($D$3:$H$3)		

图 4-41　复制包含绝对引用的公式

如果移动包含绝对引用的公式，单元格中的公式不会变化。

3. 混合引用

混合引用与绝对引用类似，不同的是单元格引用中有一项为绝对引用，另一项为相对引用，因此，可分为绝对引用行（采用 A$1、B$1 等形式）和绝对引用列（采用$A1、$B1 等形式）。

如果复制混合引用，相对引用自动调整，而绝对引用不变。例如，如果将一个混合引用"=B$3"从 E3 复制到 F3，它将自动调整为"=C$3"；如果复制到 F4 单元格，也自动调整为"=C$3"，因为列为相对引用，行为绝对引用。

如果移动混合引用，公式不会变化。

4.3.2　输入与编辑公式

在 WPS Office 表格中，可以使用公式对工作表数据进行各种计算。公式的使用方法有以下三种。

1．直接输入公式

（1）选中要输入公式的单元格。

（2）在单元格或编辑栏中输入"="，然后在"="后输入公式内容。例如，输入"=20*50"，表示求两个数相乘的积，如图 4-42 所示。

注意：输入公式时如果不以等号开头，WPS Office 会将输入的公式作为单元格内容填入单元格。如果公式中有括号，必须在英文状态或者是半角中文状态下输入。

（3）按【Enter】键或者单击编辑栏中的"输入"按钮✓，即可在单元格中得到计算结果，在编辑栏中仍然显示输入的公式，如图 4-43 所示。

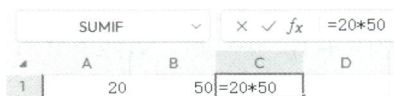

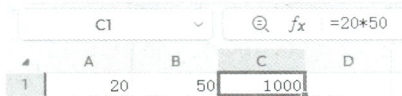

图 4-42　输入公式　　　　　　　　　图 4-43　得到计算结果

2．选择单元格输入公式

（1）选中要输入公式的单元格。

（2）在单元格或编辑栏中输入"="，表示开始输入公式。单击 A1 单元格，此时单元格周围出现虚框，同时 A1 出现在等号后面。输入运算符"*"，再单击 B1 单元格，此时单元格和编辑栏出现公式=A1*B1，如图 4-44 所示。

图 4-44　选择单元格输入公式

（3）按【Enter】键确认，或者单击编辑栏中的"输入"按钮✓，完成公式输入。

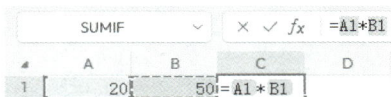

3．复制公式

WPS Office 表格中的公式可以进行复制。公式复制就是将一个单元格内的公式应用到其他需要相似公式的单元格中。复制公式时可以使用拖动填充柄的方式，也可以使用"复制→粘贴"的方式。

使用填充柄复制公式的操作方法如下。

（1）选定含有公式的单元格，比如，C1 单元格，将鼠标指针移到单元格右下角，指标显示为黑色十字形＋。

（2）按住左键向下拖动，至 C3 单元格时释放鼠标，即可完成公式的复制，如图 4-45 所示。

如果需要在单元格中直接显示公式，单击"公式"选项卡中的"显示公式"按钮 fx 显示公式，表格中所有使用公式的单元格将以公式的形式显示，如图 4-46 所示。

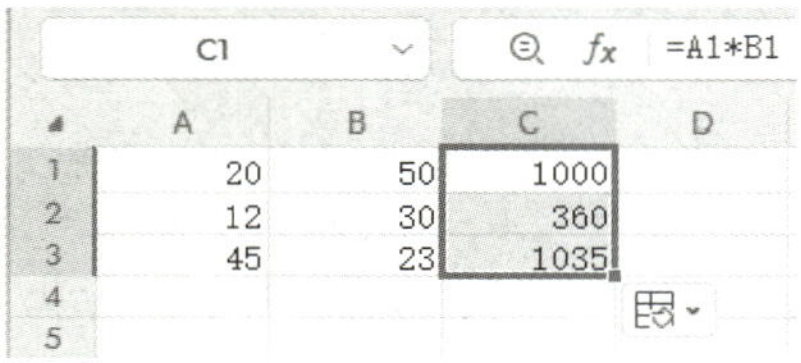

图 4-45　复制公式

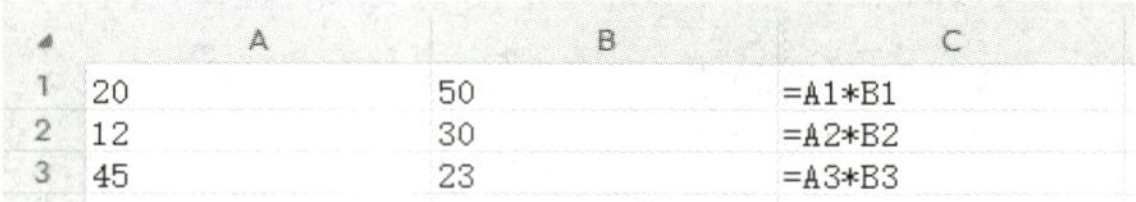

图 4-46　显示公式

提示：在单元格中输入公式时，一般以"="开头。

4. 修改公式

公式和普通数据一样可以进行修改。选定要修改公式的单元格，用鼠标在编辑栏上定位光标，或者直接双击单元格，进入编辑状态即可进行修改，按【Enter】键完成修改。

4.3.3　使用函数

1. 常用函数

1）SUM 函数

- 函数名称：SUM
- 主要功能：计算所有参数数值的和。
- 使用格式：SUM(Number1,Number2,…)
- 参数说明：Number1,Number2,…代表需要计算的值或单元格（区域）。
- 应用举例：在 B8 单元格中输入公式：=SUM(D3:H3)，确认后，即可求出 D3 至 H3 区域的总和。

2）AVERAGE 函数

- 函数名称：AVERAGE
- 主要功能：求出所有参数的算术平均值。
- 使用格式：AVERAGE(number1,number2,…)
- 参数说明：number1,number2,…代表需要求平均值的数值或引用单元格（区域），参数不超过 30 个。
- 应用举例：在 B8 单元格中输入公式：=AVERAGE(B7:D7,F7:H7,7,8)，确认后，即可求出 B7 至 D7 区域、F7 至 H7 区域中的数值和 7、8 的平均值。
- 特别提醒：如果引用区域中包含"0"值单元格，则计算在内；如果引用区域中包含空白或字符单元格，则不计算在内。

3）MAX 函数

- 函数名称：MAX
- 主要功能：求出一组数中的最大值。
- 使用格式：MAX(number1,number2,…)
- 参数说明：number1,number2,…代表需要求最大值的数值或引用单元格（区域），参数不超过 30 个。
- 应用举例：输入公式：=MAX(E44:J44,7,8,9,10)，确认后即可显示出 E44 至 J44 单元格区域和数值 7，8，9，10 中的最大值。
- 特别提醒：如果参数中有文本或逻辑值，则忽略。

4）MIN 函数

- 函数名称：MIN
- 主要功能：求出一组数中的最小值。
- 使用格式：MIN(number1,number2,…)
- 参数说明：number1,number2,…代表需要求最小值的数值或引用单元格（区域），参数不超过 30 个。
- 应用举例：输入公式：=MIN(E44:J44,7,8,9,10)，确认后即可显示出 E44 至 J44 单元和区域和数值 7，8，9，10 中的最小值。
- 特别提醒：如果参数中有文本或逻辑值，则忽略。

5）IF 函数

- 函数名称：IF
- 主要功能：根据对指定条件的逻辑判断的真假结果，返回相对应的内容。
- 使用格式：=IF(Logical,Value_if_true,Value_if_false)
- 参数说明：Logical 代表逻辑判断表达式；Value_if_true 表示当判断条件为逻辑"真（TRUE）"时的显示内容，如果忽略，则返回"TRUE"；Value_if_false 表示当判断条件为逻辑"假（FALSE）"时的显示内容，如果忽略，则返回"FALSE"。
- 应用举例：在 C29 单元格中输入公式：=IF(C26>=18,"符合要求","不符合要求")，如果 C26 单元格中的数值大于或等于 18，则 C29 单元格显示"符合要求"字样，反之显示"不符合要求"字样。
- 特别提醒：本文中类似"在 C29 单元格中输入公式"中指定的单元格，读者在使用时，并不需要受其约束，此处只是配合本文所附的实例需要而给出的相应单元格，具体请大家参考所附的实例文件。

6）COUNT 函数

- 函数名称：COUNT
- 主要功能：统计所有参数中包含的数值的单元格个数。
- 使用格式：COUNT(number1,number2,…)
- 参数说明：number1,number2,…代表需要统计的数值或引用单元格（区域），参数不超过 30 个。
- 应用举例：在 B8 单元格中输入公式：=COUNT(B2:D8)，确认后，即可求出 B2 至 D8 区域中所有数值型数据的个数。
- 特别提醒：如果引用区域中包含空白或字符单元格，则不统计在内。

7）COUNTIF 函数

- 函数名称：COUNTIF
- 主要功能：统计某个单元格区域中符合指定条件的单元格数目。
- 使用格式：COUNTIF(Range,Criteria)
- 参数说明：Range 代表要统计的单元格区域；Criteria 表示指定的条件表达式。
- 应用举例：在 C15 单元格中输入公式：=COUNTIF(C1:C12,">=90")，确认后，即可统计出 C1 至 C12 单元格区域中，数值大于等于 90 的单元格数目。
- 特别提醒：允许引用的单元格区域中有空白单元格出现。

8）RANK 函数

- 函数名称：RANK
- 主要功能：返回某一数值在一列数值中的相对于其他数值的排位。
- 使用格式：RANK(Number,ref,order)
- 参数说明：Number 代表需要排序的数值；ref 代表排序数值所处的单元格区域；order 代表排序方式参数（如果为"0"或者忽略，则按降序排名，即数值越大，排名结果数值越小；如果为非"0"值，则按升序排名，即数值越大，排名结果数值越大;）。
- 应用举例：如在 C2 单元格中输入公式：=RANK(B2,\$B\$2:\$B\$31,0)，确认后即可得出丁一同学的语文成绩在全班成绩中的排名结果。
- 特别提醒：在上述公式中，Number 参数为相对引用形式，而 ref 参数为绝对引用形式（增加了一个"\$"符号），这样设置后，选中 C2 单元格，将鼠标移到该单元格右下角鼠标变成填充柄时，按住左键向下拖拉，即可将上述公式快速复制到 C 列下面的单元格中，完成其他同学语文成绩的排名统计。

2. 插入函数

（1）选中要输入函数的单元格。

（2）在编辑栏中单击"插入函数"按钮 *fx*，或单击"公式"选项卡中的"插入"按钮 *fx*，打开如图 4-47 所示的"插入函数"对话框。

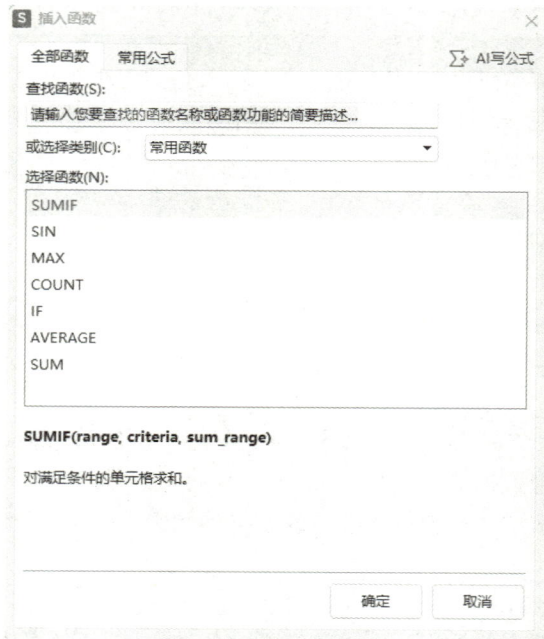

图 4-47 "插入函数"对话框

（3）在"选择类别"下拉列表框中选择需要的函数类别，然后在"选择函数"列表框中选择需要的函数，在对话框底部可以查看对应函数的语法和说明。

提示：如果对需要使用的函数不太了解或者不会使用，可以在"插入函数"对话框顶部的"查找函数"文本框中输入一条自然语言，例如，"排名"，在"选择函数"列表框中可能看到相关的函数列表，如 RANK、RANK.AVG、RANK.EQ。

（4）单击"确定"按钮，打开如图 4-48 所示的"函数参数"对话框。输入参数的单元格名称或单元格区域，或者单击数值文本框右侧的 按钮，在工作表中选中参数所在的数据区域。

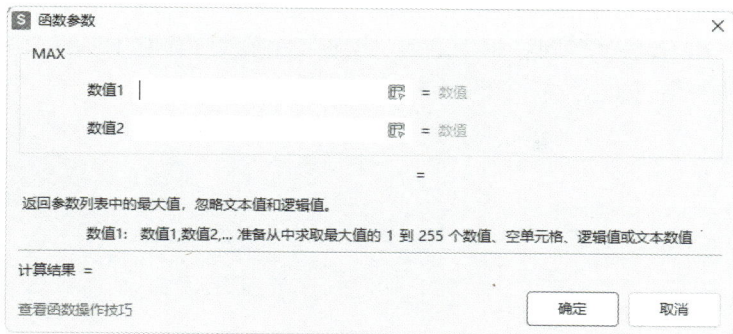

图 4-48　"函数参数"对话框

（5）参数设置完成后，单击"确定"按钮，即可输入函数，并得到计算结果。

案例 实施

（1）启动 WPS Office，单击"WPS Office"页面上的"打开"按钮 打开，打开"打开文件"对话框，选择"'健康中国'行动计划表"文件，单击"打开"按钮，打开"'健康中国'行动计划表"工作簿。

（2）选中 G3 单元格，在单元格中输入公式"=C3+D3+E3+F3"，按【Enter】键，或单击编辑栏中的"输入"按钮 ✓，得到社区 A 四周举办讲座的总场次，如图 4-49 所示。

图 4-49　利用公式求总场次

（3）选中 G3 单元格，将鼠标指针移到 G3 单元格右下角的"填充手柄"上，指标显示为黑色十字形 ✚，按住左键，向下拖动到 G7 单元格，计算出每个社区四周举办讲座的总场次，如图 4-50 所示。

图 4-50　计算每个社区四周举办讲座的总场次

（4）选中 F7 单元格，单击"开始"选项卡中的"格式刷"按钮 格式刷，单击 G7 单元格，补全表格。

（5）选中 H3 单元格，单击"WPS AI"选项卡中的"AI 写公式"按钮 ，弹出"AI 写公式"对话框，在"AI 写公式"对话框中输入"根据 G3 到 G7 计算 H3 的排名"，如图 4-51 所示，单击发送按钮 ，生成公式，如图 4-52 所示。

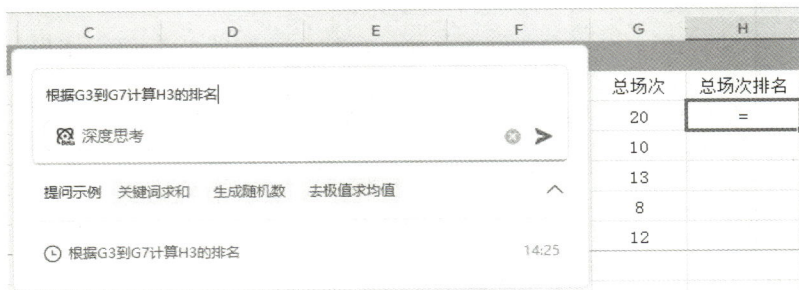

图 4-51　在"AI 写公式"对话框中输入提示词

图 4-52　WPS AI 生成的公式

（6）单击"完成"按钮，启用公式。

（7）选中 H3 单元格，将鼠标指针移到 H3 单元格右下角的"填充手柄"上，指标显示为黑色十字形 ，按住左键，向下拖动到 H7 单元格，计算出每个社区四周举办讲座的总场次排名，结果如图 4-53 所示。

	A	B	C	D	E	F	G	H
1	行动计划表							
2	宣传社区	项目名称	第一周（场次）	第二周（场次）	第三周（场次）	第四周（场次）	总场次	总场次排名
3	社区A	健康宣传讲座	2	6	8	4	20	1
4	社区B	健康知识讲座	3	2	3	2	10	4
5	社区C	健康知识讲座	4	2	1	6	13	2
6	社区D	健康宣传讲座	2	2	2	2	8	5
7	社区E	健康宣传讲座	3	1	4	4	12	3

图 4-53　计算每个社区四周举办讲座的总场次排名

（8）选中 H7 单元格，单击"开始"选项卡"字体"选项组右下角的"字体设置"按钮 ，弹出"单元格格式"对话框，按照图 4-54 所示设置，单击"确定"按钮，补全表格，最终结果如图 4-38 所示。

图 4-54 设置"单元格格式"对话框

（9）单击"快速访问工具栏"中的"保存"按钮，保存工作簿。

小组 评价

评价内容	评价标准	分值	教师评估
单元格引用	能够进行单元格引用	30	
输入与编写公式	能够输入并编写公式	40	
使用函数	能够插入函数	30	
总分		100	

4.4 管理并分析"'健康中国'行动计划表"

案例 描述

本案例将实现在 WPS Office 表格中管理并分析"'健康中国'行动计划表"。通过对本案例相关知识的学习和实践，要求学生掌握 WPS Office 表格中数据的排序与汇总、分类汇总功能的使用、使用图表与数据透视图表分析数据，最终完成"'健康中国'行动计划表"的管理与分析，效果如图 4-55 所示。

行动计划表

宣传社区	项目名称	第一周（场次）	第二周（场次）	第三周（场次）	第四周（场次）	总场次	总场次排名
社区A	健康宣传讲座	2	6	8	4	20	1
社区E	健康宣传讲座	3	1	4	4	12	3

社区讲座次数统计表

■第四周（场次）　■第三周（场次）　■第二周（场次）　■第一周（场次）

项目名称	（全部）			
宣传社区	求和项:第一周（场次）	求和项:第三周（场次）	求和项:第四周（场次）	求和项:第二周（场次）
社区A	2	8	4	6
社区B	3	2	2	2
社区C	4	1	6	2
社区D	2	2	2	2
社区E	3	4	4	1
总计	14	18	18	13

行动计划表

宣传社区	项目名称	第一周（场次）	第二周（场次）	第三周（场次）	第四周（场次）	总场次	总场次排名
社区A	健康宣传讲座	2	6	8	4	20	1
社区D	健康宣传讲座	2	2	2	2	8	5
社区E	健康宣传讲座	3	1	4	4	12	3
	健康宣传讲座 平均	2.333333333	3	4.666666667	3.333333333		
社区B	健康知识讲座	3	2	2	2	10	4
社区C	健康知识讲座	4	2	1	6	13	2
	健康知识讲座 平均	3.5	2	2	4		
	总平均值	2.8	2.6	3.6	3.6		

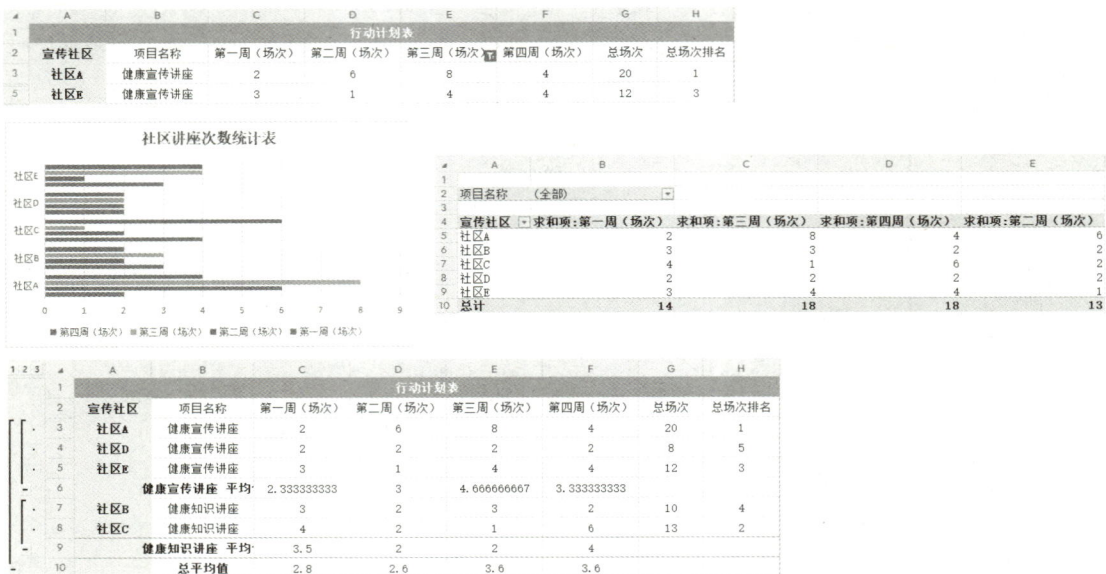

图 4-55　管理并分析后的"'健康中国'行动计划表"

创建 小组

全班根据实际情况进行分组，建议每组 3～5 人，各组选出组长，组长为组员分配任务并将分工和实施详情记录下来。在开始案例实施前，请全组成员查看知识链接的内容。请各组组长参考以下问题，组织组员收集和整理相关材料，并根据收集到的资料进行讨论。

问题 1：分类汇总的意义是什么？为什么在分类汇总前需要先对数据进行排序？

问题 2：数据透视表是如何帮助我们快速分析大量数据的？

知识 链接

4.4.1 数据排序

现实生活和工作中，排序对于数据分析与应用非常重要。我们经常要将数据按从小到大或者按从大到小进行排序。例如，班上学生成绩排名、每日股票的涨跌排名等等。

WPS Office 表格默认根据单元格中的数据值进行排序，在按升序排序时，遵循以下规则：

- 文本以及包含数字的文本按 0～9～a～z～A～Z 的顺序排序。如果两个文本字符串除了连字符不同，其余都相同，则带连字符的文本排在后面。
- 按字母先后顺序对文本进行排序时，从左到右逐个字符进行排序。
- 在逻辑值中，False 排在 True 前面。
- 所有错误值的优先级相同。
- 空格始终排在最后。

提示： 在 WPS Office 表格中排序时可以指定是否区分大小写。在对汉字排序时，既可以根据汉语拼音的字母顺序进行排序，也可以根据汉字的笔画顺序进行排序。

在按降序排序时，除了空白单元格总是在最后以外，其他的排列次序反转。

1. 按关键字排序

所谓按关键字排序，是指按数据表中的某一列的字段值进行排序，是排序中最常用的一种排序方法。

（1）单击待排序数据列中的任意一个单元格。

（2）单击"数据"选项卡中"排序"下拉列表中的"升序"按钮 $\underset{\downarrow}{A}$ 或"降序"按钮 $\underset{\downarrow}{\exists}$，即可根据关键字按指定的顺序对工作表中的数据行重新进行排列。

按单个关键字进行排序时，经常会遇到两个或多个关键字相同的情况。如果在排序后的数据表中单击第二个关键字所在列的任意一个单元格，重复步骤（2），数据表将按指定的第二个关键字重新进行排序，而不是在原有基础上进一步排序。

（3）针对多关键字排序，WPS Office 提供了"排序"对话框，不仅可以按多行或多列排序，还可以依据拼音、笔画、颜色或条件格式图标排序。选中数据表中的任一单元格，单击"数据"选项卡中"排序"下拉列表中的"自定义排序"按钮 $\underset{=}{A}$，打开"排序"对话框，设置主要关键字、排序依据和排序方式，如图 4-56 所示。

图 4-56　"排序"对话框

（4）单击"添加条件"按钮，添加一行次要关键字条件，用于设置次要关键字、排序依据和排序方式，如图 4-57 所示。

图 4-57　添加条件

（5）单击"下移"按钮 ⇩ 或"上移"按钮 ⇧，调整主要关键字和次要关键字的次序。

（6）如果需要添加多个次要关键字，重复步骤（3），设置关键字、排序依据和排序方式。

（7）如果要利用同一关键字按不同的依据排序，可以选中已定义的条件，然后单击"复制条件"按钮，并修改条件。

（8）如果要删除某个排序条件，选中该条件后单击"删除条件"按钮。

（9）设置完成后，单击"确定"按钮关闭对话框，即可完成排序操作。

2. 自定义条件排序

在实际应用中，有时需要将工作表数据按某种特定的顺序排列。

（1）在"排序"对话框的"主要关键字"列表中选择排序的关键字，"排序依据"选择"数值"，然后在"次序"下拉列表中选择"自定义序列"，打开"自定义序列"对话框。

注意：自定义排序只能作用于"主要关键字"下拉列表框中指定的数据列。

（2）在"自定义序列"列表框中选择"新序列"，在"输入序列"文本框中输入序列项，序列项之间用【Enter】键分隔，如图 4-58 所示。

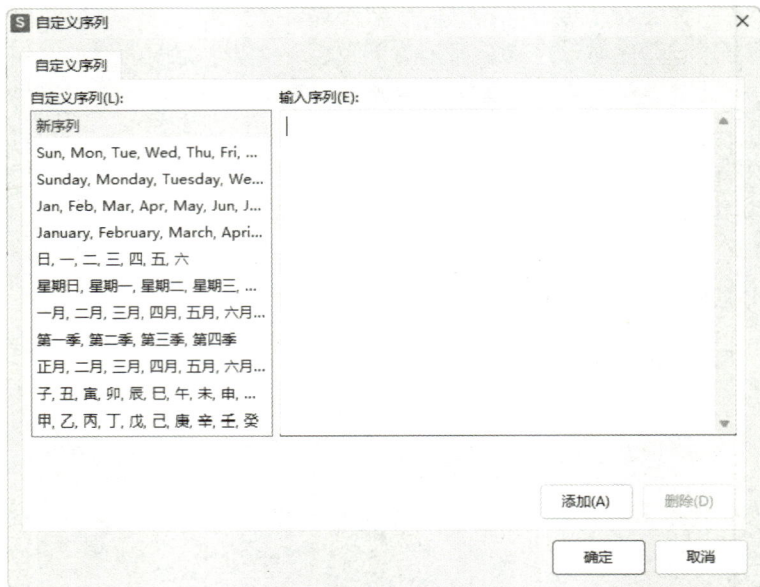

图 4-58 "自定义序列"对话框

（3）序列输入完成后单击"添加"按钮，将输入的序列添加到"自定义序列"列表框中，且新序列自动处于选中状态。然后单击"确定"按钮返回"排序"对话框，可以看到排列次序指定为创建的序列。

（4）单击"确定"按钮，即可按指定序列排序。

4.4.2 筛选数据

如果数据表内容较多，包括成千上万甚至更大的行或列的单元格数据，想要查找某个数据十分困难。但是 WPS Office 为用户提供了两种筛选数据的方法：一种是自动筛选，另一种是高级筛选，使用户在很短的操作时间内就可以查询出满足条件的记录信息。

1. 自动筛选

自动筛选是对单个字段所建立的筛选，或多个字段之间通过"逻辑与"的关系建立的筛选。执行自动筛选功能时，所选数据区域的顶行各列（不一定是列标题）单元格数据旁边均出现一个下拉按钮 ▾，用户以选定区域内所属列的信息为自定义条件建立筛选，然后在当前数据表位置上只显示出符合筛选条件的记录。

（1）选中要筛选数据的单元格区域。

如果数据表的首行为标题行，可以单击数据表中的任意一个单元格。

（2）单击"数据"选项卡中的"筛选"按钮 ▽，数据表的所有列标识右侧会显示一个下拉按钮 ▾。

（3）单击筛选条件对应的列标题右侧的下拉按钮 ▾，在打开的下拉列表中选择要筛选的内容，如图 4-59 所示，取消勾选"全选"复选框可取消筛选。

图 4-59 设置筛选条件

如果当前筛选的数据列中为单元格设置了多种颜色，可以切换到"颜色筛选"选项卡按单元格颜色进行筛选。

（4）单击自动筛选下拉列表顶部的"升序"、"降序"或"颜色排序"按钮，对筛选结果进行排序。

（5）单击"确定"按钮，即可显示符合条件的筛选结果。

（6）自动筛选时，可以设置多个筛选条件。在其他数据列中重复第（3）步～第（5）步，指定筛选条件。

提示：如果设置筛选条件后，在数据表中添加或修改了一些数据行，单击"数据"选项卡中的"重新应用"按钮 重新应用，可更新筛选结果。

单击"数据"选项卡中的"全部显示"按钮 全部显示，取消筛选，显示数据表中的所有数据行。

2. 高级筛选

对于数据清单"自动筛选"的各字段之间设定的筛选条件关系是"逻辑与"的关联关系，只显示同时满足各个条件的数据记录。若要实现各个字段之间"逻辑或"的关系，显示出至少满足一个字段筛选条件的数据记录集，那就要用高级筛选的功能实现。

（1）创建条件区域

使用高级筛选需要建立条件区域。条件区域是指在数据清单以外任意单元格位置开始建立的一组存放筛选条件、用于高级筛选功能实现的数据区域。条件区域应至少由两行组成：首行为列标题字段，该字段一定要与原数据清单中相应字段精确地匹配；从第二行开始为逻辑判断关系的筛选条件。处于同行的条件在筛选时按"逻辑与"处理；处于不同行的条件在筛选时按"逻辑或"处理。筛选结果既可以显示在原数据清单位置，也可以显示在工作表中其他位置。在进行"高级筛选"操作之前，我们必须把条件区域建立好。建立条件区域的方法如下。

① 按列建立用于存放筛选条件的列标题，各列标题之间要同处一行并左右紧靠，各列标题文字要保证与原数据清单中相应的列标题精确匹配，不能有任何差别，否则 WPS Office 不能进行条件列标题的正确识别，必将导致错误的筛选结果。

② 在列标题下面输入查询条件。查询条件表达式一般由关系符号和数据常量组成。关系符号一般有>、<、<>、>=、<=，若要表示"等于"的关系，只需直接输入相关的数值即可（要注意 Excel 通常把"＝"理解为公式的开头从而导致错误）。一般关系符号表达的意义见表 4-3 所示。

表 4-3　一般关系符号表达的意义

使用的符号	表达的中文意义
>	大于一个给定的数值
<	小于一个给定的数值
>=	大于或等于一个给定的数值
<=	小于或等于一个给定的数值
<>	不等于一个给定的数值或者文本
不写符号（表示"="）	等于一个给定的数值或者文本

③ 列标题下如果需要两个以上的条件，那么筛选需求为"与"关系的条件必须放在同一行；对筛选需求为"或"关系的条件必须放在不同行的位置。

（2）单击"数据"选项卡"筛选"下拉列表中的"高级筛选"命令，打开如图 4-60 所示的"高级筛选"对话框。

（3）在"方式"区域选择保存筛选结果的位置。

● 在原有区域显示筛选结果：将筛选结果显示在原有的数据区域，筛选结果与自动筛选结果相同。

● 将筛选结果复制到其他位置：在保留原有数据区域的同时，将筛选结果复制到指定的单元格区域显示。

（4）"列表区域"文本框自动填充数据区域，单击右侧的 按钮可以在工作表中重新选择筛选的数据区域。

（5）单击"条件区域"文本框右侧的 按钮，在工作表中选择条件区域所在的单元格区域，选择时应包含条件列标志和条件。也可以直接输入条件区域的单元格引用。

图 4-60　"高级筛选"对话框

注意：输入条件区域的单元格引用时，必须使用绝对引用。

（6）选择"将筛选结果复制到其他位置"选项，单击"复制到"文本框右侧的 按钮，在工作表中选择筛选结果首行显示的位置。

（7）勾选"选择不重复的记录"复选框，不显示重复的筛选结果。

（8）设置完成后，单击"确定"按钮，即可在"复制到"文本框中指定的单元格区域开始显示筛选结果。

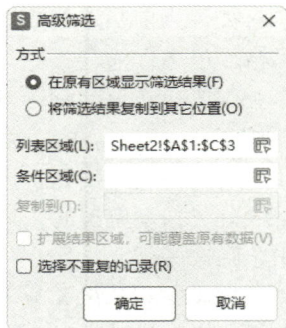

4.4.3　分类汇总

分类汇总，指对当前数据清单按指定字段进行分类，将相同字段值的记录分成一类，并进行求平均数、求和、计数、最大值、最小值等汇总的运算。通过分类汇总工具，我们可以准确高效地对给定数据进行分类汇总和分析，以提取有用的统计数据和创建数据报表。例如，仓库商品库存管理数据、销售管理数据、学生成绩统计与管理数据统计表。分类汇总可以分为简单分类汇总和嵌套分类汇总。

在进行分类汇总前，需要把要分类汇总的字段作为主要关键字在数据清单中进行排序，使字段值相同的记录排在相邻的行中，从而保证分类汇总统计数据的正确性。

（1）打开要进行分类汇总的数据表。

注意：WPS Office 根据列标题分组数据并进行汇总，因此进行分类汇总的数据表的各列应有列标题，并且没有空行或者空列。

（2）按汇总字段对数据表进行排序。选中要进行分类的列中的任意一个单元格，在"数据"选项卡中单击"升序"或"降序"按钮，对数据表进行排序。

按汇总列对数据表进行排序，可以将同类别的数据行组合在一起，便于对包含数字的列进行汇总。

（3）选中要进行汇总的数据区域，单击"数据"选项卡中的"分类汇总"按钮 ，打开如图 4-61 所示的"分类汇总"对话框。

（4）在"分类字段"下拉列表框中选择用于分类汇总的数据列标题。选定的数据列一定要与执行排序的数据列相同。

（5）在"汇总方式"下拉列表框中选择对分类进行汇总的计算方式。

（6）在"选择汇总项"列表框中选择要进行汇总计算的数值列。如果勾选多个复选框，可以同时对多列进行汇总。

（7）如果之前已对数据表进行了分类汇总，希望再次进行分类汇总时保留先前的分类汇总结果，则取消勾选"替换当前分类汇总"复选框。

（8）勾选"每组数据分页"复选框，分页显示每一类数据。

（9）单击"确定"按钮关闭对话框，即可看到分类汇总结果。

图 4-61 "分类汇总"对话框

单击"全部删除"按钮，可以将分类汇总数据清除，恢复到原始的数据表。

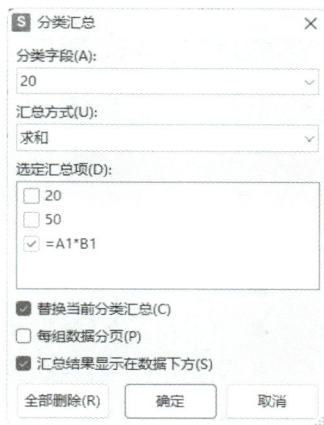

4.4.4 使用图表分析数据

1. 创建图表

图表用图形表示工作表数据之间的复杂关系，与表格数据相比，能更加直观、形象地反映数据的趋势和对比关系。

（1）选择要创建为图表的单元格区域，单击"插入"选项卡中的"图表"按钮 ，打开如图 4-62 所示的"图表"对话框。

在左侧窗格中可以看到 WPS Office 提供了丰富的图表类型，在右侧窗格中可以看到每种图表类型还包含一种或多种子类型。

选择合适的图表类型能恰当地表现数据，更清晰地反映数据的差异和变化。各种图表的适用情况简要介绍如下：

● 柱形图：簇状柱形图常用于显示一段时间内数据的变化，或者描述各项数据之间的差异。堆积柱形图用于显示各项数据与整体的关系。

● 折线图：以等间隔显示数据的变化趋势。

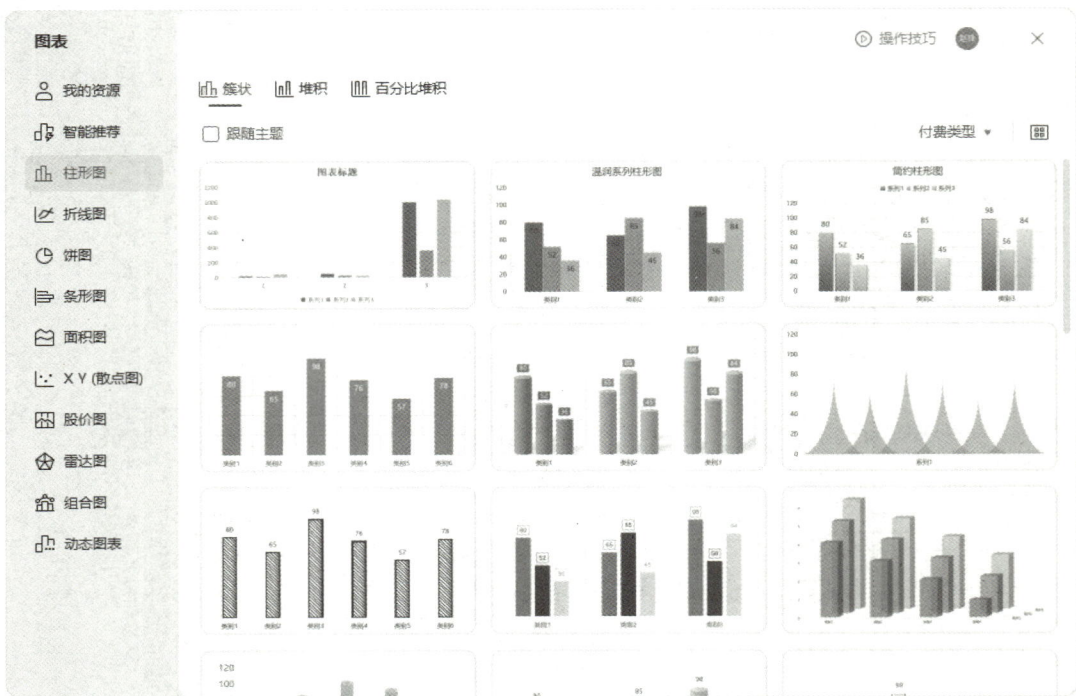

图 4-62　"图表"对话框

● 饼图：以圆心角不同的扇形显示某一数据系列中每一项数值与总和的比例关系。

● 条形图：显示特定时间内各项数据的变化情况，或者比较各项数据之间的差别。

● 面积图：强调数据随时间变化幅度。

● XY（散点图）：显示和比较数值，多用于科学数据。

● 股价图：描述股票价格走势，也可以用于科学数据。

注意：在制作股价图时，要注意数据源必须完整，而且排列顺序必须与图表要求的顺序一致。例如，要创建"成交量-开盘-盘高-盘低-收盘图"股价图，则选中的数据也应按照成交量、开盘、盘高、盘低、收盘价的顺序排列。

● 雷达图：用于比较若干数据系列的总和值。

● 组合图：用不同类型的图表显示不同的数据系列。

（2）选择需要的图表类型后，单击即可插入图表，如图 4-63 所示。

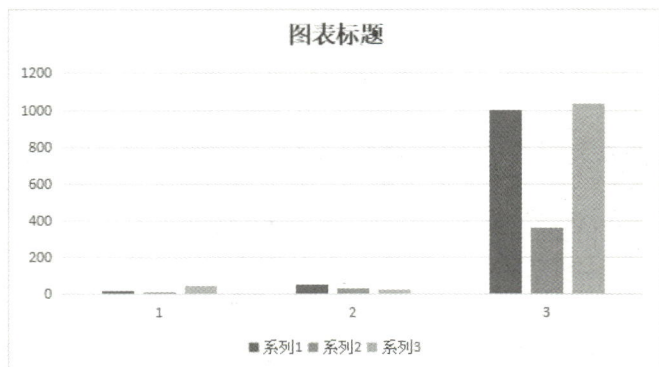

图 4-63　插入的图表

在编辑图表之前，有必要对图表的结构、相关术语和类型进行大致了解。

● 图表区：图表边框包围的整个图表区域。

● 绘图区：以坐标轴为界，包含全部数据系列在内的区域。

● 网格线：坐标轴刻度线的延伸线，以方便用户查看数据。主要网格线标示坐标轴上的主要间距，次要网格线可以标示主要间距之间的间隔。

● 数据标识：代表一个单元格值的条形、面积、圆点、扇面或其他符号，如图 4-63 中各种颜色的条形。相同样式的数据标识形成一个数据系列。

将鼠标停留在某个数据标识上，会显示该数据标识所属的数据系列、代表的数据点及对应的值，如图 4-64 所示。

● 数据系列：对应于数据表中一行或一列的单元格值。每个数据系列具有唯一的颜色或图案，使用图例标示。

● 分类名称：通常是行或列标题。

● 图例：用于标识数据系列的颜色、图案和名称。

● 数据系列名称：通常为行或列标题，显示在图例中。

图 4-64　显示数据标识的值及有关信息

2. 修改图表

如果创建的图表未满足需要，还可以更改图表类型、增加标题、调整大小、添加数据标识等。

1）调整图表的大小和位置

创建的图表与图形对象类似，选中图表，图表边框上会出现 8 个控制点。将鼠标指针移至控制点上，指针显示为双向箭头时，按住左键拖动，可调整图表的大小；将指针移到图表区或图表边框上，指针显示为四向箭头时，按住左键拖动，可以移动图表。

2）设置图表格式

创建图表后，通常会对图表的外观进行美化。WPS Office 已内置部分颜色方案和图表样式，可方便地设置图表格式。

（1）单击"图表工具"选项卡中的"基础图表预设"下拉按钮 ，打开下拉列表，在"选择预设系列配色"列表中单击一种颜色方案，图表中的数据系列颜色随之更改，如图 4-65 所示。

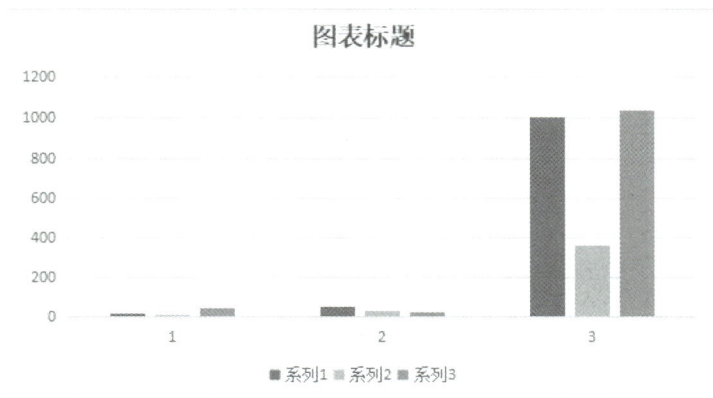

图 4-65　更改图表的颜色方案

（2）单击"图表工具"选项卡中的"更改类型"按钮 ，打开"更改图表类型"对话框，单击需要的样式，即可更改图表样式，如图 4-66 所示。

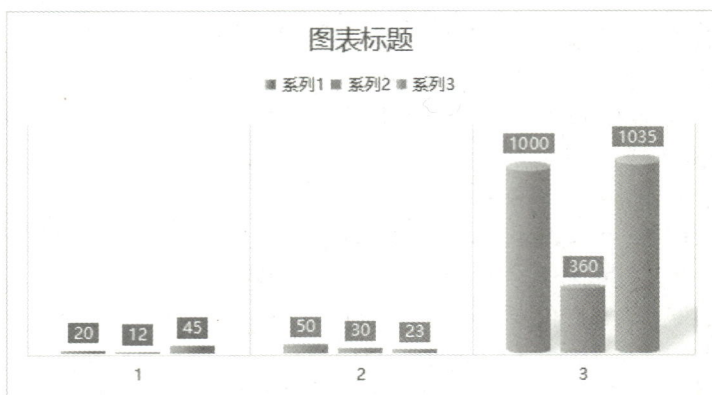

图 4-66　更改图表样式

单击图表右侧的"图表样式"按钮✐，打开如图 4-67 所示的"图表样式"下拉列表，也可以很方便地更改颜色方案，更改表格样式。

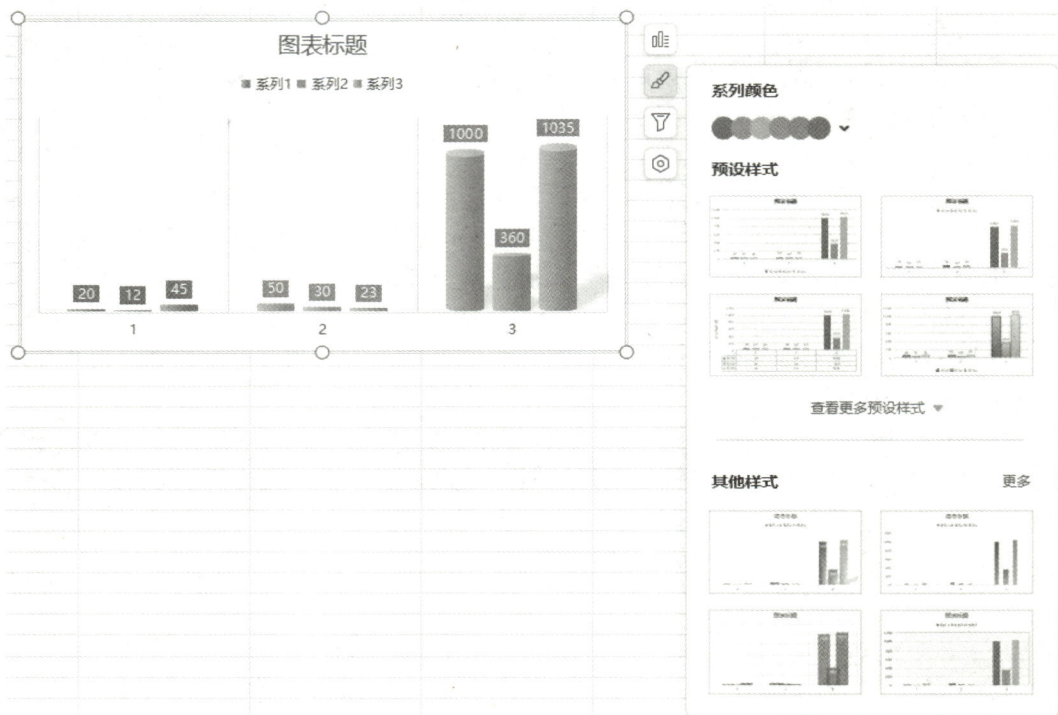

图 4-67　"图表样式"下拉列表

3. 编辑图表数据

创建图表后，可以随时根据需要在图表中添加、更改和删除数据。

（1）选中图表，单击"图表工具"选项卡中的"选择数据"按钮▦，打开如图 4-68 所示的"编辑数据源"对话框。

（2）单击"图表数据区域"文本框右侧的▦按钮，在工作表中重新选中要包含在图表中的数据。

（3）默认情况下，每列数据显示为一个数据系列。在"系列生成方向"下拉列表框中选择

"每行数据作为一个系列",将每行数据显示为一个数据系列。

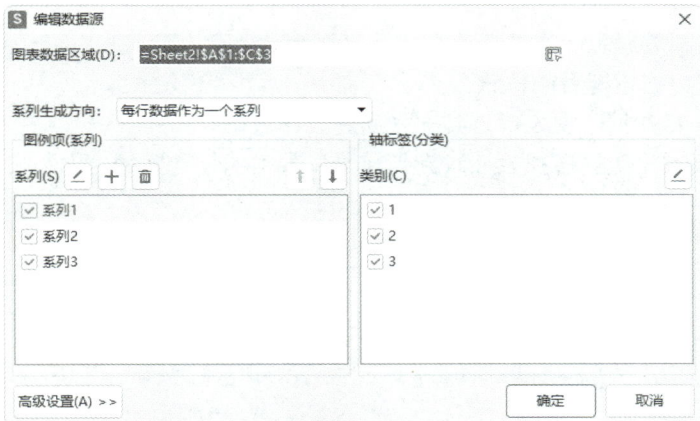

图 4-68 "编辑数据源"对话框

（4）在"系列"列表框右侧单击"编辑"按钮 ✓，在如图 4-69 所示的"编辑数据系列"对话框中进行更改，设置完成后，单击"确定"按钮关闭对话框，修改数据系列的名称和对应的值。

（5）单击"添加"按钮 ＋，在如图 4-70 所示的"编辑数据系列"对话框中指定系列名称和对应的系列值。设置完成后，单击"确定"按钮，即可在图表中显示添加的数据系列。

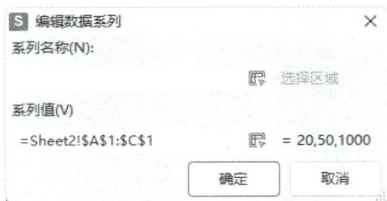

图 4-69 "编辑数据系列"对话框
（单击"编辑"按钮）

图 4-70 "编辑数据系列"对话框
（单击"添加"按钮）

（6）在"系列"列表框中选中要删除的数据序列，然后单击"删除"按钮 🗑，图表中对应的数据系列随之消失。

（7）在"类别"列表框中取消勾选不要显示的类别复选框，然后单击"确定"按钮，图表中仅显示指定分类的数据。

（8）单击"类别"列表框右侧的"编辑"按钮 ✓，在如图 4-71 所示的"轴标签"对话框中修改标签名称。设置完成后，单击"确定"按钮关闭对话框，修改类别轴的显示标签。

图 4-71 "轴标签"对话框

4.4.5 使用数据透视表分析数据

数据透视表是具有交互性的数据报表，可以汇总较多的数据，同时可以筛选各种汇总结果以便查看源数据的各种统计结果。使用切片器可以快速实现筛选功能。

（1）选中要创建数据透视表的单元格区域，即数据源。

（2）单击"数据"选项卡中的"数据透视表"按钮 🗂，打开如图 4-72 所示的"创建数据透视表"对话框。

（3）选中创建数据透视表的数据源。默认为选中的单元格区域，用户也可以自定义新的单元格区域、使用外部数据源或选择多重合并计算区域。

（4）选择放置数据透视表的位置。

● 新工作表：将数据透视表插入到一张新的工作表中。

● 现有工作表：将数据透视表插入到当前工作表中的指定区域。

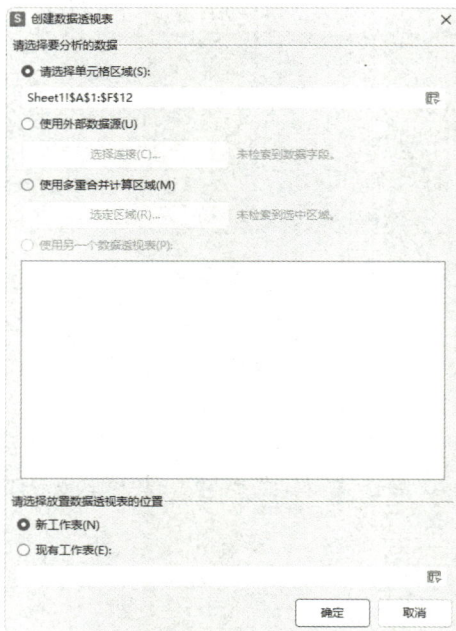

图 4-72 "创建数据透视表"对话框

（5）单击"确定"按钮，即可创建空白的透视表，工作表右侧显示"数据透视表"任务窗格，如图 4-73 所示，功能区显示"分析"选项卡。

图 4-73 创建空白数据透视表

提示：如果在新工作表中创建数据透视表，默认起始位置为 A3 单元格；如果在当前工作表中创建数据透视表，则起始位置为指定的单元格或区域。

（6）在“数据透视表”面板各个区域单击＋按钮，在打开的下拉列表中选中需要的字段，即可自动生成数据透视表。

创建数据透视表之后，如果要对数据透视表进行查看或编辑，需要先了解数据透视表的构成和相关的术语。

1. 数据透视表由字段、项和数据区域组成

1）字段

字段是从数据表中的字段衍生出的数据的分类，如图 4-74 中的“评定”“姓名”“产品 A”等。

字段包括页字段、行字段、列字段和数据字段。

- 页字段：用于对整个数据透视表进行筛选的字段，以显示单个项或所有项的数据。
- 行字段：指定为行方向的字段。
- 列字段：指定为列方向的字段。
- 数据字段：提供要汇总的数据值的字段。数据字段通常包含数字，用 SUM 函数汇总这些数据；也可包含文本，使用 COUNT 函数进行计数汇总。

	A	B	C
1	评定	(全部)	
2			
3	姓名	求和项:产品A	求和项:产品B
4	Jerry	33	32
5	Lily	35	32
6	Shally	23	29
7	Tom	30	28
8	Vian	24	36
9	总计	145	157

图 4-74　字段示例

2）项

项是字段的子分类或成员。例如，图 4-74 中的“Jerry”、“Lily”和“Shally”，以及其后的数据都是项。

3）数据区域

数据区域是指包含行和列字段汇总数据的数据透视表部分。例如，图 4-74 中 B4:C9 为数据区域。

2. 在透视表中筛选数据

利用数据透视表不仅可以很方便地按指定方式查看数据，并能查询满足特定条件的数据。

（1）单击筛选器所在的单元格右侧的下拉按钮▾，打开如图 4-75 所示的“筛选器”下拉列表。

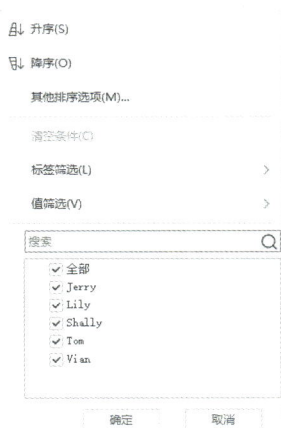

（2）单击选择要筛选的数据，单击“确定”按钮，数据透视表即可仅显示满足条件的数据。

（3）单击列标签右侧的下拉按钮，在如图 4-76 所示的“列标签”下拉列表中选择筛选数据，并设置筛选结果的排序方式，对列数据进行筛选。

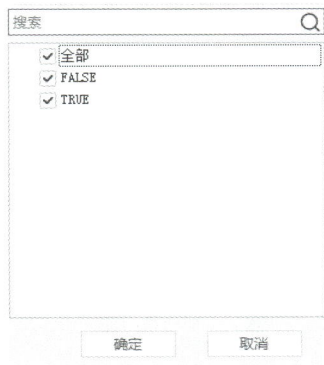

图 4-75　“筛选器”下拉列表

图 4-76　“列标签”下拉列表

除了可以严格匹配进行筛选，还可以对行列标签和单元格值指定范围进行筛选。选择"标签筛选"命令，打开如图 4-77 所示的级联菜单；选择"值筛选"命令，打开如图 4-78 所示的级联菜单。

清除筛选(C)

等于(E)…

不等于(N)…

开头是(I)…

开头不是(T)…

结尾是(J)…

结尾不是(H)…

包含(A)…

不包含(D)…

大于(G)…

大于或等于(O)…

小于(L)…

小于或等于(Q)…

介于(W)…

不介于(B)…

清除筛选(C)

等于(E)…

不等于(N)…

大于(G)…

大于或等于(O)…

小于(L)…

小于或等于(Q)…

介于(W)…

不介于(B)…

前 10 项(T)…

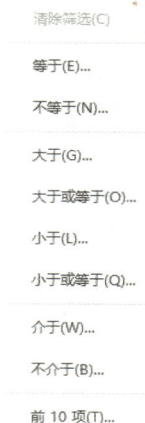

图 4-77 "标签筛选"级联菜单   图 4-78 "值筛选"级联菜单

（4）设置完成后，单击"确定"按钮，即可在数据透视表中显示筛选结果。

（5）使用筛选列数据的方法可以对行数据进行筛选。

3. 编辑数据透视表

创建数据透视表之后，可以根据需要修改行（列）标签和值字段名称、排序筛选结果，以及设置透视表选项。

1）修改数据透视表的行、列标签和值字段名称。

数据透视表的行、列标签默认为数据源中的标题字段，值字段通常显示为"求和项：标题字段"，可以根据查看习惯修改标签名称。

双击行、列标签所在的单元格，当单元格变为可编辑状态时，输入新的标签名称，然后按【Enter】键。

双击值字段名称打开如图 4-79 所示的"值字段设置"对话框，在"自定义名称"文本框中输入字段名称。在该对话框中还可以修改值字段的汇总方式，默认为"求和"。设置完成后，单击"确定"按钮关闭对话框。

2）设置数据透视表选项。

在数据透视表的任意位置右击，在弹出的右键菜单中选择"数据透视表选项"命令，打开如图 4-80 所示的"数据透视表选项"对话框。

在该对话框中可以设置数据透视表的名称、布局和格式、汇总和筛选方式、显示内容，以及是否保存、启用源数据和明细数据。

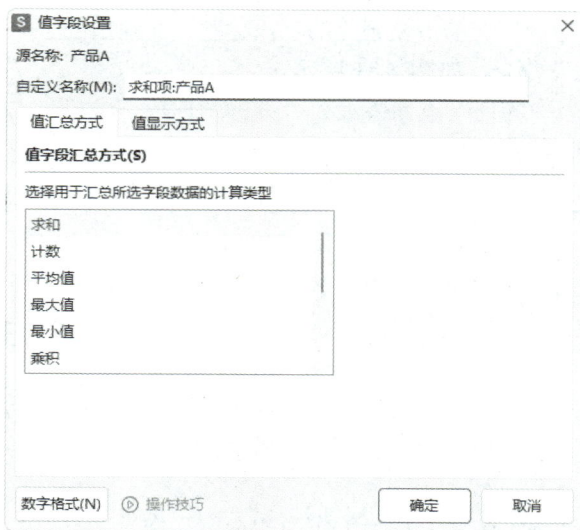

图 4-79　"值字段设置"对话框

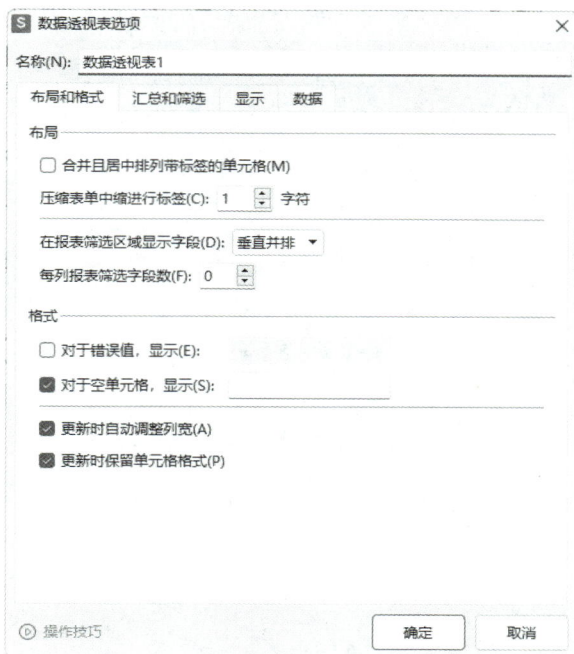

图 4-80　"数据透视表选项"对话框

4．删除数据透视表

使用数据透视表查看、分析数据时，可以根据需要删除数据透视表中的某些字段。如果不再使用数据透视表，可以删除整个数据透视表。

（1）打开数据透视表。右击数据透视表中的任一单元格，在弹出的右键菜单中选择"显示字段列表"命令，打开"数据透视表"面板。

（2）执行以下操作之一删除指定的字段：

● 在透视表字段列表中取消勾选要删除的字段复选框。

● 在"数据透视表区域"中单击要删除的字段标签，在弹出的菜单中
选择"删除字段"命令，如图 4-81 所示。

（3）选中数据透视表中的任一单元格，在"分析"选项卡中单击"删
除"按钮 ⊞ 删除 ，删除整个透视表。

4.4.6 打印工作表

（1）单击"文件"选项卡中的"打印"下拉列表中的"打印"命令，
或单击快速访问工具栏中的"打印"按钮 🖨，打开如图 4-82 所示"打印"
对话框。

（2）在"名称"下拉列表中选择电脑连接的打印机。

（3）若想打印全部表格，则勾选全部；若想指定打印某几页表格，则
输入页码范围即可。

（4）可以设置只打印选定区域、整个工作簿和选定工作表。

（5）如果需打印多份，则在"份数"数值框中设置打印的份数。

（6）如果要双面打印文档，则勾选"双面打印"复选框。

（7）单击"确定"按钮，即可开始打印。

上移(U)
下移(D)
移至首端(G)
移至尾端(E)
移动到报表筛选
添加到行标签
添加到列标签
移动到值
删除字段
值字段设置(N)...

图 4-81　选择"删除字段"命令

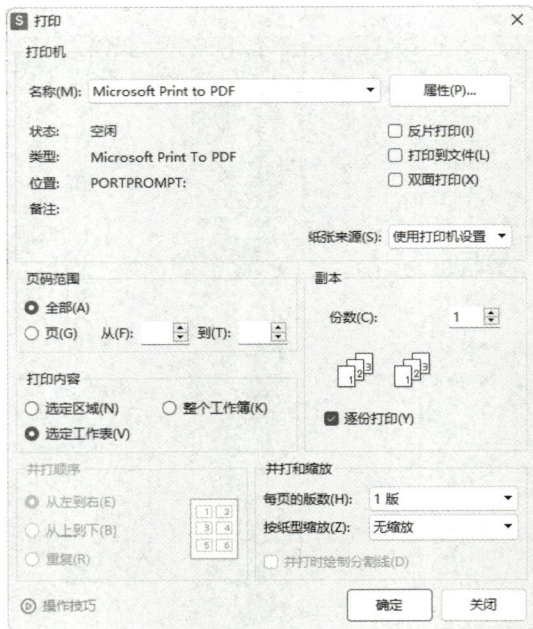

图 4-82　"打印"对话框

案例 实施

（1）启动 WPS Office，单击"WPS Office"页面上的"打开"按钮 🗁 打开，打开"打开文
件"对话框，选择"'健康中国'行动计划表"文件，单击"打开"按钮，打开"'健康中国'
行动计划表"工作簿。

（2）右击"'健康中国'行动计划表"名称标签，在弹出的快捷菜单中单击"创建副本"

选项，连续操作两次，将创建的副本工作表名称标签分别修改为"排序与筛选"和"图表分析"。

（3）切换到"排序与筛选"工作表，单击"总场次排名"数据列中的任意一个单元格，单击"数据"选项卡中"排序"下拉列表中的"升序"按钮，即可根据总场次排名的高低对数据行重新进行排列，结果如图 4-83 所示。

	A	B	C	D	E	F	G	H
1				行动计划表				
2	宣传社区	项目名称	第一周（场次）	第二周（场次）	第三周（场次）	第四周（场次）	总场次	总场次排名
3	社区A	健康宣传讲座	2	6	8	4	20	1
4	社区C	健康知识讲座	4	2	1	6	13	2
5	社区E	健康宣传讲座	3	1	4	4	12	3
6	社区B	健康知识讲座	3	2	3	2	10	4
7	社区D	健康宣传讲座	2	2	2	2	8	5

图 4-83　排序行动计划表

（4）选中 E2 到 E7 单元格区域，单击"数据"选项卡中的"筛选"按钮，"第三周（场次）"数据列标识右侧会显示一个下拉按钮。

（5）单击"第三周（场次）"数据列中的下拉按钮，在打开的下拉列表中只勾选大于等于 4 次的场次，单击"确定"按钮，结果如图 4-84 所示。

	A	B	C	D	E	F	G	H
1				行动计划表				
2	宣传社区	项目名称	第一周（场次）	第二周（场次）	第三周（场次）	第四周（场次）	总场次	总场次排名
3	社区A	健康宣传讲座	2	6	8	4	20	1
5	社区E	健康宣传讲座	3	1	4	4	12	3

图 4-84　筛选

（6）切换到"分类汇总"工作表，单击"项目名称"数据列中的任意一个单元格，单击"数据"选项卡中"排序"下拉列表中的"升序"按钮，重新进行排列行动计划表。

（7）选中 A2 到 F7 全部的单元格区域，单击"数据"选项卡中的"分类汇总"按钮，将弹出的"分类汇总"对话框按照图 4-85 所示设置，单击"确定"按钮，完成分类汇总，如图 4-86 所示。

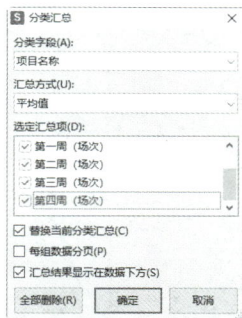

1 2 3		A	B	C	D	E	F	G	H
	1				行动计划表				
	2	宣传社区	项目名称	第一周（场次）	第二周（场次）	第三周（场次）	第四周（场次）	总场次	总场次排名
	3	社区A	健康宣传讲座	2	6	8	4	20	1
	4	社区D	健康宣传讲座	2	2	2	2	8	5
	5	社区E	健康宣传讲座	3	1	4	4	12	3
	6		健康宣传讲座 平均	2.333333333	3	4.666666667	3.333333333		
	7	社区B	健康知识讲座	3	2	3	2	10	4
	8	社区C	健康知识讲座	4	2	1	6	13	2
	9		健康知识讲座 平均	3.5	2	2	4		
	10		总平均值	2.8	2.6	3.6	3.6		

图 4-85　设置"分类汇总"对话框

图 4-86　分类汇总结果

（8）切换到"图表分析"工作表，选择 A2 到 F7 全部的单元格区域，单击"插入"选项卡中的"图表"按钮，打开"图表"对话框，在条形图页面中选择"簇状条形图"图表，在生成的条形图中双击"图表标题",将其修改为"社区讲座次数统计表"。

（9）选中图表，单击右侧"图表筛选器"按钮 ▽，在弹出的"图表筛选器"对话框中按照图 4-87 设置，单击"应用"按钮，结果如图 4-88 所示。

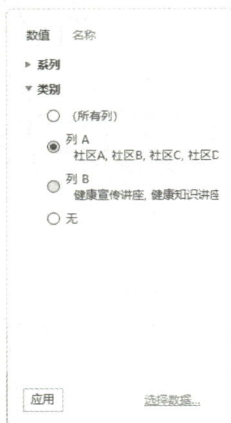

图 4-87　设置"图表筛选器"对话框

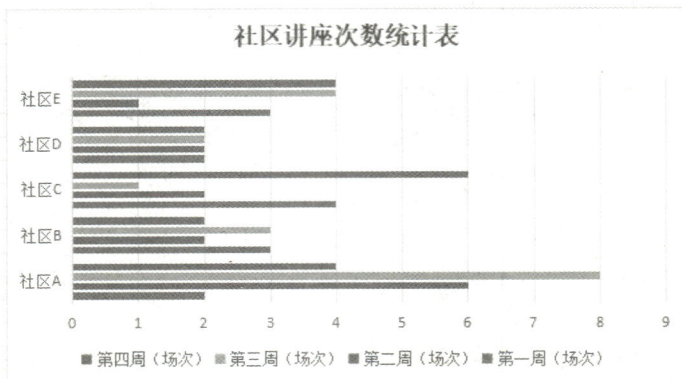

图 4-88　簇状条形图图表

（10）切换到"'健康中国'行动计划表"，选中 A2 到 F7 全部的区域，单击"插入"选项卡中的"数据透视表"按钮，打开"创建数据透视表"对话框。选择放置数据透视表的位置为"新工作表"，单击"确定"按钮关闭对话框，即可在自动新建的工作表中创建一个空白的数据透视表，并打开"数据透视表"窗格。

（11）在"字段列表"列表框中将"项目名称"拖放到"筛选器"区域，将"宣传社区"拖放到"行"区域，将"第一周（场次）""第二周（场次）""第三周（场次）""第四周（场次）"拖放到"值"区域，数据透视表自动更新，如图 4-89 所示。

图 4-89　设置数据透视表的布局

（12）单击"快速访问工具栏"中的"保存"按钮 ，保存工作簿。

（13）打开并登录"DeepSeek"网页版，在对话输入框中输入提示词：根据我提供的"'健康中国'行动计划表"工作表中的数据，制作一个关于讲座社区总讲座次数柱状图表，使用 html 和 chart.js。单击"上传附件"按钮 ，在打开的菜单中选择"文档"选项，打开"打开"对话框，选择"'健康中国'行动计划表.xlsx"文档，单击"打开"按钮，上传文档，单击"深度思考"按钮，然后单击"发送"按钮 ，DeepSeek 会根据提示词进行深度思考，并对其进行分析，然后用 html 和 chart.js 生成柱状图的代码，如图 4-90 所示。单击 运行 按钮，生成图表，如图 4-91 所示。

图 4-90　输出的代码

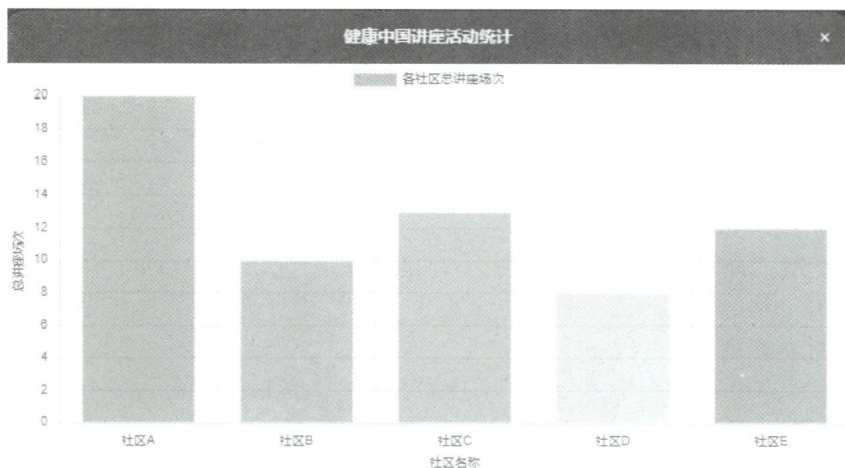

图 4-91　生成的图表

小组 评价

评价内容	评价标准	分值	教师评估
数据排序	可以进行数据排序	15	
筛选数据	能够筛选数据	20	
分类汇总	可以使用分类汇总	15	
使用图表分析数据	能够创建图表	20	
使用数据透视表分析数据	能够使用数据透视图表	15	
打印工作表	能够打印工作表	15	
总分		100	

思考与练习

一、选择题

1. 下列关于绝对引用的说法，哪一项是正确的？（   ）

A．绝对引用的符号是"#"

B．绝对引用的行号和列标不能同时固定

C．复制公式时，绝对引用的地址不会发生变化

D．默认情况下，公式使用的是绝对引用

2. 在 WPS Office 表格中，按【Ctrl+Shift+;】组合键可以实现什么功能？（   ）

A．插入当前日期   B．插入当前时间

C．插入系统用户名   D．插入批注

3. 下列哪种方式可以一次性更改多个不相邻单元格的内容？（   ）

A．使用填充手柄拖动

B．按【Ctrl+Enter】组合键

C．选中多个单元格后直接输入内容并按【Ctrl+Enter】组合键

D．使用"查找替换"功能

4. 哪种图表类型最适合比较不同类别的数据占比？（   ）

A．折线图   B．条形图

C．饼图   D．面积图

5. 在 WPS Office 表格中，默认使用的单元格引用类型是什么？（   ）

A．绝对引用   B．混合引用

C．相对引用   D．特殊引用

6. 如果要取消合并已合并的单元格，正确的操作是什么？（   ）

A．删除单元格内容

B．调整行高和列宽

C．单击"开始"选项卡中"合并"下拉列表中的"取消合并单元格"命令

D．拖动鼠标重新拆分

二、操作题

1. 制作"公司费用支出记录表"，如图 4-92 所示。

（1）打开初始的工作表。

（2）输入数据并格式化。

（3）进行有效性设置。

序号	月	日	费用类别	产生部门	支出金额	摘要	负责人
			公司费用支出记录表				
001	2	1	招聘培训	人事部	¥　650.00	招聘新员工	A
002	2	2	办公费用	财务部	¥　8,000.00	采购电脑	C
003	2	8	餐饮费	企划部	¥　600.00		E
004	2	10	差旅费	销售部	¥　1,200.00		B
005	2	12	业务拓展	销售部	¥　3,500.00	广告投放	F
006	2	16	设备修理	研发部	¥　1,600.00		C
007	2	20	会务费	企划部	¥　3,200.00		G
008	2	25	会务费	研发部	¥　3,800.00		H
009	2	28	办公费用	人事部	¥　200.00	采购记事本	A
010	3	1	差旅费	企划部	¥　1,800.00		S
011	3	2	设备修理	研发部	¥　3,800.00		W
012	3	5	业务拓展	销售部	¥　5,000.00		T
013	3	7	福利	人事部	¥　4,800.00	采购福利品	A
014	3	9	会务费	销售部	¥　1,200.00		X
015	3	10	招聘培训	人事部	¥　680.00	采购培训教材	A
016	3	12	差旅费	研发部	¥　2,200.00		Z
017	3	18	餐饮费	财务部	¥　450.00		B
018	3	22	办公费用	企划部	¥　320.00		N
019	3	26	设备修理	销售部	¥　260.00		M
020	3	28	差旅费	财务部	¥　1,080.00		J

图 4-92　公司费用支出记录表

项目五　演示文稿制作与创意表达

导读

随着数字技术不断融入教学与实践，演示文稿不仅是知识展示的工具，更是培养综合能力的重要媒介。无论是课堂教学、项目汇报，还是商务展示、学术交流，一份设计精美、逻辑清晰、内容丰富的演示文稿都能显著提升信息传递的效果，并吸引观众的注意力。

知识 目标

1. 掌握 WPS Office 演示文稿的创建、保存和打开等基础操作。
2. 熟悉幻灯片母版的制作。
3. 熟悉各种多媒体对象的插入与编辑。
4. 掌握幻灯片的切换动画的设置。
5. 了解幻灯片中超链接与交互动作的使用。
6. 掌握幻灯片的放映并发布。

技能 目标

1. 能够独立创建并保存演示文稿。
2. 能够设计并应用幻灯片母版。
3. 可以灵活添加与编辑多媒体内容。
4. 能够为演示文稿设置动画效果。
5. 可以设置幻灯片切换效果。

素质 目标

通过探索演示文稿制作的实际应用，培养学生在数字化环境中的审美意识和创意表达能力；引导学生在设计演示文稿的过程中注重内容与形式的统一，提升对色彩搭配、版式布局、视觉层次等美学要素的理解与运用能力。

5.1　创建"智造中国·逐梦未来"演示文稿

案例 描述

本案例将实现在 WPS Office 演示文稿中创建"智造中国·逐梦未来"演示文稿。通过对本案例相关知识的学习和实践，要求学生掌握 WPS Office 演示文稿与幻灯片的基本操作，最终完成"智造中国·逐梦未来"演示文稿的创建，效果如图 5-1 所示。

图 5-1 创建"智造中国·逐梦未来"演示文稿

创建 小组

全班根据实际情况进行分组，建议每组 3～5 人，各组选出组长，组长为组员分配任务并将分工和实施详情记录下来。在开始案例实施前，请全组成员查看知识链接的内容。请各组组长参考以下问题，组织组员收集和整理相关材料，并根据收集到的资料进行讨论。

问题：如果需要复制一张版式和内容相似的幻灯片，有哪些方法可以实现？哪种方法效率更高？

知识 链接

5.1.1 WPS Office 演示文稿的基本操作

1. 创建演示文稿

启动 WPS Office，单击"新建"按钮 ＋ 新建，打开"新建"面板，单击"演示"按钮，打开"新建演示文稿"页面，单击"空白演示文稿"，新建"演示文稿1"，如图 5-2 所示。

与 WPS Office 文档相同，WPS Office 演示文稿的功能区以功能组的形式管理相应的命令按钮。大多数功能组右下角都有一个称为功能扩展按钮的图标 ↘，将鼠标指向该按钮时，可以预览到对应的对话框或窗格；单击该按钮，可打开相应的对话框或者窗格。

WPS Office 演示文稿默认以普通视图显示，左侧是幻灯片窗格，显示当前演示文稿中的幻灯片缩略图，橙色边框包围的缩略图为当前幻灯片。右侧的编辑窗格显示当前幻灯片。

2. 保存演示文稿

在编辑演示文稿的过程中，随时保存演示文稿是个优秀的习惯，以免因为断电等意外导致数据丢失。WPS Office 演示文稿保存的文件类型默认扩展名为".pptx"，也可以根据需要选择其他的文件类型，例如，.dps、.dpt、.ppt、.pot、.pps、.html、.pdf、.jpg 等。

在 WPS Office 中保存演示文稿有以下 3 种常用的方法：

● 单击"快速访问工具栏"上的"保存"按钮 💾。

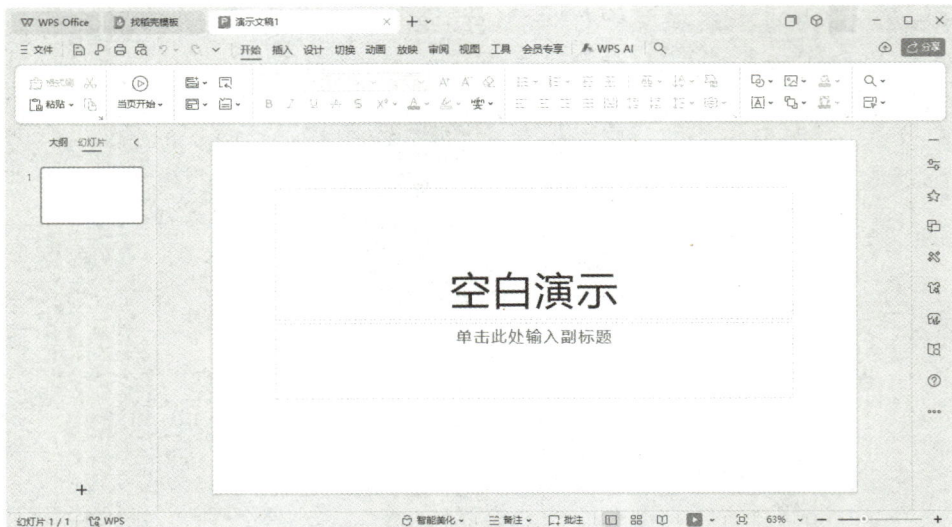

图 5-2　新建演示文稿

- 按【Ctrl+S】组合键，快速保存演示文稿。
- 单击"文件"选项卡中的"保存"命令。

如果文件已经保存过，执行以上操作，将用新文件内容覆盖原有的内容；如果是首次保存文件，则打开如图 5-3 所示的"另存文件"对话框，指定文件的保存路径、名称和类型。设置完成后，单击"保存"按钮关闭对话框。

图 5-3　"另存文件"对话框

3.　打开演示文稿

如果用户想对以前所保存的演示文稿继续进行编辑、修改等操作，则需要打开演示文稿文件。打开演示文稿的方法有如下 4 种：

- 打开该演示文稿所在的文件夹，直接双击该演示文稿的图标即可打开该演示文稿。
- 启动 WPS Office 后，单击"文件"选项卡中的"打开"命令。
- 单击"快速访问工具栏"中的"打开"按钮 。

● 按【Ctrl+O】组合键，快速打开演示文稿。

5.1.2　幻灯片的基本操作

一个完整的演示文稿通常包含丰富的版式和内容，与之对应的是一定数量的幻灯片。幻灯片的基本操作包括新建幻灯片、删除幻灯片以及播放幻灯片。

1. 新建幻灯片

新建的空白演示文稿默认只有一张幻灯片，而要演示的内容通常不可能在一张幻灯片上完全展示，这就需要在演示文稿中添加幻灯片。通常在"普通"视图中新建幻灯片。

（1）切换到"普通视图"，将鼠标指针移到左侧窗格中的幻灯片缩略图上，缩略图底部显示"从当前开始"按钮和"新建幻灯片"按钮，如图 5-4 所示。单击"新建幻灯片"按钮，打开如图 5-5 所示的下拉列表。

（2）单击"插入"选项卡中的"新建幻灯片"下拉按钮，打开如图 5-6 所示的"新建幻灯片"下拉列表，或单击左侧窗格底部的"新建幻灯片"按钮➕，打开"新建幻灯片"下拉列表，如图 5-5 所示。

图 5-4　缩略图底部的显示按钮　　图 5-5　"新建幻灯片"下拉列表　　图 5-6　"新建幻灯片"下拉列表

（3）单击"插入"选项卡中的"新建幻灯片"按钮，或选择图 5-5 中"新建空白页"命令，创建空白幻灯片。

（4）选择图 5-5 或图 5-6 中的"从模板新建"命令，打开如图 5-7 所示的"新建单页幻灯片"级联菜单，单击需要的模板，即可下载并创建一张新幻灯片。

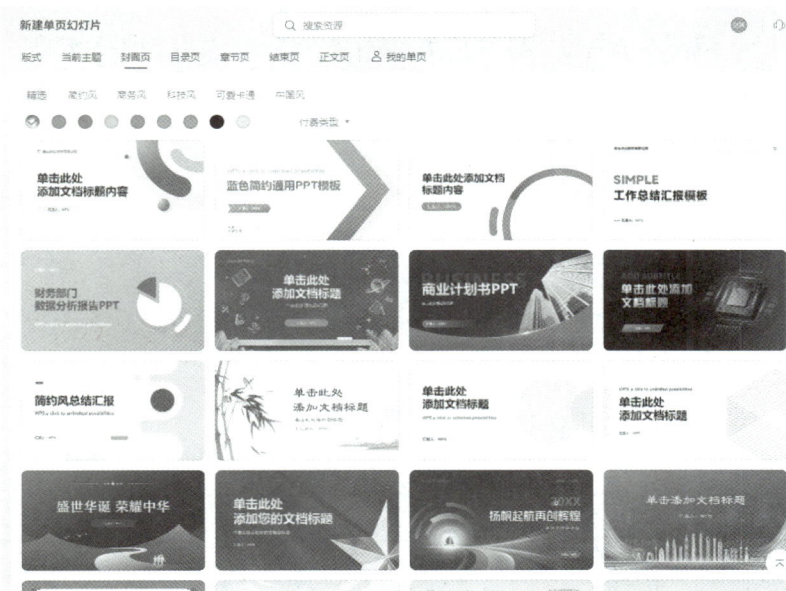

图 5-7　"新建单页幻灯片"级联菜单

（5）单击图 5-5 或图 5-6 中的"从版式新建"命令，打开如图 5-8 所示的"从版式新建"级联菜单，单击需要的版式，即可下载并创建一张新幻灯片。

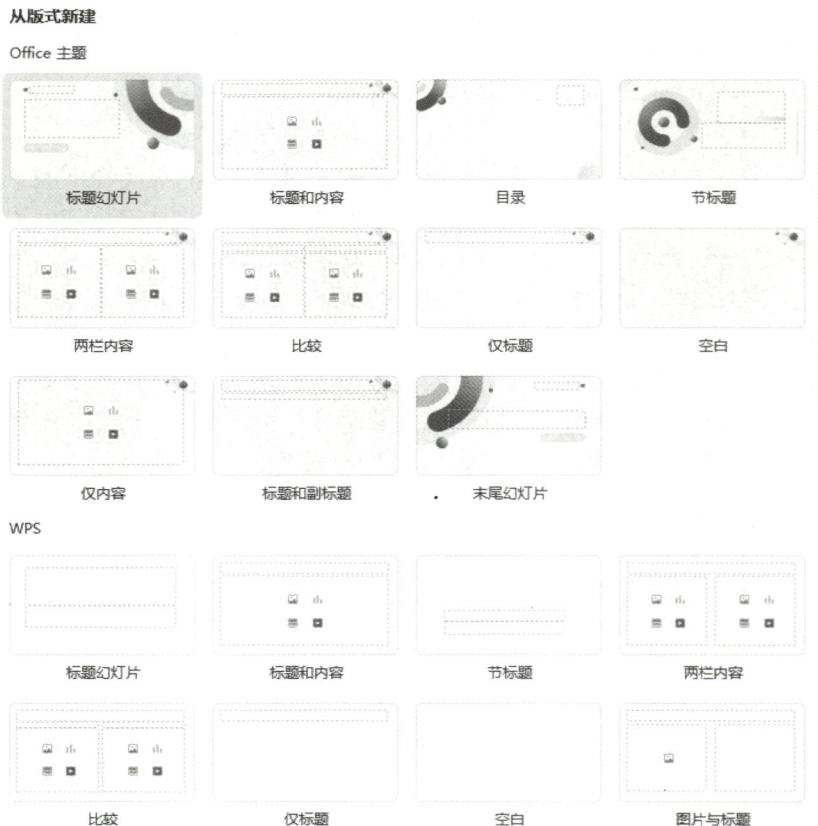

图 5-8 "从版式新建"级联菜单

（6）单击图 5-5 或图 5-6 中的"AI 生成单页/多页"命令，打开如图 5-9 所示的"AI 生成单页/多页"对话框，输入主题或大纲内容，单击"智能生成"按钮，生成幻灯片。

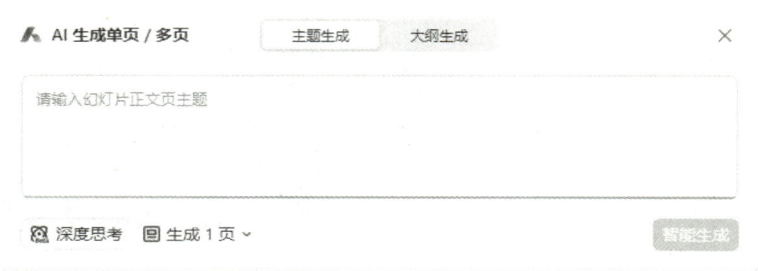

图 5-9 "AI 生成单页/多页"对话框

2. 删除幻灯片

删除幻灯片的操作很简单，选中要删除的幻灯片之后，按【Delete】键，或右击，在弹出的右键菜单中选择"删除幻灯片"命令。删除幻灯片后，其他幻灯片的编号将自动重新排序。

3. 播放幻灯片

如果要预览幻灯片的效果，可以播放幻灯片。

在 WPS Office 中，播放幻灯片的常用方法有以下 5 种：

● 在状态栏上单击"从当前幻灯片开始播放"按钮▶️，可从当前选中的幻灯片开始放映。

● 按【Shift+F5】组合键，从当前选中的幻灯片开始播放。

● 在"普通"视图中，将鼠标指针移到幻灯片缩略图上，单击"从当前开始"按钮▶️。

● 单击"放映"选项卡中的"当页开始"按钮▶️，从当前选中的幻灯片开始播放。

● 单击"放映"选项卡中的"从头开始"按钮▷，从演示文稿的第一张幻灯片开始播放。

播放幻灯片时，与打开一台真实的幻灯放映机类似，在计算机屏幕上全屏呈现幻灯片。单击鼠标播放幻灯片的动画，没有动画则进入下一页。在幻灯片上右击，在弹出的快捷菜单中选择"结束放映"命令，即可退出幻灯片放映视图。

4. 复制幻灯片

如果要制作版式或内容相同的多张幻灯片，通过复制幻灯片可以提高工作效率。

（1）选择要复制的幻灯片。选中要选取的第一张后，按住【Shift】键并单击要选取的最后一张，选中连续的多张幻灯片；选中要选取的第一张后，按住【Ctrl】键并单击要选取的其他幻灯片，选中不连续的多张幻灯片。

（2）选中幻灯片后，单击"开始"选项卡中的"复制"按钮，然后单击要使用幻灯片副本的位置，单击"开始"选项卡中的"粘贴"下拉按钮 粘贴 ，在如图 5-10 所示的"粘贴"下拉列表中选择一种粘贴方式，粘贴幻灯片。

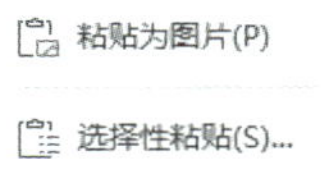

▫ 粘贴为图片(P)

▫ 选择性粘贴(S)...

图 5-10 "粘贴"下拉列表

5. 移动幻灯片

默认情况下，幻灯片按编号顺序播放，如果要调整幻灯片的播放顺序，就要移动幻灯片。

（1）选中要移动的幻灯片，在幻灯片上按住左键拖动，指针显示为🖑，拖到的目的位置显示一条橙色的细线，如图 5-11 所示。

（2）释放鼠标，即可将选中的幻灯片移动到指定位置，编号自动重新排序，如图 5-12 所示。

6. 隐藏幻灯片

如果暂时不需要某些幻灯片，但又不想删除，可以将幻灯片隐藏。隐藏的幻灯片在放映时不显示。

（1）在普通视图中选中要隐藏的幻灯片。

（2）右击，在右键菜单中选择"隐藏幻灯片"命令，或单击"放映"选项卡中的"隐藏幻灯片"按钮。

此时，在左侧窗格中可以看到隐藏的幻灯片淡化显示，且幻灯片编号上显示一条斜向的删除线，如图 5-13 所示。

隐藏的幻灯片尽管在放映时不显示，但并没有从演示文稿中删除。选中隐藏的幻灯片后，再次单击"隐藏幻灯片"命令按钮即可取消隐藏。

7. 切换幻灯片

WPS Office 演示文稿能够以多种不同的视图显示演示文稿的内容，在一种视图中对演示文稿的修改和加工会自动反映在该演示文稿的其他视图中，从而使演示文稿更易于编辑和浏览。

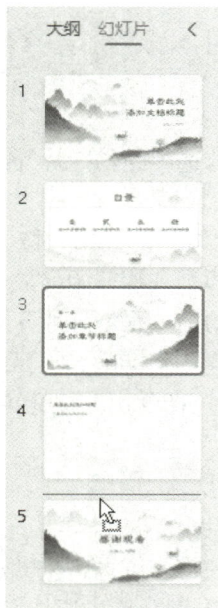

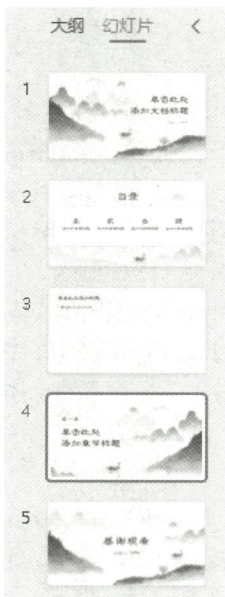

图 5-11　移动幻灯片　　　图 5-12　移动后的幻灯片列表　　　图 5-13　隐藏幻灯片

在"视图"选项卡中可以看到四种查看演示文稿的视图方式，如图 5-14 所示。在状态栏上也可以看到对应的视图按钮。

图 5-14　演示文稿视图

1）普通视图

普通视图是 WPS Office 的默认显示方式，可以对整个演示文稿的大纲和单张幻灯片的内容进行编排与格式化操作。根据左侧窗格显示的内容，可以分为幻灯片视图和大纲视图两种。

幻灯片视图如图 5-15 所示，左侧窗格按顺序显示幻灯片缩略图，右侧显示当前幻灯片。单击左侧窗格顶部的"大纲"按钮，可切换到大纲视图，如图 5-16 所示。大纲视图常用于组织和查看演示文稿的大纲。

图 5-15　幻灯片视图

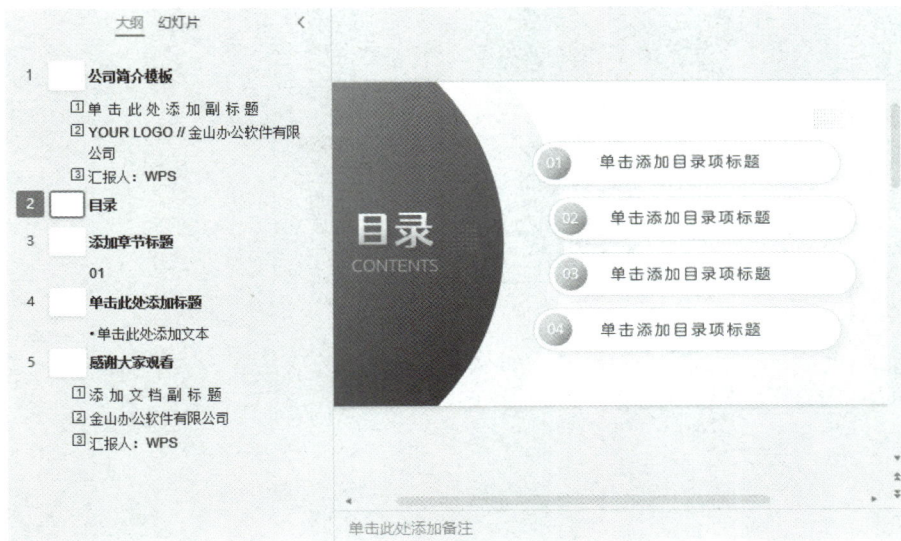

图 5-16　大纲视图

2）幻灯片浏览视图

在幻灯片浏览视图中，幻灯片按次序排列缩略图，可以方便地预览演示文稿中的所有幻灯片及相对位置，如图 5-17 所示。

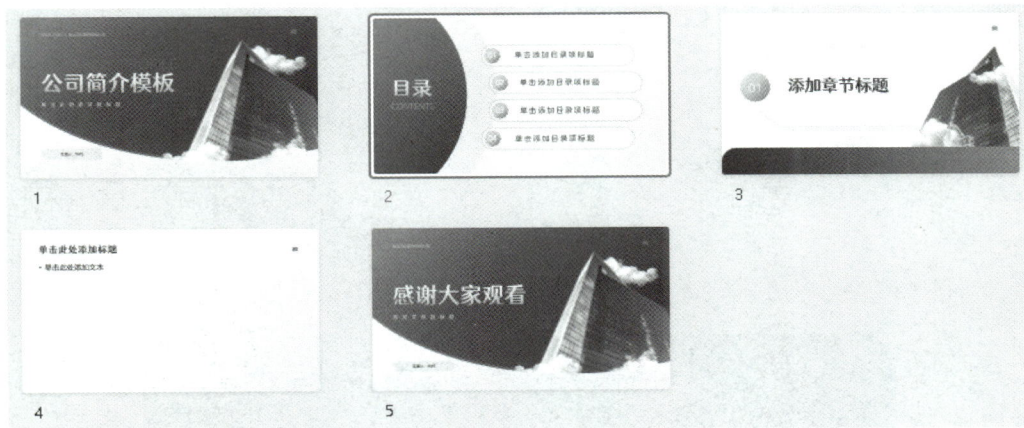

图 5-17　幻灯片浏览视图

采用这种视图不仅可以了解整个演示文稿的外观，还可以轻松地按顺序组织幻灯片，尤其是在复制、移动、隐藏、删除幻灯片、设置幻灯片的切换效果和放映方式时。

3）备注页视图

如果需要在演示文稿中记录一些不便于显示在幻灯片中的信息，可以使用备注页视图创建和编辑备注，输入的备注内容还可以打印出来作为演讲稿。

在备注页视图中，文档编辑窗口分为上、下两部分：上半部分是幻灯片缩略图，下半部分是备注文本框，如图 5-18 所示。

4）阅读视图

阅读视图是一种全窗口查看方式，类似于放映幻灯片，不仅可以预览各张幻灯片的外观，还能查看动画和切换效果，如图 5-19 所示。

图 5-18　备注页视图

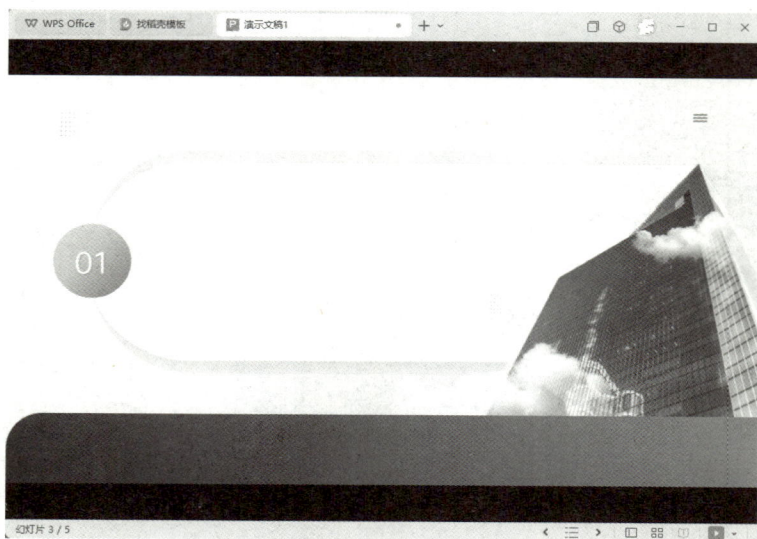

图 5-19　阅读视图

默认情况下，在幻灯片上单击可切换幻灯片，或插入当前幻灯片的下一个动画。在幻灯片上右击，在弹出的快捷菜单中选择"结束放映"命令，即可退出阅读视图。

案例 实施

（1）启动 WPS Office，单击"新建"按钮 ＋新建，打开"新建"面板，单击"演示"按钮，打开"新建演示文稿"页面，单击"空白演示文稿"，新建"演示文稿 1"。

（2）单击"插入"选项卡中"新建幻灯片"下拉列表中的"从模板新建"命令，打开"新建单页幻灯片"级联菜单，切换到"封面页"，选择"蓝色"，单击需要的模板，如图 5-20 所示，创建封面页幻灯片。

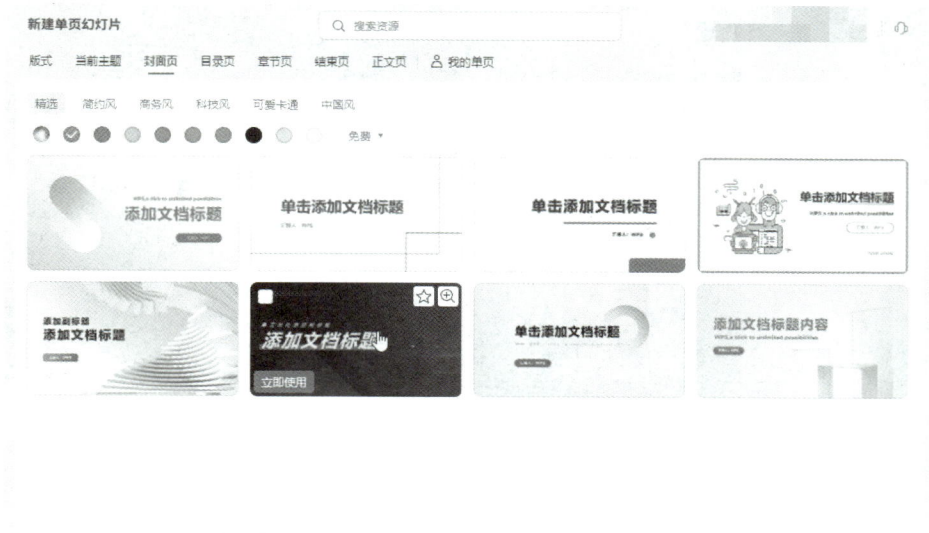

图 5-20　选取模板

（3）单击左侧窗格底部的"新建幻灯片"按钮 ✚，在打开的下拉列表中选择"从模板新建"命令，打开"新建单页幻灯片"级联菜单，切换到"目录页"，单击需要的目录模板，创建目录页幻灯片。

（4）单击上步创建的目录页幻灯片缩略图底部的"新建幻灯片"按钮 ⊕，在打开的下拉列表中选择"从版式新建"命令，打开"从版式新建"级联菜单，单击"WPS"区域中的"标题和内容"版式，创建正文页幻灯片，结果如图 5-21 所示。

图 5-21　创建幻灯片

（5）单击"WPS AI"选项卡中的"AI 生成单页"按钮 ⊡，打开"AI 生成单页"对话框，输入提示词"请帮我生成一张结束页幻灯片，包含一句总结语、一句口号和一句感谢语，风格简洁大气、科技感强"，如图 5-22 所示，单击"智能生成"按钮，进入"幻灯片内容"对话框，如图 5-23 所示。单击"生成幻灯片"按钮，创建结束页幻灯片。

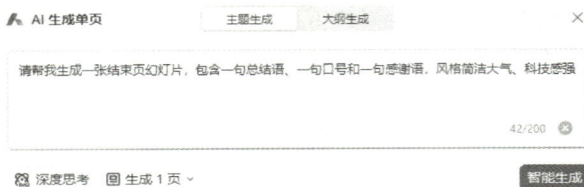

图 5-22 "AI 生成单页"对话框

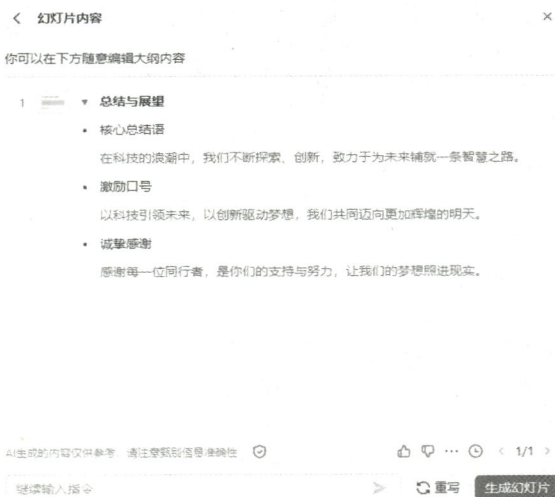

图 5-23 "幻灯片内容"对话框

（6）单击"快速访问工具栏"中的"保存"按钮，打开"另存为"对话框，指定保存位置，输入文件名称为"智造中国·逐梦未来"，采用默认的文件类型，单击"保存"按钮，保存演示文稿。

小组 评价

评价内容	评价标准	分值	教师评估
WPS Office 演示文稿的基本操作	能够创建并保存演示文稿	40	
幻灯片的基本操作	熟悉幻灯片的各项基本操作	60	
总分		100	

5.2 统一"智造中国·逐梦未来"演示文稿风格

案例 描述

本案例将实现在 WPS Office 演示文稿中统一"智造中国·逐梦未来"演示文稿风格。通过对本案例相关知识的学习和实践，要求学生掌握幻灯片母版的制作与使用、应用模板制作演示文稿，最终完成"智造中国·逐梦未来"演示文稿风格的统一，效果如图 5-24 所示。

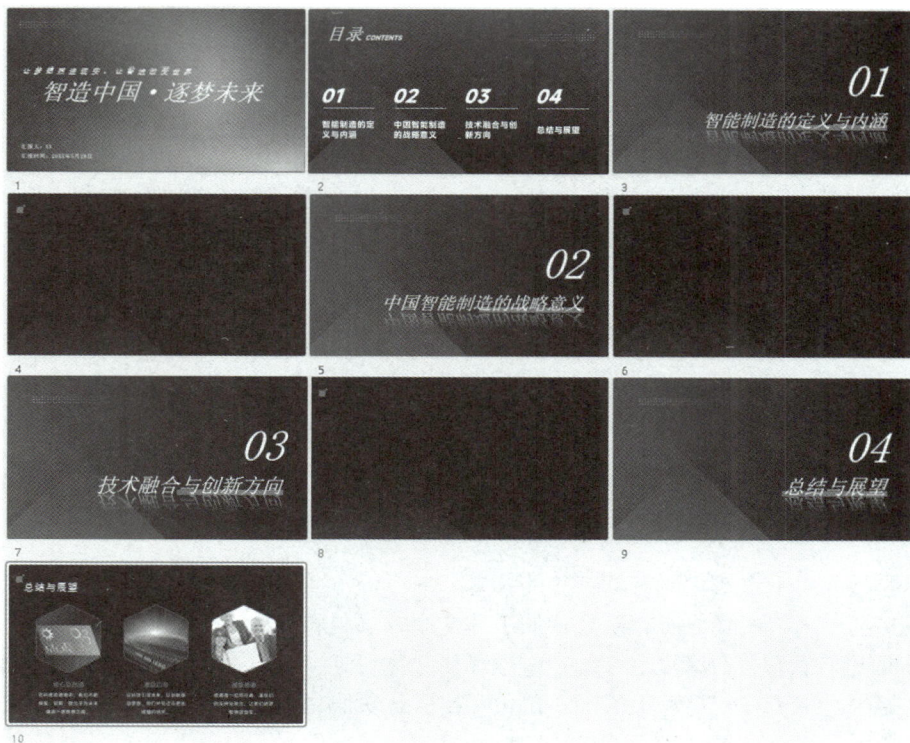

图 5-24　统一"智造中国·逐梦未来"演示文稿风格

创建　小组

全班根据实际情况进行分组，建议每组 3～5 人，各组选出组长，组长为组员分配任务并将分工和实施详情记录下来。在开始案例实施前，请全组成员查看知识链接的内容。请各组组长参考以下问题，组织组员收集和整理相关材料，并根据收集到的资料进行讨论。

问题 1：主题与模板的区别是什么？它们对统一演示文稿风格有何作用？

问题 2：幻灯片母版的作用是什么？如何利用母版统一演示文稿的风格？

知识　链接

5.2.1　制作幻灯片母版

在设计专业、统一的演示文稿时，幻灯片母版是提升效率与视觉一致性的关键工具。通过合理制作幻灯片母版，不仅可以统一字体、颜色和布局风格，还能大幅减少重复性操作。

1. 认识幻灯片母版

单击"视图"选项卡中的"幻灯片母版"按钮 ，进入幻灯片母版视图，如图 5-25 所示。

母版视图左侧窗格显示母版和版式列表，顶端为幻灯片母版，控制演示文稿中除标题幻灯片以外的所有幻灯片的默认外观，例如，文字的格式、位置、项目符号、配色方案以及图形项目。

右侧窗格显示母版或版式幻灯片。在幻灯片母版中可以看到 5 个占位符：标题区、正文区、日期区、页脚区、编号区。修改它们可以影响所有基于该母版的幻灯片。

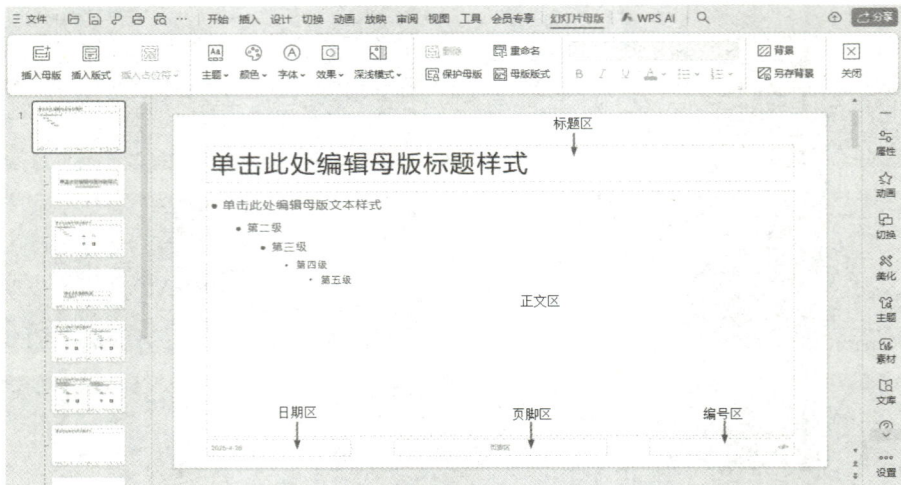

图 5-25　幻灯片母版视图

- 标题区：用于格式化所有幻灯片的标题。
- 正文区：用于格式化所有幻灯片的主体文字、项目符号和编号等。
- 日期区：用于在幻灯片上添加、定位和格式化日期。
- 页脚区：用于在幻灯片上添加、定位和格式化页脚内容。
- 编号区：用于在幻灯片上添加、定位和格式化页面编号，如页码。

幻灯片母版下方是标题幻灯片，通常是演示文稿中的封面幻灯片。标题幻灯片下方是幻灯片版式列表，包含在特定的版式中需要重复出现且无须改变的内容。如果在特定的版式中需要重复，但是具体内容又有所区别的内容，可以插入对应类别的占位符。

注意：推荐在创建幻灯片之前编辑幻灯片母版和版式。这样，添加到演示文稿中的所有幻灯片都会基于指定版式。如果在创建各张幻灯片之后编辑幻灯片母版或版式，则需要在普通视图中将更改的布局重新应用到演示文稿中的现有幻灯片。

2. 设计母版主题

主题是一组预定义的字体、配色方案、效果和背景样式。使用主题可以快速格式化演示文稿的总体设计。

（1）在"幻灯片母版"视图中，单击"幻灯片母版"选项卡中的"主题"下拉按钮 ，在如图 5-26 所示的"主题"下拉列表中单击需要的主题。应用主题后，整个演示文稿的总体设计，包括字体、配色和效果都随之进行变化。

（2）单击"颜色"按钮 、"字体"按钮 和"效果"按钮 ，设置主题颜色、主题字体和主题效果，自定义文稿的总体设计。

（3）单击"背景"按钮 ，在编辑窗口右侧如图 5-27 所示的"对象属性"面板中设置母版的背景样式。与其他主题元素相同，设置幻灯片母版的背景样式后，所有幻灯片都自动应用指定的背景样式。

通常情况下，标题幻灯片的背景与内容幻灯片的背景会有所不同，所以需要单独修改标题幻灯片的背景。

（4）选中幻灯片母版下方的标题幻灯片，单击"幻灯片母版"选项卡中的"背景"按钮 ，打开"对象属性"面板，修改标题幻灯片的背景。修改标题幻灯片的背景样式后，其他幻灯片的背景不会改变。

图 5-26　"主题"下拉列表

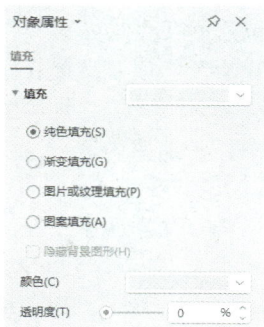

图 5-27　"对象属性"面板

3. 设计母版版式

幻灯片母版中默认设置了多种常见版式，用户还可以根据版面设计需要，添加自定义版式。在版式中插入页面元素，将自动调整为母版中指定的大小、位置和样式。

（1）在幻灯片母版视图的左侧窗格中定位要插入版式幻灯片的位置，然后单击"幻灯片母版"选项卡中的"插入版式"按钮圁，即可在指定位置添加一个只有标题占位符的幻灯片，如图 5-28 所示。

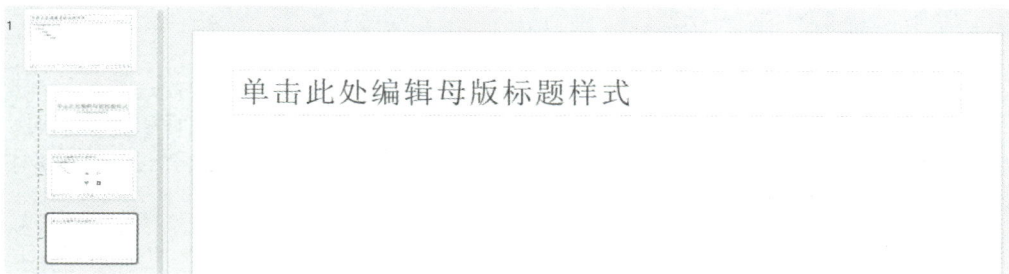

图 5-28　插入的版式幻灯片

（2）WPS Office 演示文稿中并不能直接插入新的占位符，如果要添加内容占位符，可复制其他版式中已有的占位符。在左侧窗格中定位到包含需要的占位符的版式，复制其中的占位符，然后粘贴到新建的版式中，如图 5-29 所示。

图 5-29　粘贴图片占位符

（3）拖动占位符边框上的圆形控制手柄，可以调整占位符的大小；将鼠标指针移到占位符的边框上，指针显示为四向箭头 时，按住左键拖动，可以移动占位符；选中占位符，按【Delete】键可删除占位符。

（4）选中占位符，在"绘图工具"选项卡中可以设置占位符的外观样式。选中要设置格式的文本，利用"开始"选项卡设置其格式。

（5）默认情况下，版式幻灯片"继承"幻灯片母版中的日期区、页脚区和编号区。如果不希望在当前版式中显示这些内容，选中日期区、页脚区和编号区后按【Delete】键，其他版式幻灯片不受影响。

注意：格式化"幻灯片编号"占位符时，应选中占位符中的<#>设置格式，千万不能删除，然后用文本框输入"<#>"；也不能用格式刷将其格式化为普通文本，否则会失去占位符的功能。

（6）设置完成后，在"幻灯片母版"选项卡中单击"关闭"按钮⊠，退出幻灯片母版视图。

5.2.2 使用幻灯片母版

在完成母版的设计之后，如何高效地应用与管理母版内容，直接影响到演示文稿的整体呈现效果与后期维护效率。通过合理使用母版中的各类版式与样式设置，不仅可以实现对多张幻灯片的一致性控制，还能显著提升编辑效率，避免重复劳动。

通过单击"开始"选项卡中的"版式"下拉按钮🔲 版式 ，在打开的母版版式列表中可以看到自定义的版式，单击自定义版式，当前的幻灯片版式即可更改为指定的版式。

5.2.3 应用模板制作演示文稿

对于初学者来说，在创建演示文稿时，如果没有特殊的构想或设计经验，想要快速制作出一份结构清晰、风格统一、视觉效果良好的演示文稿，使用系统提供的设计模板无疑是一个高效且实用的选择。通过应用模板，用户可以在无须深入掌握配色原理、版式设计和图形搭配的前提下，轻松实现专业级的展示效果。

1. 套用设计模板

（1）设计模板决定了幻灯片的主要版式、文本格式、颜色配置和背景样式。

（2）在"设计"选项卡的"主题方案"下拉列表框中单击需要的模板，或单击"更多主题"按钮🔯，打开如图 5-30 所示的"主题方案"对话框。

图 5-30 "主题方案"对话框

（3）单击模板图标，在当前演示文稿中插入模板的所有页面，效果如图 5-31 所示。

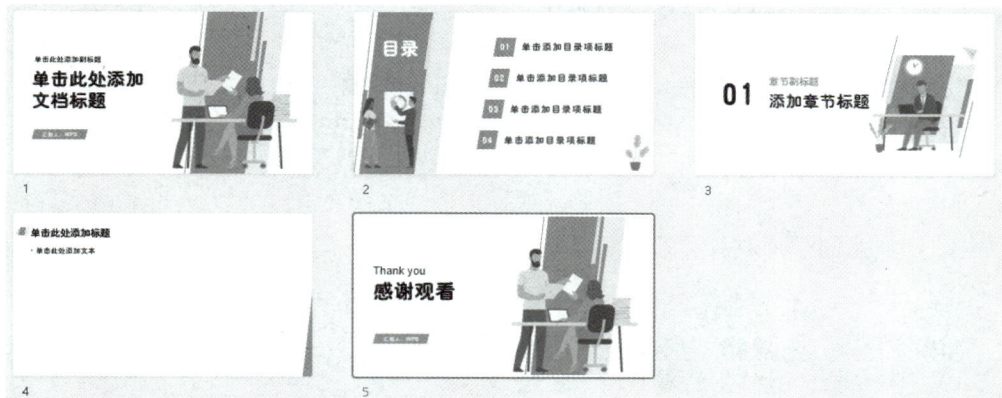

图 5-31　模板的设计方案

（4）单击"设计"选项卡中的"自定义主题"按钮，弹出如图 5-32 所示的"自定义主题"对话框，单击"选择文件"按钮，打开如图 5-33 所示的"选择文件"对话框，选中需要的模板，单击"打开"按钮，选中的模板即可应用到当前演示文稿中的所有幻灯片。

图 5-32　"自定义主题"对话框

图 5-33　"选择文件"对话框

2. 修改背景和配色方案

套用模板后，还可以修改演示文稿的背景样式和配色方案。

（1）选择要修改的幻灯片，单击"设计"选项卡中的"背景"下拉按钮，打开如图 5-34 所示的"背景"下拉列表，在背景颜色列表中单击需要的颜色，修改文档的背景样式。

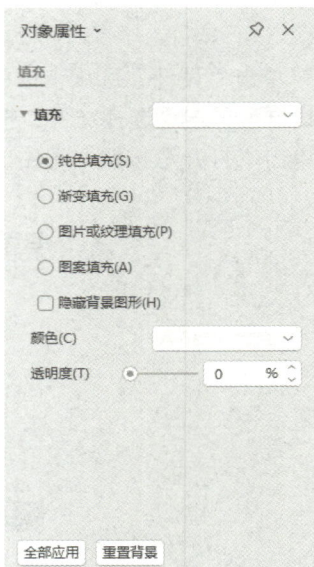

（2）在下拉列表中选择"背景填充"命令，打开如图 5-35 所示的"对象属性"任务窗格，对背景样式进行自定义设置。

在"对象属性"任务窗格中可以看到，幻灯片的背景样式可以是纯色、渐变色、纹理、图案和图片。在一张幻灯片或者母版上只能使用一种背景类型。

图 5-34 "背景"下拉列表　　　　图 5-35 "对象属性"任务窗格

设置的背景默认仅应用于当前幻灯片，单击"全部应用"按钮，可以应用于当前演示文稿中的全部幻灯片和母版。单击"重置背景"按钮，取消当前背景设置。

选择"渐变填充"选项，"对象属性"任务窗格如图 5-36 所示。在"渐变样式"列表中可以选择颜色过渡的方式。在"角度"微调框中调整渐变色的旋转角度。选中色标，在"色标颜色"下拉列表框中选择填充颜色。在色标上按住左键拖动，可以调整色标的位置，渐变色也随之自动更新。

单击"增加渐变光圈"按钮 或"删除渐变光圈"按钮 ，可以在当前色标相邻的位置添加一个色标或删除当前选中的色标。

图案背景与纹理背景都是通过平铺一种图案填充。不同的是，纹理可以是任意选择的图片，而图案只能是可以改变前景色和背景色的系统预置样式。

（3）单击"设计"选项卡中的"配色方案"下拉按钮，在如图 5-37 所示的颜色组合列表中单击需要的主题颜色，修改整个文档的配色方案。

选中的配色方案默认应用于当前演示文稿中的所有幻灯片，以及后续新建的幻灯片。

3. 更改幻灯片的尺寸

使用不同的放映设备展示幻灯片，对幻灯片的尺寸要求也会有所不同。在 WPS Office 演示文稿中可以方便地修改幻灯片的尺寸，但推荐在制作幻灯片内容之前，根据放映设备确定幻灯片的大小，以免后期修改影响版面布局。

（1）单击"设计"选项卡中的"幻灯片大小"下拉按钮，在如图 5-38 所示的"幻灯片大小"下拉列表中，根据放映设备的尺寸选择幻灯片的长宽比例。

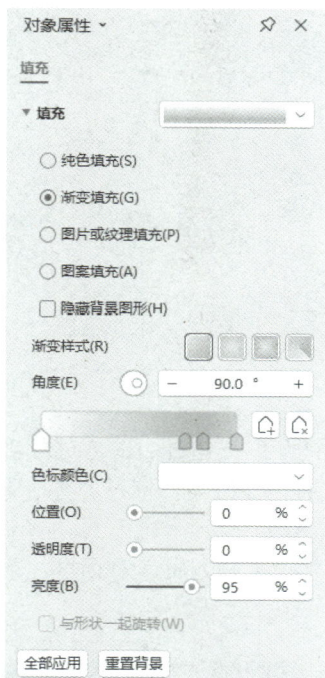

图 5-36 "对象属性"任务窗格

图 5-37 颜色组合列表

（2）选择"自定义大小"命令，打开如图 5-39 所示的"页面设置"对话框。在"幻灯片大小"下拉列表框中可以选择预设大小。选择"自定义"，在"宽度"和"高度"数值框中自定义幻灯片大小。

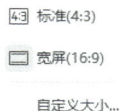

图 5-38 "幻灯片大小"下拉列表

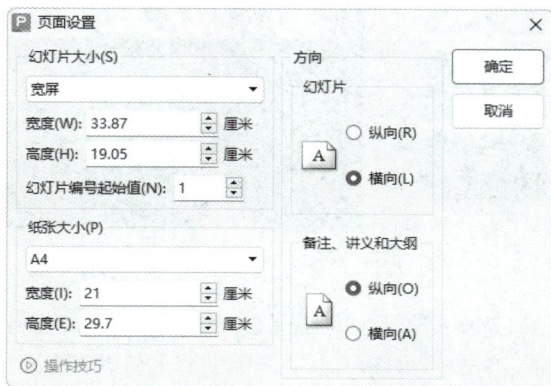

图 5-39 "页面设置"对话框

提示：在"页面设置"对话框中，"纸张大小"下拉列表框用于设置打印幻灯片的纸张大小，并非幻灯片的尺寸。

（3）修改幻灯片尺寸后，单击"确定"按钮，打开如图 5-40 所示的"页面缩放选项"对话框。

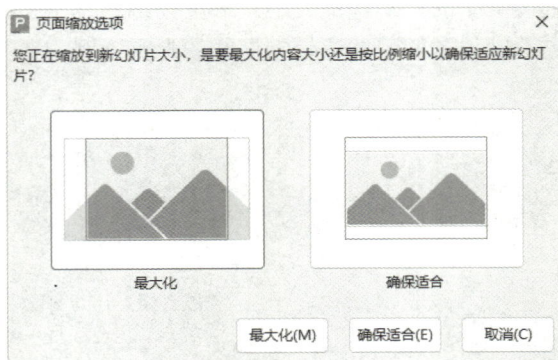

图 5-40 "页面缩放选项"对话框

（4）根据需要选择幻灯片缩放的方式，通常选择"确保适合"按钮。

案例 实施

（1）启动 WPS Office，单击"WPS Office"页面中的"打开"按钮🗁打开，打开"打开文件"对话框，选择"智造中国·逐梦未来"演示文稿，单击"打开"按钮，打开"智造中国·逐梦未来"演示文稿。

（2）单击"设计"选项卡中的"更多主题"按钮🔧，打开"主题方案"对话框，单击"蓝色商务主题"方案，统一主题，如图 5-41 所示。

图 5-41 统一主题

（3）选中幻灯片 1，按【Delete】键删除幻灯片。

（4）单击"视图"选项卡中的"幻灯片母版"按钮🖼，进入幻灯片母版视图，对添加主题幻灯片母版进行编辑。

（5）选中添加的母版主题，单击"幻灯片母版"选项卡"字体"下拉列表中的"宋体"样式，将该母版中的字体都改为"宋体"。

（6）选中标题幻灯片中的"署名"所在的形状，按【Delete】键删除形状以及文字。

（7）选中标题幻灯片中的背景图片，右击，在弹出的快捷菜单中选择"另存为图片"命令，打开"另存为图片"对话框，设置保存路径，输入文件名称，单击"保存"按钮，将图片保存。

（8）打开并登录即梦 AI 网页版，单击 AI 作图栏中的"图片生成"按钮，进入图片生成页面。单击"导入参考图"按钮，打开"打开"对话框，选取上步保存的图片，单击"打开"按钮，打开"参考图"对话框，选择"智能参考"，如图 5-42 所示，单击"保存"按钮，在输入框中输入提示词"以我提供的图片为主体，将深蓝到浅蓝的渐变背景变得更明显些，并带有柔和的光线效果"，然后单击"立即生成"按钮，即梦会根据提示词生成图片，如图 5-43 所示。选取第四张图片，单击"下载"按钮，将图片下载到默认下载文件夹中。

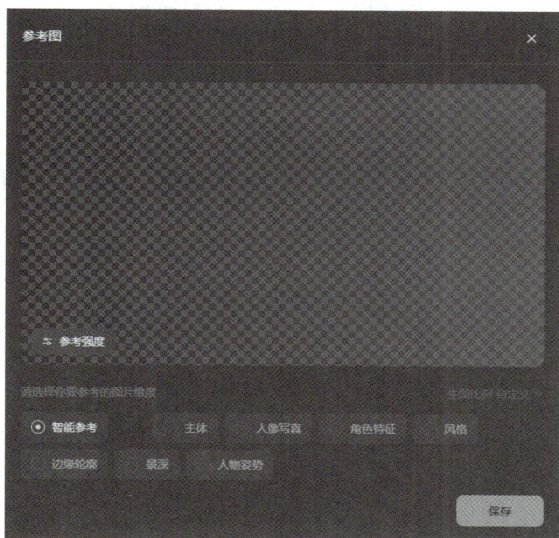

图 5-42　"参考图"对话框

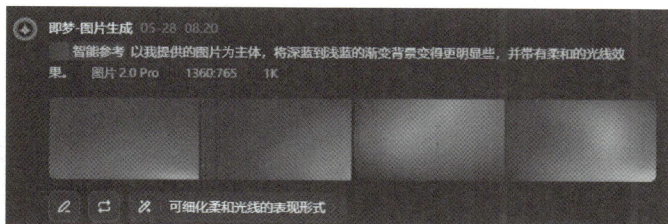

图 5-43　生成图片

（9）选取标题幻灯片中的背景图片，单击"图片工具"选项卡中的"更改图片"按钮，打开"更改图片"对话框，选取上步骤即梦 AI 生成的图片，单击"打开"按钮，更改背景图片，效果如图 5-44 所示。

（10）选中节标题幻灯片中的"单击编辑标题"，单击"文本工具"选项卡中"效果"下拉列表中的"倒影"级联菜单中的"全倒影，8pt 偏移量"命令，更改文字效果，如图 5-45 所示。

（11）设置完毕，在"幻灯片母版"选项卡中单击"关闭"按钮，退出幻灯片母版视图。

图 5-44　更改背景图片

图 5-45　更改文字效果

（12）单击目录页幻灯片缩略图底部的"新建幻灯片"按钮➕，在打开的下拉列表中选择"从版式新建"命令，打开"从版式新建"级联菜单，选取设置好的"节标题"版式，创建节标题幻灯片。

（13）单击标题页中的标题占位符，输入标题为"智造中国·逐梦未来"，修改副标题占位符和文本占位符内容，结果如图 5-46 所示。

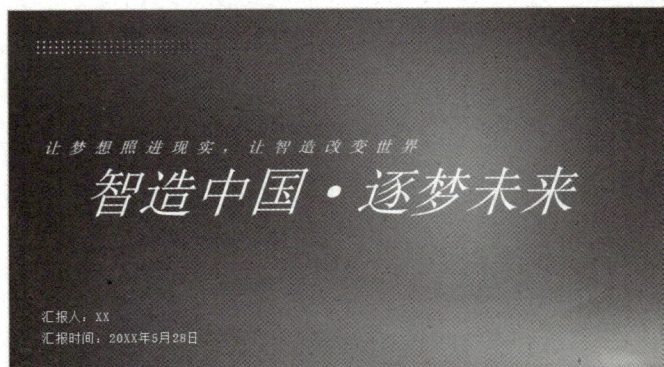

图 5-46　设置标题页幻灯片文本

（14）切换到目录页幻灯片，输入文本，结果如图 5-47 所示。

（15）单击节标题页幻灯片中的节编号占位符，输入"01"；单击标题占位符，输入"智能制造的定义与内涵"，效果如图 5-48 所示。

图 5-47　设置目录页幻灯片文本

图 5-48　设置节标题页幻灯片文本

（16）按住【Ctrl】键，选中节标题页幻灯片与其下方的内容页幻灯片，右击，在弹出的快捷菜单中选择"复制幻灯片"，复制三次，参考步骤（15）修改各个节标题页幻灯片文本，删除靠近结尾页幻灯片的正文幻灯片，结果如图 5-24 所示。

（17）单击"快速访问工具栏"中的"保存"按钮，保存演示文稿。

小组 评价

评价内容	评价标准	分值	教师评估
制作幻灯片母版	能够制作幻灯片母版	40	
使用幻灯片母版	可以使用幻灯片母版	30	
应用模板制作演示文稿	能够套用幻灯片设计模板	30	
总分		100	

5.3　丰富"智造中国·逐梦未来"演示文稿

案例 描述

本案例将实现在 WPS Office 演示文稿中丰富"智造中国·逐梦未来"演示文稿。通过对本案例相关知识的学习和实践，要求学生掌握图片、艺术字、形状、文本框、视频和音频的插入，最终完成"智造中国·逐梦未来"演示文稿内容的丰富，效果如图 5-49 所示。

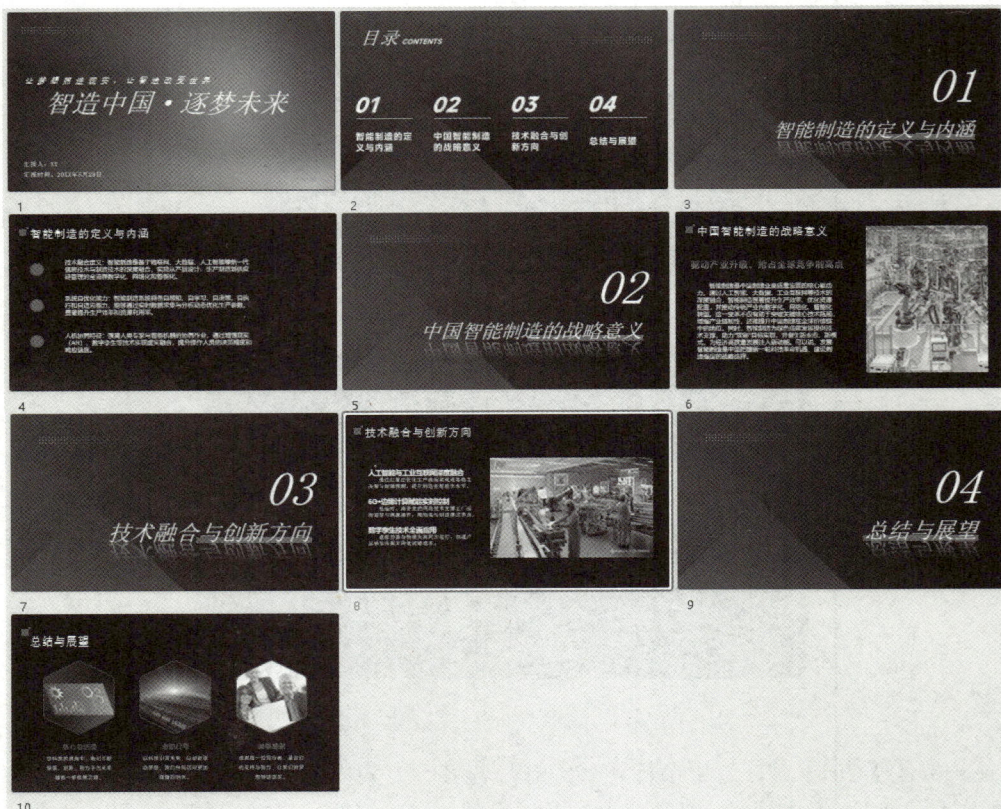

图 5-49　丰富"智造中国·逐梦未来"演示文稿

创建 小组

全班根据实际情况进行分组，建议每组 3~5 人，各组选出组长，组长为组员分配任务并将分工和实施详情记录下来。在开始案例实施前，请全组成员查看知识链接的内容。请各组组长参考以下问题，组织组员收集和整理相关材料，并根据收集到的资料进行讨论。

问题：如何选择与主题氛围契合的艺术字风格？

知识 链接

5.3.1　插入图片

在 WPS Office 演示文稿中，使用"插入"选项卡中的"图片"下拉按钮📷插入图片的方法与 WPS Office 文档相同，在此不再赘述。

下面简要介绍使用占位符中的图片图标插入图片的方法。

（1）单击"插入"选项卡中"图片"下拉列表中的"本地图片"命令，或在幻灯片的内容占位符中单击"插入图片"图标🖼，打开"插入图片"对话框。

（2）选中需要的图片后，单击"打开"按钮，即可将指定图片插入到幻灯片。

（3）选中图片后，单击"图片工具"选项卡中的"更改图片"按钮🖼更改图片，打开"更改图片"对话框，选择需要的图片后，单击"打开"按钮，即可替换图片。

除了可以很方便地在同一张幻灯片中插入多张图片，WPS Office 还支持将多张图片一次性分别插入到多张幻灯片中。

　　单击"插入"选项卡中的"图片"下拉按钮 图片 ，在打开的下拉列表中选择"分页插图"命令，在打开的"分页插入图片"对话框中，按住【Ctrl】键并单击要插入的图片。如果要选中连续的图片，按住【Shift】键并单击第一张和最后一张。然后单击"打开"按钮，即可自动新建幻灯片，并分页插入指定的图片。

5.3.2　插入艺术字

　　在制作演示文稿的过程中，除了文字内容的准确性和逻辑性外，视觉表达同样至关重要。为了增强幻灯片的艺术表现力和吸引力，合理运用装饰性文字能够有效提升页面的整体美观度与信息传达效果。艺术字在视觉设计中扮演了重要的角色，它通过独特的字体设计和排版布局，为文字赋予了美观和个性。

　　（1）单击"插入"选项卡中的"艺术字"下拉按钮 艺术字 ，在打开的下拉列表中选择合适的艺术字样式，便出现带有艺术字效果的文本框，如图 5-50 所示。

图 5-50　插入艺术字文本框

　　（2）在艺术字文本框中，直接输入文本，并对输入的艺术字分别设置字体和字号等，在编辑框外单击即可完成艺术字的设定。

5.3.3　插入形状

　　在演示文稿的设计过程中，除了文字和图片之外，图形元素也是提升视觉表达力和信息传达效率的重要组成部分。WPS Office 演示文稿支持用户灵活插入线条、箭头、流程图符号、标注图形、基本几何图形等多种类型的形状对象，通过合理使用形状功能，不仅可以辅助说明内容逻辑、突出重点信息，还能增强幻灯片的结构感与美观度。

　　单击"插入"选项卡中的"形状"下拉按钮 形状 ，打开"形状"下拉列表，其中包括线条、矩形、基本形状、箭头总汇、公式形状、流程图、星与旗帜、标注等形状。单击所需形状，然后在幻灯片中拖动鼠标，即可画出所选形状图形。

5.3.4　插入文本框

　　在演示文稿的设计与制作过程中，灵活排版和合理布局是提升信息传达效率的重要因素。为了满足多样化的内容展示需求，WPS Office 演示文稿提供了便捷的"插入文本框"功能，使用户能够根据实际需要自由添加和编辑文字内容，突破默认版式的限制，实现更具创意性和个性化的页面布局。

　　单击"插入"选项卡中的"文本框"下拉按钮 文本框 ，打开如图 5-51 所示的"文本框"下拉列表，选择任意选项。当鼠标指针变为一个十字形状时，把它移到要绘制文本框起点处，按住左键并拖动到目标位置，释放鼠标，即可绘制出空白文本框，如图 5-52 所示。

预设文本框

A≡ 横向文本框(H)

其他样式   竖向文本框(V)

其他样式   更多文本框 >

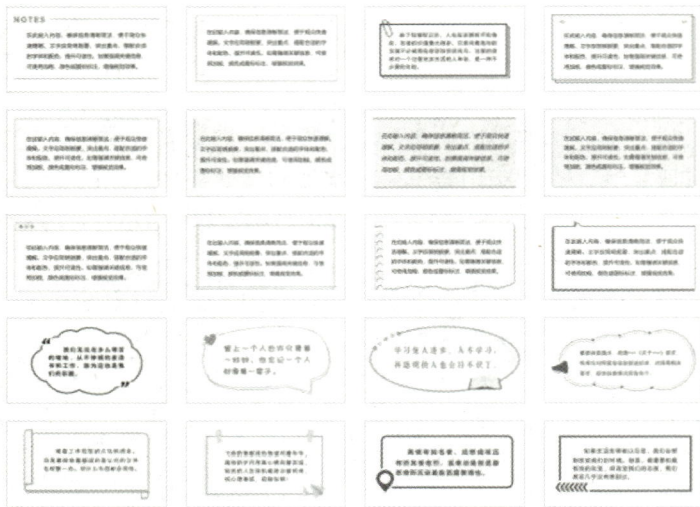

图 5-51 "文本框"下拉列表   图 5-52 绘制文本框

文本框的填充颜色、线条及颜色、效果、大小和属性以及文本的填充颜色、文本轮廓、文本效果以及文本对齐方式等同文档中的设置方法一样，这里就不再进行介绍。

5.3.5 添加视频

随着网络技术的飞速发展，视频凭借其直观的演示效果越来越多地应用于辅助展示和演讲。在 WPS Office 中，可以很轻松地在幻灯片中插入视频，并对视频进行一些简单的编辑操作。

1. 插入视频

（1）选中要插入视频的幻灯片，单击"插入"选项卡中的"视频"下拉按钮 ▷ 视频 ∨，打开如图 5-53 所示的"视频"下拉列表。

● 嵌入本地视频：在本地计算机上查找视频，并将其嵌入到幻灯片中。
● 链接到本地视频：将本地计算机上的视频，以链接的形式插入到幻灯片中。
● 屏幕录制：打开如图 5-54 所示的"屏幕录制"对话框，指定全屏或录制区域，单击"开始录制"按钮，录制视频，录制完成后保存到指定位置。

图 5-53 "视频"下拉列表   图 5-54 "屏幕录制"对话框

（2）在"视频"下拉列表中选择插入视频的方式，打开"插入视频"对话框。选中需要的视频文件后，单击"打开"按钮，即可在幻灯片中显示插入的视频和播放控件，如图 5-55 所示。

图 5-55　插入视频

（3）将鼠标指针移到视频顶点位置的变形手柄上，指针变为双向箭头时按住左键拖动，调整视频文件的显示尺寸；指针变为四向箭头 时，按住左键拖动调整视频的位置。

注意： 视频图标的大小是观看视频文件的屏幕大小。因此，调整视频尺寸时，应尽量保持视频的长宽比一致，以免影像失真。

此时，单击播放控件上的"播放/暂停"按钮，可以预览视频。利用播放控件还可以前进、后退、调整播放音量等。

2. 编辑视频

在 WPS Office 中，可以像编辑图片样式一样修改视频剪辑的外观，根据需要截取视频片段，设置视频封面，以及设置视频的播放方式。

（1）选中插入的视频，打开如图 5-56 所示的"视频工具"选项卡。

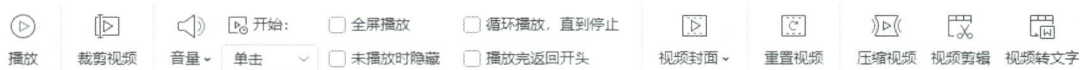

图 5-56　"视频工具"选项卡

（2）单击"视频工具"选项卡中的"裁剪视频"按钮 ，打开如图 5-57 所示的"裁剪视频"对话框，分别拖动绿色滑块和红色滑块设置视频的起始点和结束点。单击"上一帧" 或"下一帧"按钮 ，精确定位时间。裁剪完成后，单击"播放"按钮 预览裁剪后的视频效果，然后单击"确定"按钮关闭对话框。

（3）单击"视频工具"选项卡中的"视频封面"下拉按钮 ，在打开的如图 5-58 所示的"视频封面"下拉列表中选择封面的来源，修改视频封面。

视频封面是指视频还没有播放时显示的图片，默认为视频第一帧的图像，并显示播放按钮。选择"来自文件"命令，在打开的"选择图片文件"对话框中选择视频封面。暂停视频时，还可将视频的当前画面设置为视频封面。

（4）插入的视频剪辑默认按照单击顺序播放，幻灯片切换时，视频停止。单击"视频工具"选项卡中的"开始"下拉按钮，在打开的下拉列表中选择"自动"命令，则在幻灯片切入时，视频自动播放。

图 5-57 "裁剪视频"对话框　　　　图 5-58 "视频封面"下拉列表

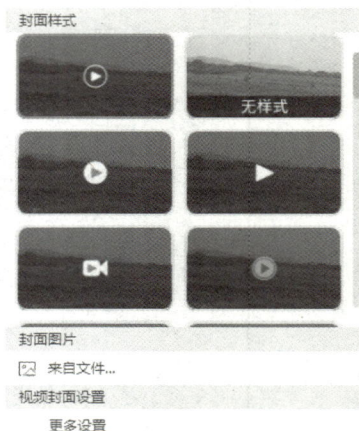

（5）单击"音量"下拉按钮，在打开的下拉列表中选择视频播放的音量级别。

（6）勾选"全屏播放"复选框，视频播放时将全屏显示。

（7）勾选"未播放时隐藏"复选框，视频播放前将处于隐藏状态。

（8）勾选"循环播放，直到停止"复选框，视频将重复播放，直到幻灯片切换或人为中止。

（9）勾选"播放完毕返回开头"复选框，视频播放完毕后将返回到第一帧停止，而不是停止在最后一帧。

5.3.6　添加音频

在文字内容较多的幻灯片中，为避免枯燥乏味，WPS Office 演示文稿支持用户将音频文件嵌入到幻灯片中。借助声音的辅助表达，增强演示内容的表现力与沉浸感，使观众在视觉与听觉的双重引导下更深入地理解演讲主题。

1. 插入音频

（1）打开要插入音频的幻灯片，单击"插入"选项卡中的"音频"下拉按钮，打开如图 5-59 所示的"音频"下拉列表。

（2）选择要插入音频的方式。

WPS Office 不仅可以直接在幻灯片中嵌入音频，还能链接到音频。这两种方式的不同之处在于：前者将演示文稿复制到其他计算机上放映时，嵌入音频能正常播放；而后者必须将音频文件一同复制，并存放到相同的路径下才能播放。

选择"嵌入音频"或"链接到音频"命令，打开"插入音频"对话框，在本地计算机或 WPS 云盘中选择音频文件。

选择"嵌入背景音乐"或"链接背景音乐"命令，打开"从当前页插入背景音乐"对话框，在本地计算机或 WPS 云盘中选择音频文件。

（3）单击"插入音频"或"从当前页插入背景音乐"对话框中的"打开"按钮，即可在幻灯片中显示音频图标和播放控件，如图 5-60 所示。

图 5-59　"音频"下拉列表　　　　　　　　　图 5-60　插入音频

（4）将鼠标指针移到音频图标变形框顶点位置的变形手柄上，指针变为双向箭头时按住左键拖动，可以调整图标的大小；指针变为四向箭头 时，按住左键拖动，可以移动图标的位置。

提示：如果不希望在幻灯片中显示音频图标，可以将音频图标拖放到幻灯片之外。

此时，单击音频图标或播放控件上的"播放/暂停"按钮，可以试听音频效果。利用播放控件还可以前进、后退、调整播放音量。

音频图标实质是一张图片，可利用"图片工具"选项卡更改音频图标、设置音频图标的样式和颜色效果，以贴合幻灯片风格。

（5）选中音频图标，在"图片工具"选项卡中单击"更改图片"按钮，在打开的"更改图片"对话框中更换音频图标。

（6）利用"图片轮廓"和"图片效果"按钮修改音频图标的视觉样式。

2. 编辑音频

在幻灯片中插入音频后，如果只希望播放其中的一部分，不需要启用专业的音频编辑软件对音频进行裁剪，在 WPS Office 演示文稿中就可以轻松截取部分音频。此外，还可以对音频进行一些简单的编辑，例如，设置播放音量和音效。

（1）选中幻灯片中的音频图标，打开如图 5-61 所示的"音频工具"选项卡。

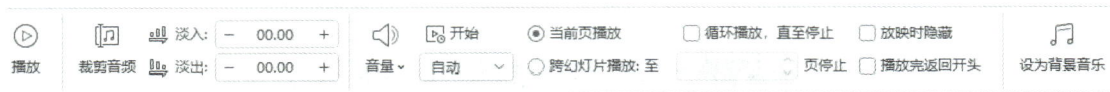

图 5-61　"音频工具"选项卡

（2）单击"音频工具"选项卡中的"裁剪音频"按钮，打开如图 5-62 所示的"裁剪音频"对话框。

（3）将绿色的滑块拖放到开始音频的位置；将红色的滑块拖动到结束音频的位置。指定音频的起始点时，单击"上一帧"按钮 或"下一帧"按钮，可以对起止时间进行微调。

（4）确定音频的起止点后，单击"播放"按钮，试听音频效果。

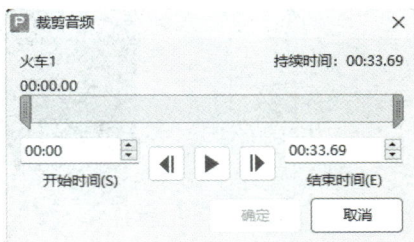

图 5-62　"裁剪音频"对话框

（5）单击"音频工具"选项卡中的"音量"下拉按钮，在如图 5-63 所示的"音量"下拉列表中选择设置放映幻灯片时音频文件的音量等级。

（6）在"音频工具"选项卡的"淡入"数值框中输入音频开始时淡入效果持续的时间；在"淡出"数值框中输入音频结束时淡出效果持续的时间。

默认情况下，在幻灯片中插入的音频仅在当前页播放。如果希望插入的音频跨幻灯片播放，或单击时播放，就要设置音频的播放方式。

（7）单击"音频工具"选项卡中的"开始"下拉按钮，在打开的下拉列表中选择幻灯片放映时音频的播放方式，如图 5-64 所示。

| 图 5-63　"音量"下拉列表 | 图 5-64　设置音频播放方式 |

（8）选中"跨幻灯片播放"单选按钮，并指定在哪一页幻灯片停止播放，当插入音频的幻灯片切换后，音频仍然继续播放。

（9）勾选"循环播放，直到停止"复选框，则插入的音频循环播放，直到停止放映。

（10）勾选"放映时隐藏"复选框，则幻灯片在放映时，自动隐藏其中的音频图标。

（11）勾选"播放完返回开头"复选框，音频播放完成后，自动返回到音频开头，否则停止在音频结尾处。

案例 实施

（1）启动 WPS Office，单击"WPS Office"页面上的"打开"按钮 打开，打开"打开文件"对话框，选择"智造中国·逐梦未来"演示文稿，单击"打开"按钮，打开"智造中国·逐梦未来"演示文稿。

（2）切换到第 4 张幻灯片，输入标题文本后，单击"插入"选项卡中的"形状"下拉按钮 形状，在打开的"形状"下拉列表中选择"椭圆"，按住【Shift】键绘制 3 个圆形，如图 5-65 所示。

图 5-65　插入形状

（3）单击"插入"选项卡中的"文本框"下拉按钮 文本框，插入三个正文文本框，输入字体为"微软雅黑"，字号为"18"的正文内容，结果如图 5-66 所示。

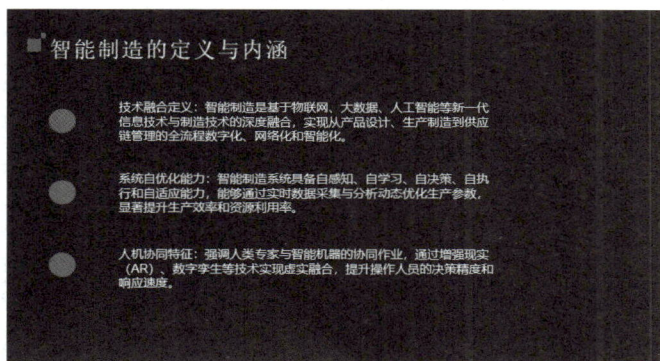

图 5-66　插入文本框并输入正文内容

（4）切换到第 6 张幻灯片，输入标题文本后，单击"插入"选项卡中的"艺术字"下拉按钮，在弹出的下拉列表中选择"渐变填充–亮石板灰"，输入文本，调整字号为"36"，结果如图 5-67 所示。

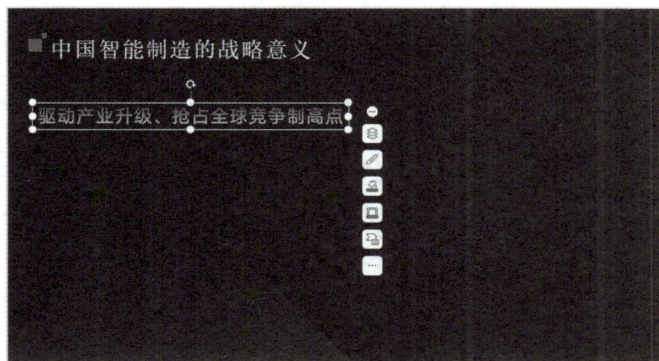

图 5-67　插入艺术字

（5）单击"插入"选项卡中的"文本框"下拉按钮，插入一个正文文本框，输入字体为"微软雅黑"，字号为"18"，特殊格式为首行缩进 2 字符的正文内容，结果如图 5-68 所示。

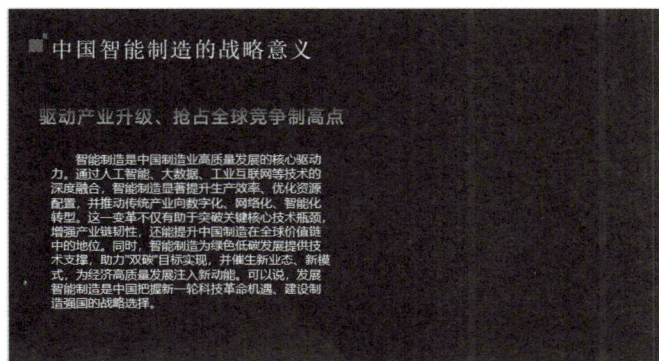

图 5-68　输入正文内容

（6）单击"插入"选项卡"图片"下拉列表中的"本地图片"命令，在打开的"插入图片"对话框中找到并选择"智能制造"图片，单击"打开"按钮，插入图片，结果如图 5-69 所示。

图 5-69　插入图片

（7）切换到第 8 张幻灯片，输入标题文本后，单击"插入"选项卡中的"文本框"下拉按钮 [A] 文本框 ▾，插入一个正文文本框，输入文本，设置文本小标题字体为"微软雅黑"，字号为"20"，文本字体为"宋体"，字号为"16"，特殊格式为首行缩进 2 字符，结果如图 5-70 所示。

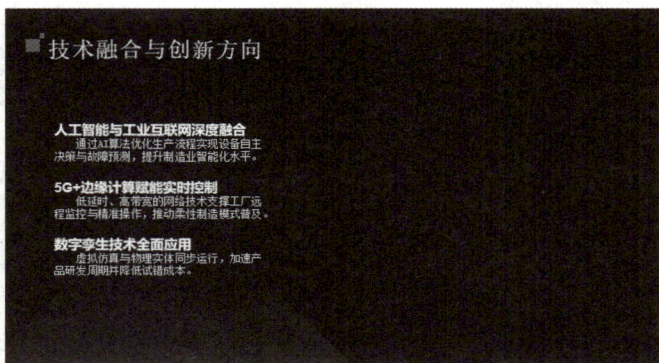

图 5-70　输入文本

（8）打开并登录海螺 AI 网页版。单击主页上的"视频生成"按钮，接着切换到"文生视频"选项卡，在文本框中输入提示词"视频中应呈现一个高科技智能制造车间的环境，包含由 AI 驱动的智能生产线，工业机器人与人类工人协同工作，AI 视觉系统进行实时质量检测，以及设备通过预测性维护避免故障的场景。"单击"立即生成"按钮，在右侧生成一个相关视频，如图 5-71 所示。单击"下载"按钮 ，将制作好的视频下载到指定位置。

图 5-71　输入文本

（9）单击"插入"选项卡"视频"下拉列表中的"嵌入视频"命令，打开"插入视频"对话框，选取上步创建的视频，单击"打开"按钮，插入视频，然后调整视频的大小和位置，如图 5-72 所示。

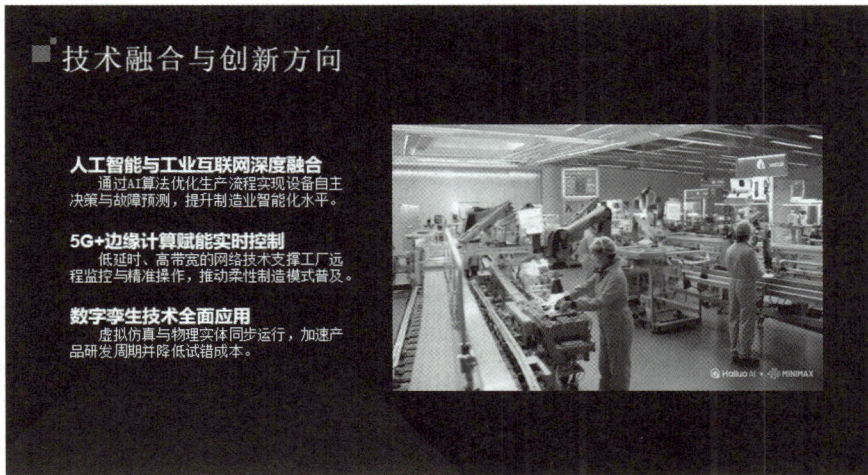

图 5-72　插入视频并调整

（10）单击"快速访问工具栏"中的"保存"按钮 🖫，保存演示文稿。

小组 评价

评价内容	评价标准	分值	教师评估
插入图片与艺术字	能够插入图片与艺术字	30	
插入形状与文本框	能够插入形状与文本框	30	
插入视频	能够插入视频	20	
插入音频	能够插入音频	20	
总分		100	

5.4 为"智造中国·逐梦未来"演示文稿设置动画

案例 描述

本案例将实现在 WPS Office 演示文稿中为"智造中国·逐梦未来"演示文稿设置动画。通过对本案例相关知识的学习和实践，要求学生掌握幻灯片切换动画与幻灯片中各种对象的动画效果设置、插入超链接，最终为"智造中国·逐梦未来"演示文稿设置动画，效果如图 5-73 所示。

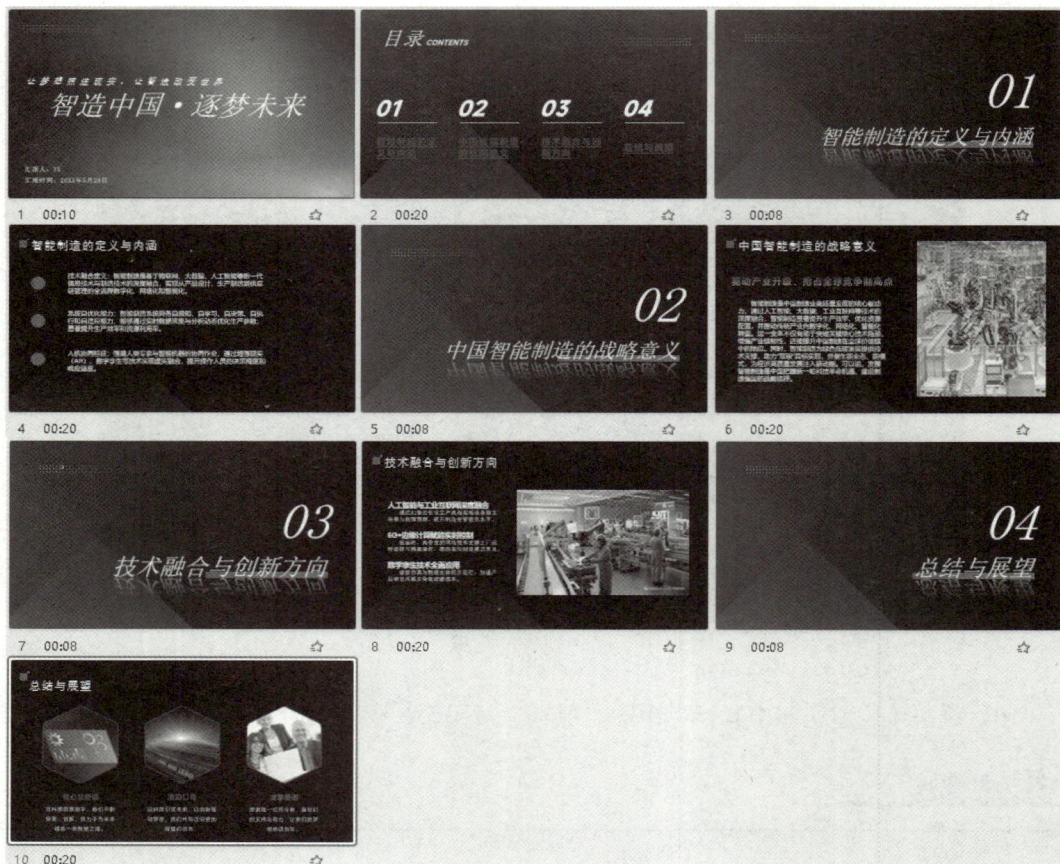

图 5-73 为"智造中国·逐梦未来"演示文稿设置动画

创建 小组

全班根据实际情况进行分组，建议每组 3~5 人，各组选出组长，组长为组员分配任务并将分工和实施详情记录下来。在开始案例实施前，请全组成员查看知识链接的内容。请各组组长参考以下问题，组织组员收集和整理相关材料，并根据收集到的资料进行讨论。

问题：动画效果是否越多越好？如果过度使用动画效果，可能会带来哪些负面影响？

知识 链接

5.4.1 设置幻灯片切换动画

设置幻灯片的切换动画可以很好地将主题或画风不同的幻灯片进行衔接，增强演示文稿的视觉效果。

1. 添加切换效果

切换效果是添加在相邻两张幻灯片之间的特殊效果，在放映幻灯片时，以动画形式退出上一张幻灯片，切入当前幻灯片。

（1）在"普通"视图或"幻灯片浏览"视图中，选择要添加切换效果的幻灯片。按住【Shift】键或【Ctrl】键单击需要的幻灯片，可以选择多张幻灯片。

（2）在"切换"选项卡中的"切换效果"下拉列表框中单击需要的效果，如图 5-74 所示。

图 5-74 切换效果列表

（3）设置切换效果后，在"普通"视图的幻灯片编辑窗口中可以看到切换效果；在幻灯片浏览视图中，每张幻灯片的左侧显示效果图标☆，如图 5-75 所示。

（4）在"普通"视图的"切换"选项卡中单击"预览效果"按钮，或单击状态栏上的"从当前幻灯片开始播放"按钮，可以预览从前一张幻灯片切换到该幻灯片的切换效果以及该幻灯片的动画效果。

图 5-75 预览切换效果

2. 设置切换选项

（1）添加切换效果之后，用户可以修改切换效果的选项，如进入的方向和形态，以及切换速度、声音效果和换片方式等。

（2）选中要设置切换参数的幻灯片，在"切换"选项卡中可以设置切换选项，或者单击窗口右侧的"幻灯片切换"按钮，显示"幻灯片切换"面板，如图 5-76 所示。

（3）在"效果选项"下拉列表框中选择效果的方向或形态。

（4）在"速度"数值框中输入切换效果持续的时间。

（5）在"声音"下拉列表框中选择切换时的声音效果。除了内置的音效，还可以从本地计算机上选择声音效果。

（6）在"换片方式"区域选择切换幻灯片的方式。默认单击鼠标时切换，也可以指定每隔特定时间段，自动切换到下一张幻灯片。

（7）如果要将切换效果和计时设置应用于演示文稿中所有的幻灯片，单击"应用于所有幻灯片"按钮，否则仅应用于当前选中的幻灯片。如果希望将切换效果应用于与当前选中的幻灯片版式相同的所有幻灯片，则单击"应用于母版"按钮。

（8）单击"播放"按钮⊙播放，在当前编辑窗口中预览切换效果；单击"幻灯片播放"按钮🖵幻灯片播放，可进入全屏放映方式预览切换效果。

图 5-76 "幻灯片切换"面板

5.4.2 设置幻灯片中对象的动画效果

设置幻灯片动画，是指为幻灯片中的页面元素（如文本、图片、图表、动作按钮、多媒体等）添加出现或消失的动画效果，并指定动画开始播放的方式和持续的时间。如果在母版中设置动画方案，整个演示文稿将有统一的动画效果。

1. 添加动画效果

WPS Office 演示文稿在"动画"选项卡中内置了丰富的动画方案。使用内置的动画方案可以将一组预定义的动画效果应用于所选幻灯片对象。

（1）在"普通"视图中，选中要添加动画效果的页面对象。

（2）切换到"动画"选项卡，在"动画"下拉列表框中可以看到如图 5-77 所示的动画方案列表。

图 5-77　内置的动画方案

WPS Office 预置了五大类动画效果：进入、强调、退出、动作路径以及绘制自定义路径。前三类用于设置页面对象在不同阶段的动画效果；"动作路径"通常用于设置页面对象按指定的路径运动；"绘制自定义路径"则用于自定义页面对象的运动轨迹。

（3）单击需要的动画方案，幻灯片编辑窗口播放动画效果，播放完成后，应用动画效果的页面对象左上方显示淡蓝色的效果标号。

此时，单击"动画"选项卡中的"预览效果"按钮，可以在幻灯片编辑窗口再次预览动画效果。

（4）重复步骤（1）～（3），为幻灯片上的其他页面对象添加动画效果。

（5）单击"动画"选项卡中的"动画窗格"按钮，打开如图 5-78 所示的"动画窗格"面板。单击"添加效果"按钮，在打开的动画列表中选择需要的效果，为同一个页面对象添加多种动画效果。

（6）在幻灯片中单击动画对应的效果标号，然后按【Delete】键，删除幻灯片中的某个动画效果。

（7）单击"动画"选项卡中的"删除动画"下拉列表中的"删除选中幻灯片的所有动画"命令，在打开的提示对话框中单击"确定"按钮，删除当前幻灯片中的所有动画。

除了丰富的内置动画，使用 WPS Office 还能轻松地为页面对象添加创意十足的智能动画，即便不懂动画制作，或是办公新手，也能制作出酷炫的动感效果。

（8）选中要添加动画的页面对象。单击"动画"选项卡中的"智能动画"按钮，打开"智能动画"列表，如图 5-79 所示。将鼠标指针移到一种效果上，可预览动画的效果。单击需要的效果，即可应用到选中的页面对象。

图 5-78　"动画窗格"面板

图 5-79　"智能动画"列表

2. 设置效果选项

添加幻灯片动画之后，还可以修改动画的使用开始时间、方向和速度等选项，以满足设计需要。

（1）在幻灯片中单击要修改动画的页面对象，或直接单击动画对应的效果标号。当前选中的效果标号显示颜色变浅。

（2）单击"动画"选项卡中的"动画窗格"按钮☆，打开"动画窗格"面板。在动画列表框中，最左侧的数字表明动画的次序；序号右侧的鼠标图标🖐或时钟图标🕐表示动画的计时方式为"单击时"或"上一动画之后"。动画计时方式右侧为动画类型标记，绿色五角星★表示"进入动画"，黄色五角星★表示"强调动画"（在触发器中显示为黄色五角星），红色五角星★表示"退出动画"。动画类型标记右侧为应用动画的对象。将鼠标指针移到某一个动画上，可以查看该动画的详细信息。

（3）在"开始"下拉列表框中选择动画的开始方式，如图 5-80 所示。默认为单击鼠标时开始播放。"与上一动画同时"是指与上一动画同时播放；"在上一动画之后"是指在上一动画播放完成之后开始播放。对于包含多个段落的占位符，该选项设置将作用于占位符中所有的子段落。

（4）设置动画的属性。如果选中的动画有"方向"属性，可在"方向"下拉列表框中选择动画的方向，如图 5-81 所示。

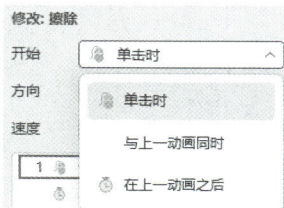

图 5-80　设置动画播放的方式

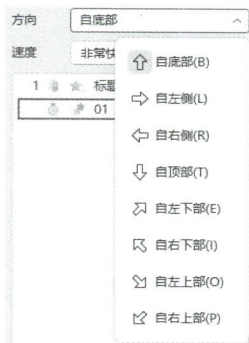

图 5-81　设置动画方向

（5）设置动画的播放速度。在"速度"下拉列表框中选择动画的播放速度，如图 5-82 所示。

（6）在效果列表框中，单击要修改选项设置的效果右侧的下拉按钮，打开如图 5-83 所示的"效果"下拉列表。

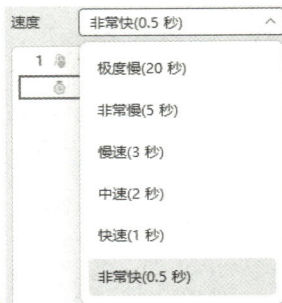

图 5-82　设置动画的播放速度　　　　图 5-83　"效果"下拉列表

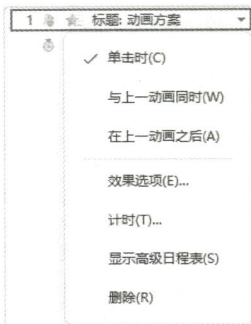

（7）在下拉列表中选择"效果选项"命令，打开对应的"效果选项"选项卡，如图 5-84 所示。

（8）在"效果"选项卡的"设置"区域，设置效果的方向；在"增强"区域设置动画播放时的声音效果、动画播放后的颜色变化效果和可见性。如果动画应用的对象是文本，还可以设置动画文本的发送单位。

（9）切换到"计时"选项卡，设置动画播放的开始方式、延迟、速度和重复方式，如图 5-85 所示。

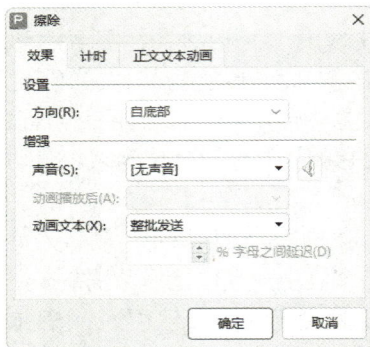

图 5-84　"效果"选项卡　　　　　　　图 5-85　"计时"选项卡

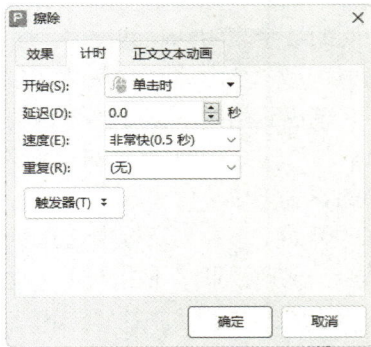

（10）如果选中的对象包含多级段落，切换到"正文文本动画"选项卡，设置多级段落的组合方式，如图 5-86 所示。

（11）设置完毕，单击"确定"按钮关闭对话框。

（12）如果要调整同一张幻灯片上的动画顺序，选中动画效果，单击"向前移动"按钮⬆或"向后移动"按钮⬇。

提示：在"自定义动画"窗格的效果列表框中按住【Ctrl】或【Shift】键并单击，可以选中多个动画效果。

（13）设置完成后，单击"播放"按钮 ⏵播放，可在幻灯片编辑窗口中预览当前幻灯片的动画效果；单击"幻灯片播放"按钮 🖵幻灯片播放，可进入全屏放映方式，播放当前幻灯片的动画效果。

3. 利用触发器控制动画

默认情况下，幻灯片中的动画效果在单击鼠标或到达排练计时开始播放，且只播放一次。使用触发器可控制指定动画开始播放的方式，并能重复播放动画。触发器的功能相当于按钮，可以是一张图片、一个形状、一段文字或一个文本框等页面元素。

（1）选中一个已添加动画效果的页面对象对应的效果标号，作为被触发的对象。

注意： 只有当前选中的对象添加了动画效果，才能使用触发器触发动画。

（2）单击"动画"选项卡中的"动画窗格"按钮 ☆，打开"动画窗格"面板，然后在动画列表框中单击选定动画右侧的下拉按钮，在打开的下拉列表中选择"计时"命令。

（3）在打开的对话框中单击"触发器"按钮，展开对应的选项，如图 5-87 所示。

图 5-86　"正文文本动画"选项卡　　　　图 5-87　显示触发器选项

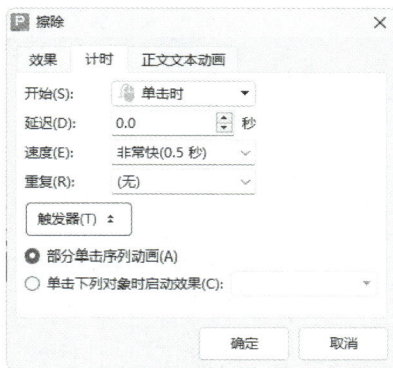

（4）选中"单击下列对象时启动效果"单选按钮，然后在右侧的下拉列表框中选择触发动画效果的对象，如图 5-88 所示。

触发器的作用是单击某个页面对象，播放步骤（1）中选定的页面对象应用的动画效果。

（5）设置完毕后，单击"确定"按钮关闭对话框。

在幻灯片中单击一个触发器标识，在动画窗格的动画列表框顶部可以看到该动画对应的触发器，如图 5-89 所示。

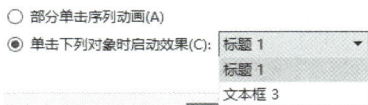

图 5-88　选择触发对象　　　　图 5-89　动画列表框

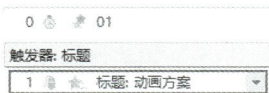

此时单击动画窗格底部的"幻灯片播放"按钮 ▷幻灯片播放 预览动画，可以看到，只有单击指定的触发器，才会播放对应的动画效果；多次单击触发器，对应的动画将反复播放。如果单击触发器以外的对象，将跳过该动画效果的播放。利用触发器的这一特点，演讲者可以在放映演示文稿时决定是否显示某一对象。

（6）选中触发器标识之后，按【Delete】键，删除选中的触发器。或者打开效果对应的"计时"选项卡，在触发器选项中选中"部分单击序列动画"单选按钮，即可取消指定动画的触发器。

5.4.3　插入超链接

"超链接"是广泛应用于网页的一种浏览机制，在演示文稿中使用超链接，可在幻灯片之间进行导航，或跳转到其他文档或者应用程序。

（1）选中要建立超链接的对象。超链接的对象可以是文字、图标、各种图形等。

（2）单击"插入"选项卡中的"超链接"按钮 超链接 ，打开如图 5-90 所示的"插入超链接"对话框。

图 5-90 "插入超链接"对话框

（3）在"链接到："列表框中选择要链接的目标所在的位置，可以是现有文件或网页、本文档中的位置，也可以是电子邮件地址。

如果要通过超链接在当前演示文稿中进行内部导航，选择"本文档中的位置"，然后在幻灯片列表中选择要链接到的幻灯片，"幻灯片预览"区域显示幻灯片缩略图，如图 5-91 所示。

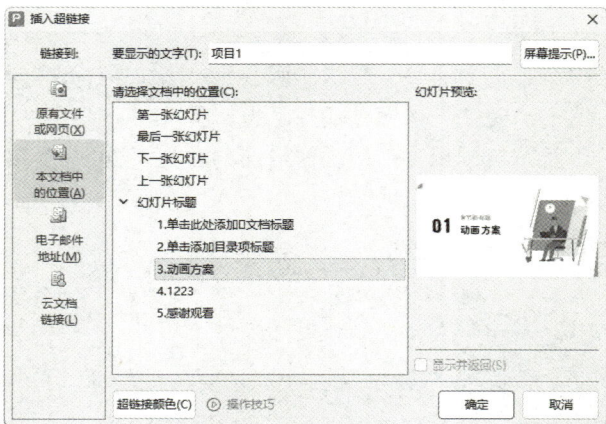

图 5-91 选择要链接的幻灯片

图 5-92 "设置超链接屏幕提示"
对话框

（4）在"要显示的文字"文本框中输入要在幻灯片中显示为超链接的文字。默认显示为在文档中选定的内容。

注意：只有当要建立超链接的对象为文本时，"要显示的文字"文本框才可编辑。如果选择的是形状或文本框，该文本框不可编辑。

（5）单击"屏幕提示"按钮，在如图 5-92 所示的"设置超链接屏幕提示"对话框中输入提示文本。放映幻灯片时，将鼠标指针移到超链接上时将显示指定的文本。

（6）单击"确定"按钮关闭对话框，即可创建超链接。

此时在幻灯片编辑窗口中可以看到，超链接文本默认显示为主题颜色，且带有下画线。单击状态栏上的"阅读视图"按钮▢预览幻灯片，将鼠标指针移到超链接对象上，指针显示为手形🖐，并显示指定的屏幕提示，单击即可跳转到指定的链接目标。

注意： 如果选择的超链接对象为文本框、形状或其他占位符，则其中的文本不显示为超链接文本。

（7）在超链接上右击，在弹出的快捷菜单中选择"超链接"级联菜单中的"编辑超链接"命令，打开"编辑超链接"对话框。该对话框与"插入超链接"对话框基本相同，在此不再赘述。

（8）修改要链接的目标幻灯片或文件、要显示的文字，以及屏幕提示。

（9）单击"删除链接"按钮，删除超链接。

（10）设置完成后，单击"确定"按钮关闭对话框。

5.4.4　添加交互动作

与超链接类似，在 WPS Office 演示文稿中还可以给当前幻灯片中所选对象设置鼠标动作，当单击或将鼠标移到该对象上时，执行指定的操作。

（1）在幻灯片中选中要添加动作的页面对象。

（2）单击"插入"选项卡中的"动作"按钮◯，打开如图 5-93 所示的"动作设置"对话框。

（3）在"鼠标单击"选项卡中设置单击选定的页面对象时执行的动作。

（4）切换到如图 5-94 所示的"鼠标移过"选项卡，设置鼠标移到选中的页面对象上时执行的动作。

（5）设置完成，单击"确定"按钮关闭对话框。

此时单击状态栏上的"阅读视图"按钮▢预览幻灯片，将鼠标指针移到添加了动作的对象上，指针显示为手形🖐，单击即可执行指定的动作。

图 5-93　"动作设置"对话框　　　　　　　图 5-94　"鼠标移过"选项卡

（6）如果要修改已设置的动作，在添加了动作的对象上右击，在弹出的右键菜单中选择"动作设置"命令，打开"动作设置"对话框进行修改。修改完成后，单击"确定"按钮关闭对话框。

除了文本超链接，为其他页面对象创建超链接或设置动作后并不醒目。使用动作按钮可以明确表明幻灯片中存在可交互的动作。动作按钮是实现导航、交互的一种常用工具，常用于在放映时激活另一个程序、播放声音或影片、跳转到其他幻灯片、文件或网页。

动作按钮

◀ ▶ ▶| |◀ ⬜ ⓘ ⓘ ⬜ ⬜ ◁× ? ⬜

图 5-95　内置的动作按钮

（7）在"插入"选项卡中单击"形状"下拉按钮，在打开的形状列表底部，可以看到 WPS Office 内置的动作按钮。将鼠标指针移到动作按钮上，可以查看按钮的功能提示，如图 5-95 所示。

（8）单击需要的按钮，鼠标指针显示为十字形十，按住左键在幻灯片上拖动到合适大小，释放鼠标，即可绘制一个指定大小的动作按钮，并打开"动作设置"对话框，如图 5-96 所示。

提示： 选中动作按钮后，直接在幻灯片上单击，可以添加默认大小的动作按钮。

（9）在"鼠标单击"选项卡中设置单击动作按钮时执行的动作；切换到"鼠标移过"选项卡设置鼠标移到动作按钮上时执行的动作。

（10）设置完成，单击"确定"按钮关闭对话框。

（11）选中添加的动作按钮，在"绘图工具"选项卡中修改按钮的填充、轮廓和效果外观。将指针移到动作按钮上时，指针显示为手形 。

（12）按照上面相同的步骤，添加其他动作按钮，并设置动作按钮的动作。

（13）与超链接类似，创建动作按钮之后，

图 5-96　"动作设置"对话框

可以随时修改按钮的交互动作。在动作按钮上右击，在弹出的快捷菜单中选择"动作设置"命令，打开"动作设置"对话框进行修改。完成后，单击"确定"按钮关闭对话框。

案例 实施

（1）启动 WPS Office，单击"WPS Office"页面上的"打开"按钮 打开，打开"打开文件"对话框，选择"智造中国·逐梦未来"演示文稿，单击"打开"按钮，打开"智造中国·逐梦未来"演示文稿。

（2）在目录页幻灯片中选中目录中的"智能制造的定义与内涵"文字，单击"插入"选项卡"超链接"下拉列表中的"本文档幻灯片页"命令，打开"插入超链接"对话框。在"链接到："列表框中选择"本文档中的位置"，然后在幻灯片列表中选择"3.智能制造的定义与内涵"幻灯片，如图 5-97 所示。

（3）单击"确定"按钮关闭对话框，即可创建超链接，如图 5-98 所示。

（4）采用相同的方法，分别建立目录中其他节的超链接。

（5）打开并登录"通义 AI"网页版。在对话框中输入问题"我正在使用 WPS Office 制作名为'智造中国·逐梦未来'演示文稿，请问采用什么幻灯片切换效果合适？结尾页要设置切

换效果吗？"，然后单击"发送"按钮，通义 AI 会根据问题进行回答，如图 5-99 所示。下面根据通义 AI 给出的答案进行切换动画的设置。

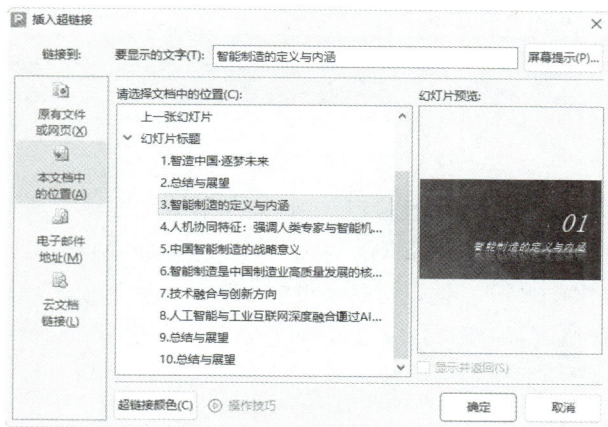

图 5-97　选择要链接的幻灯片

图 5-98　创建超链接

选择幻灯片切换效果时，应该考虑演示文稿的主题、观众的类型以及想要传达的信息。对于一个名为"智造中国·逐梦未来"的演示文稿，其主题似乎围绕着现代技术、进步和未来的梦想。基于这一点，你可以选择一些比较现代化、流畅且具有科技感的切换效果，以增强整体的视觉体验，并与主题相契合。

以下是一些建议：

- **平滑切换（Smooth Transition）**：如果您的内容涉及到时间线、地图或图表等元素的变化，WPS Office中的平滑切换功能可以提供非常流畅的过渡效果，使前后两张幻灯片之间的元素变化更加自然和谐。

- **推进（Push）**或**擦除（Wipe）**：这些效果给人以简洁明快的感觉，适合用于快速转换话题或者展示进程的发展方向，非常适合强调进步和技术发展的主题。

- **缩放（Zoom）**或**淡入/淡出（Fade）**：这类效果能够给观众带来一种聚焦或者进入下一层内容的感觉，非常适合在介绍重要概念或数据时使用。

至于结尾页，设置一个特别的切换效果也是一种不错的选择。它可以是一个简单而优雅的淡出（Fade Out），象征着演讲的结束；也可以是一个稍微隆重一点的效果，如旋转（Rotate）或闪光（Flash），来给观众留下深刻的印象。不过，请确保这个效果不会过于突兀或长时间占用，以免影响到整体的专业性。

总之，无论选择哪种切换效果，都应确保它们支持而非分散注意力从你的主要内容上。适度地使用动画和切换效果，可以使你的演示文稿更具吸引力和说服力。

图 5-99　通义 AI 的回答结果

（6）选取标题页幻灯片，单击"切换"选项卡中"切换效果"列表框中的"平滑"效果，在"切换"选项卡中勾选"单击鼠标时换片"复选框，其他采用默认设置，如图5-100所示，单击"预览效果"按钮，预览切换效果。采用相同的方法，设置结尾页的切换动画。

图 5-100　设置切换动画参数

（7）按住【Ctrl】键选中所有的节标题页幻灯片，单击"切换"选项卡"切换效果"列表框中的"擦除"效果，在"切换"选项卡中勾选"单击鼠标时换片"复选框和"自动换片"复选框，设置换片时间为"00:08"，其他采用默认设置，单击"预览效果"按钮，预览切换效果。

（8）按住【Ctrl】键选取其余的幻灯片，单击"切换"选项卡"切换效果"列表框中的"淡出"效果，在"切换"选项卡中勾选"单击鼠标时换片"复选框和"自动换片"复选框，设置换片时间为"00:20"，其他采用默认设置，单击"预览效果"按钮，预览切换效果。

（9）切换到标题页幻灯片，选中标题占位符，单击"动画"选项卡中的"动画窗格"按钮，打开"动画窗格"面板。单击"添加效果"按钮，在其下拉列表中选择"进入"区域中的"擦除"效果，设置开始为"与上一动画同时"，方向为"自底部"，速度为"快速（1秒）"，如图5-101所示。

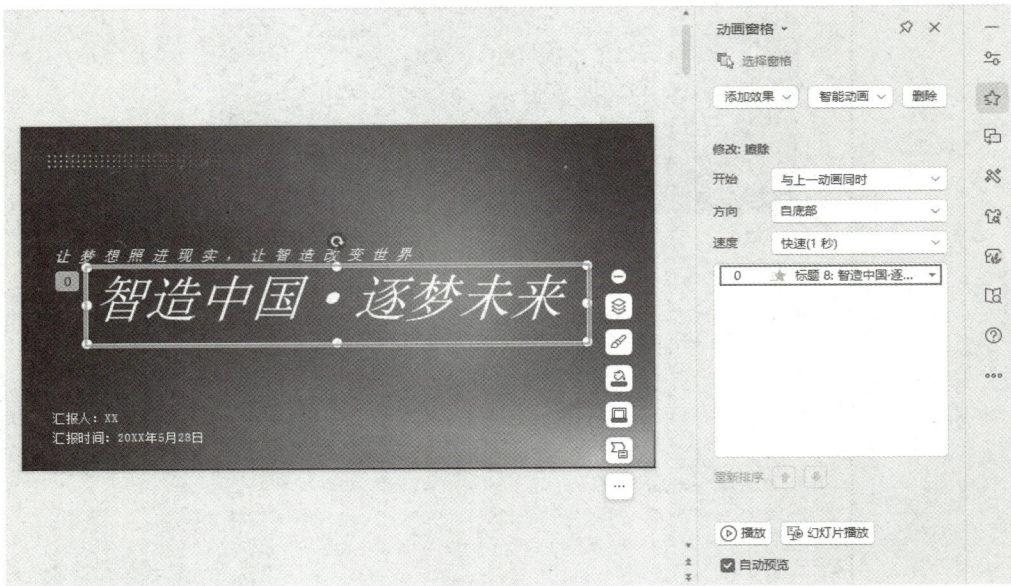

图 5-101　设置标题的动画

（10）选中副标题占位符，在"动画窗格"面板中，单击"添加效果"按钮，在其下拉列表中选择"进入"区域中的"擦除"效果，设置开始为"在上一动画之后"，方向为"自左侧"，速度为"非常快（0.5秒）"。

（11）选中文本占位符，在"动画窗格"面板中，单击"添加效果"按钮，在其下拉列表中选择"进入"区域中的"百叶窗"效果，设置开始为"在上一动画之后"，方向为"水平"，速度为"非常快（0.5秒）"。

（12）重复上述步骤，设置其他正文幻灯片中图片和文字的动画效果。

（13）单击"快速访问工具栏"中的"保存"按钮 🖫 ，保存演示文稿。

小组 评价

评价内容	评价标准	分值	教师评估
设置幻灯片切换动画	可以设置幻灯片的切换动画	30	
设置幻灯片中对象的动画效果	能够设置幻灯片中各种对象的动画效果	30	
插入超链接	能够插入超链接	20	
添加交互动作	熟悉交互动作的添加	20	
总分		100	

5.5 放映并发布"智造中国·逐梦未来"演示文稿

案例 描述

本案例将实现在 WPS Office 演示文稿中放映并发布"智造中国·逐梦未来"演示文稿。通过对本案例相关知识的学习和实践，要求学生掌握演示文稿放映前的准备、控制放映的流程和发布演示文稿，最终完成"智造中国·逐梦未来"演示文稿的放映与发布。

创建 小组

全班根据实际情况进行分组，建议每组 3～5 人，各组选出组长，组长为组员分配任务并将分工和实施详情记录下来。在开始案例实施前，请全组成员查看知识链接的内容。请各组组长参考以下问题，组织组员收集和整理相关材料，并根据收集到的资料进行讨论。

问题："演讲者放映（全屏幕）"和"展台自动循环放映（全屏幕）"这两种放映方式分别适用于什么场合？

知识 链接

5.5.1　放映前的准备

在正式展示幻灯片之前，有时还需要对演示文稿进行一些设置。例如，面向不同需要的观众，展示不同的幻灯片内容；根据演讲进度控制幻灯片的播放节奏。

1. 自定义放映内容

演示文稿制作完成后，有时会需要针对不同的受众放映不同的幻灯片内容。使用 WPS Office 演示文稿的自定义放映功能，不需要删除部分幻灯片或保存多个副本，就可以基于同一个演示文稿生成多种不同的放映序列，且各个序列版本相对独立，互不影响。

（1）打开演示文稿，单击"放映"选项卡中的"自定义放映"按钮 🖉 ，打开如图 5-102 所示的"自定义放映"对话框。如果当前演示文稿中还没有创建任何自定义放映，窗口显示为空白；如果创建过自定义放映，则显示自定义放映列表。

（2）单击"新建"按钮，打开如图 5-103 所示的"定义自定义放映"对话框。对话框中左侧的列表框显示当前演示文稿中的幻灯片列表；右侧窗格显示添加到自定义放映的幻灯片列表。

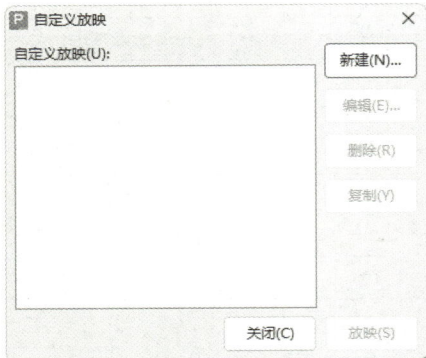

图 5-102 "自定义放映"对话框

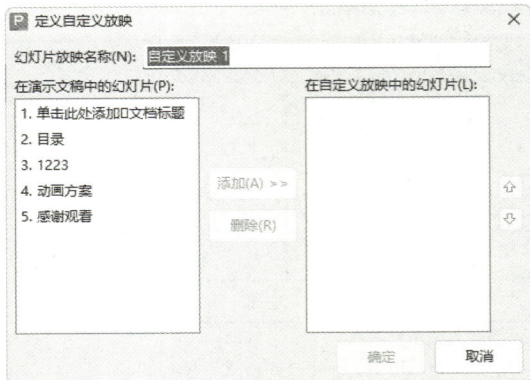

图 5-103 "定义自定义放映"对话框

（3）在"幻灯片放映名称"文本框中输入一个意义明确的名称，以便于区分不同的自定义放映。

（4）在左侧的幻灯片列表框中单击选中要加入自定义放映队列的幻灯片，按住【Shift】键或【Ctrl】键可在列表框中选中连续或不连续的多张幻灯片。然后单击"添加"按钮 添加(A) >> 。右侧的列表框中将显示添加的幻灯片，如图 5-104 所示。

提示：在 WPS Office 演示文稿中，可以将同一张幻灯片多次添加到同一个自定义放映中。

（5）在右侧的列表框中选中不希望展示的幻灯片，单击"删除"按钮 删除(R) ，可在自定义放映中删除指定的幻灯片，左侧的幻灯片列表不受影响。

（6）在右侧的列表框中选中要调整顺序的幻灯片，单击"向上"按钮 ⬆ 或"向下"按钮 ⬇ ，可以调整幻灯片在自定义放映中的放映顺序。

（7）设置完成后，单击"确定"按钮关闭对话框，返回到"自定义放映"对话框。此时，在窗口中可以看到已创建的自定义放映。

（8）如果要修改自定义放映，单击"编辑"按钮打开"定义自定义放映"对话框进行修改；单击"删除"按钮可删除当前选中的自定义放映；单击"复制"按钮可复制当前选中的自定义放映，并保存为新的自定义放映；单击"放映"按钮，可全屏放映当前选中的自定义放映。

（9）设置完毕后，单击"关闭"按钮关闭对话框。

2. 设置放映方式

WPS Office 针对常用的演示用途提供两种放映方式，并提供对应的放映操作，可在不同的演示场景达到最佳的放映效果。

（1）打开演示文稿，单击"放映"选项卡中的"放映设置"按钮 ⬚ ，打开如图 5-105 所示的"设置放映方式"对话框。

（2）在"放映类型"区域选择放映方式。如果勾选"演讲者放映（全屏幕）"单选按钮，通常用于将幻灯片投影到大屏幕或召开文稿会议。演讲者对演示文档具有完全的控制权，可以干预幻灯片的放映流程。如果勾选"展台自动循环放映（全屏幕）"单选按钮，用于展览会场循环播放无人管理的幻灯片。在这种方式下，观众不能使用鼠标控制放映流程，除非单击超链接。

（3）如果勾选"循环放映，按 ESC 键终止"复选框，幻灯片将循环播放，直到按【Esc】键退出。

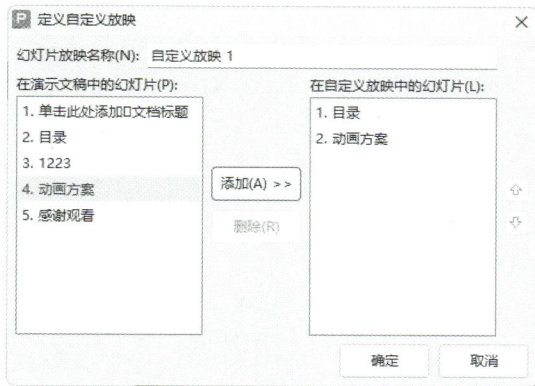

图 5-104　添加要展示的幻灯片

图 5-105　"设置放映方式"对话框

（4）在"放映幻灯片"区域设置放映的范围。默认从第一张播放到最后一张，也可以指定幻灯片编号进行播放。如果创建了自定义放映，还可以仅播放指定的幻灯片队列。

（5）在"换片方式"区域选择幻灯片的切换方式。

（6）如果使用双屏扩展方式放映幻灯片，在"多监视器"区域设置放映幻灯片的监视器与放映演讲者视图的监视器，并根据需要选择是否显示演示者视图。显示演示者视图时，演示者可以在屏幕上看到下一张幻灯片预览，备注等信息，方便控制幻灯片的放映进程，或运行其他程序，而观众只能看到放映的幻灯片。

（7）设置完成后，单击"确定"按钮关闭对话框。

5.5.2　控制放映流程

设置完成幻灯片的放映内容和展示方式后，可以正式放映幻灯片以查看播放效果。在放映过程中，用户还可以使用指针和画笔圈划要点，根据演示需要暂停和结束放映。

1．启动放映

（1）打开要放映的演示文稿。

（2）如果要从第一张幻灯片开始放映，单击"放映"选项卡中的"从头开始"按钮，或按【F5】键。

（3）如果要从当前幻灯片开始放映，在状态栏上单击"从当前幻灯片开始播放"按钮，或在"幻灯片放映"选项卡中单击"当页开始"按钮，或按【Shift+F5】组合键。

在"普通"视图的幻灯片窗格中，单击幻灯片缩略图左下角的"当页开始"按钮，也可以从当前页幻灯片开始放映。

（4）如果要播放自定义放映，在"幻灯片放映"选项卡中单击"自定义放映"按钮，在打开的"自定义放映"对话框中选择一个自定义放映，然后单击"放映"按钮。

2．切换幻灯片

（1）在演示者全屏放映方式下放映幻灯片时，利用如图 5-106 所示的右键快捷菜单可以很方便地切换幻灯片。

（2）单击"下一页"或"上一页"命令，可以在相邻的幻灯片之间进行切换；单击"第一页"或"最后一页"命令，可跳转到演示文稿第一页或最后一页进行播放。

如果要跳转到指定编号的幻灯片，或最近查看过的幻灯片开始播放，可以单击"定位"命令，在如图 5-107 所示的级联菜单中选择需要的幻灯片。

图 5-106　右键快捷菜单

图 5-107　"定位"级联菜单

（3）单击"幻灯片漫游"命令，在如图 5-108 所示的"幻灯片漫游"对话框中选择要播放的幻灯片，然后单击"定位至"按钮，即可跳转到指定的幻灯片进行放映。

（4）单击"按标题"命令，在打开的幻灯片标题列表中也可以定位需要的幻灯片，如图 5-109 所示。

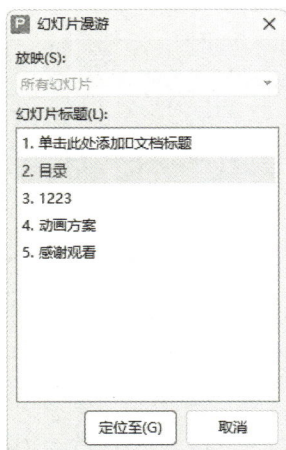

图 5-108　"幻灯片漫游"对话框

图 5-109　按标题定位

（5）单击"以前查看过的"命令，可以跳转到最近查看过的幻灯片；单击"回退"命令，可以返回到最近一次放映的幻灯片。

（6）单击"自定义放映"命令，在级联菜单中可以选择需要的自定义放映进行播放。

此外，单击"幻灯片放映帮助"命令，打开"幻灯片放映帮助"对话框，可以查看切换幻灯片的一些快捷键，如图 5-110 所示。

3. 暂停与结束放映

在幻灯片演示过程中，演示者可以随时根据演示进程暂停播放，临时增添讲解内容，讲解完成后继续播放。

如果要暂停放映幻灯片，常用的方法有以下 3 种：

● 按键盘上的【S】键。

● 同时按大键盘上的【Shift】键+【+】键。

● 按小键盘上的【+】键。

注意：并非所有幻灯片都能暂停/继续播放，前提是当前幻灯片的换片方式为经过一定时间后自动换片。

如果要继续放映幻灯片，右击，在弹出的快捷菜单中选择"屏幕"命令，然后在级联菜单中选择"继续执行"命令，如图 5-111 所示。

如果要结束放映，右击，在弹出的快捷菜单中选择"结束放映"命令，或按【Esc】键。

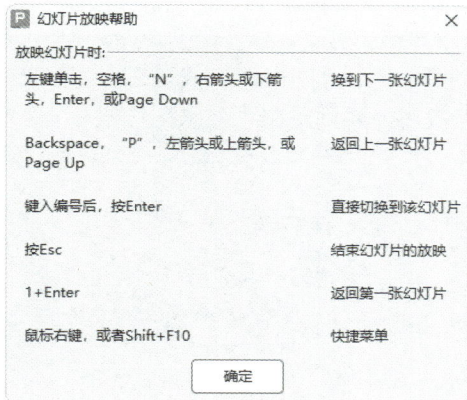

图 5-110　"幻灯片放映帮助"对话框　　　　　　图 5-111　选择"继续执行"命令

4. 使用画笔圈划重点

在放映演示文稿时，为更好地表述讲解的内容，可以使用指针工具在幻灯片中书写或圈划重点。

（1）放映幻灯片时右击，在弹出的快捷菜单中单击"墨迹画笔"命令，在其级联菜单中选择墨迹画笔形状，如图 5-112 所示。墨迹画笔形状默认为箭头，用户可以根据需要选择圆珠笔、水彩笔和荧光笔。

（2）在"墨迹画笔"的级联菜单中单击"墨迹颜色"命令，设置墨迹颜色，如图 5-113所示。

图 5-112　"墨迹画笔"级联菜单　　　　　　图 5-113　设置墨迹颜色

（3）按住左键在幻灯片上拖动，即可绘制墨迹，如图 5-114 所示。

（4）如果要修改或删除幻灯片上的笔迹，在"墨迹画笔"级联菜单中选择"橡皮擦"命令。指针显示为 ◇，在创建的墨迹上单击，即可擦除绘制的墨迹。如果要删除幻灯片上添加的所有墨迹，在"指针选项"级联菜单中选择"擦除幻灯片上的所有墨迹"命令。

（5）擦除墨迹后，按【Esc】键退出橡皮擦的使用状态。

（6）退出放映状态时，WPS Office 演示文稿会打开一个对话框，询问是否保存墨迹，如图 5-115 所示。如果不需要保存墨迹，单击"放弃"按钮，否则单击"保留"按钮。

图 5-114　绘制墨迹　　　　　　　　　图 5-115　提示对话框

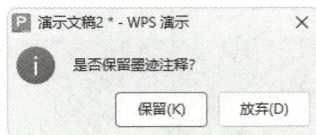

保留的墨迹可以在幻灯片编辑窗口中查看，在放映时也会显示。如果不希望在幻灯片上显示墨迹，单击"审阅"选项卡中的"显示/隐藏"按钮 ，即可隐藏。

注意：隐藏墨迹并不是删除墨迹，再次单击该按钮将显示幻灯片上的所有墨迹。

如果要删除幻灯片中的墨迹，单击选中墨迹后，按【Delete】键。

5.5.3　发布演示文稿

WPS Office 提供了多种输出演示文稿的方式，除了保存为 WPS 演示文件（*.dps）和 PowerPoint 演示文件（*.pptx 或*.ppt），还可以转换为 PDF 文档、视频、PowerPoint 放映文件和图片等多种广泛应用的文档格式，满足不同用户的需求。

1. 转换为 PDF 文档

PDF 是 Adobe 公司用于存储与分发文件而发展起来的一种文件格式，能跨平台保留文件原有布局、格式、字体和图像，还能避免他人对文件进行更改。PDF 文件可以利用 Adobe Acrobat Reader 软件，或安装了 Adobe Reader 插件的网络浏览器进行阅读。

（1）打开演示文稿，单击"文件"选项卡中的"输出为 PDF"命令，打开如图 5-116 所示的"输出为 PDF"对话框。

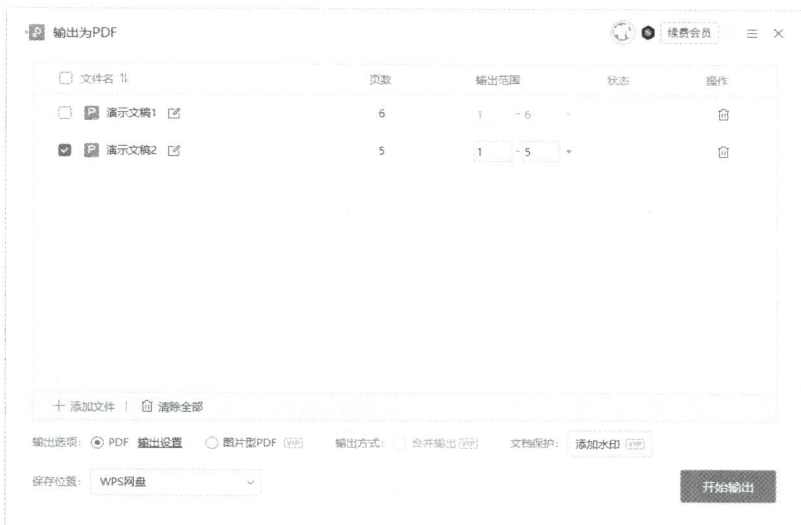

图 5-116 "输出为 PDF"对话框

（2）选中要输出为 PDF 的文件，并指定输出范围。

（3）单击"输出设置"选项，打开如图 5-117 所示的"设置"对话框。在"输出选项"选项卡中指定输出为 PDF 的幻灯片内容。如果选择"讲义"，还可以指定每一页上显示的幻灯片数量，以及幻灯片的排列方向。

（4）在"结果加密"选项卡中设置密码，然后设置文件的编辑权限，如图 5-118 所示。

（5）设置完成后，单击"确定"按钮返回"输出为 PDF"对话框。然后单击"开始输出"按钮，开始创建 PDF 文档。创建完成后，默认自动启动相应的阅读器查看创建的 PDF 文档。

图 5-117 "设置"对话框

图 5-118 设置密码和权限

2. 输出为视频

在 WPS Office 中，将演示文稿输出为 WEBM 视频，可以很方便地与他人共享。即便对方的计算机上没有安装演示软件，也能流畅地观看演示效果。输出的视频保留所有动画效果和切换效果、插入的音频和视频，以及排练计时和墨迹笔画。

（1）打开演示文稿，单击"文件"选项卡中"另存为"级联菜单中的"输出为视频"命令，打开如图 5-119 所示的"另存为"对话框。

图 5-119 "另存为"对话框

（2）指定视频保存的路径和名称，然后单击"保存"按钮，即可关闭对话框，并开始创建视频文件。

3. 打包演示文稿

如果要查看演示文稿的计算机上没有安装 PowerPoint，或缺少演示文稿中使用的某些字体，可以将演示文档和与之链接的文件一起打包成文件夹或压缩文件。

（1）打开要打包的演示文稿，单击"文件"选项卡中的"文件打包"命令，然后在"文件打包"级联菜单中选择打包演示文稿的方式，如图 5-120 所示。

（2）选择"将演示文档打包成文件夹"命令，打开如图 5-121 所示的"演示文件打包"对话框。输入文件夹名称与文件夹位置，如果要同时生成一个压缩包，勾选"同时打包成一个压缩文件"复选框，然后单击"确定"按钮。

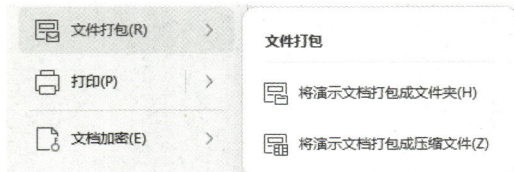

图 5-120 "文件打包"级联菜单

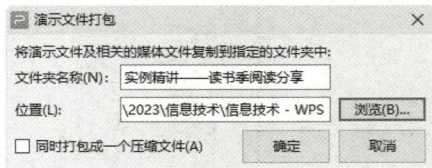

图 5-121 "演示文件打包"对话框

打包完成后，打开如图 5-122 所示的"已完成打包"对话框。单击"打开文件夹"按钮，可查看打包文件。

（3）选择"将演示文稿打包成压缩文件"命令，打开如图 5-123 所示的"演示文件打包"对话框。设置文件名称和路径后，单击"确定"按钮即可。

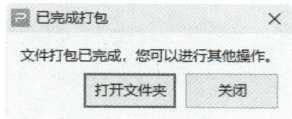

图 5-122　"已完成打包"对话框

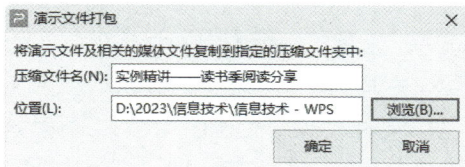

图 5-123　"演示文件打包"对话框

4. 保存为放映文件

将制作好的演示文稿分发给他人观看时，如果不希望他人修改文件，或担心演示软件版本不同的原因影响放映效果，可以将演示文稿保存为 PowerPoint 放映。PowerPoint 放映文件不可编辑，双击即可自动进入放映状态。

（1）打开演示文稿，单击"文件"选项卡中"另存为"级联菜单中的"PowerPoint 97-2003 放映文件（*.pps）"命令，打开"另存为"对话框。

（2）在打开的"另存为"对话框中指定保存文件的路径和名称，然后单击"保存"按钮。此时，双击保存的放映文件，即可开始自动放映。

注意： 如果要在其他计算机上播放放映文件，应将演示文稿链接的音频、视频等文件一起复制，并放置在同一个文件夹中。否则，放映文件时，链接的内容可能无法显示。

5. 转为文字文档

将演示文稿转为文字文档，可作为讲义辅助演讲。

（1）打开要进行转换的演示文稿。

（2）单击"文件"选项卡中"另存为"级联菜单中的"转为 WPS 文字文档"命令，打开如图 5-124 所示的"转为 WPS 文字文档"对话框。

（3）选择要进行转换的幻灯片范围，可以是演示文稿中的所有幻灯片、当前幻灯片或选定的幻灯片，还可以通过输入幻灯片编号指定幻灯片范围。

（4）在"转换后版式"区域选择幻灯片内容转换到文字文件中的版式，在"版式预览"区域可以看到相应的版式效果。

（5）在"转换内容包括"区域设置要转换到文字文件中的内容。

注意： 将演示文稿导出为文字文档时，只能转换占位符中的文本，不能转换文本框中的文本。

（6）设置完成后，单击"确定"按钮关闭对话框。

图 5-124　"转为 WPS 文字文档"对话框

案例 实施

（1）启动 WPS Office，单击"WPS Office"页面上的"打开"按钮 打开，打开"打开文件"对话框，选择"智造中国·逐梦未来"演示文稿，单击"打开"按钮，打开"智造中国·逐梦未来"演示文稿。

（2）单击"放映"选项卡中的"放映设置"按钮📭，打开"设置放映方式"对话框。选择"演讲者放映（全屏幕）"和"如果存在排练时间，则使用它"单选按钮，设置绘图笔颜色为红色，其他采用默认设置，单击"确定"按钮，完成放映设置。

（3）单击"文件"选项卡中"文件打包"级联菜单中的"将演示文档打包成文件夹"命令，打开"演示文件打包"对话框，输入文件夹名称与文件夹位置，单击"确定"按钮。打包完成后，弹出"已完成打包"对话框。单击"打开文件夹"按钮，可查看打包文件。

（4）单击"文件"选项卡中的"输出为 PDF"命令，打开"输出为 PDF"对话框。单击"输出设置"字样，打开"设置"对话框，设置输出内容为"讲义"，每页幻灯片数为 6，如图 5-125所示，单击"确定"按钮。返回到"输出为 PDF"对话框，设置保存位置为"自定义文件夹"，单击右侧的 ⋯ 按钮，打开"选择路径"对话框，设置输出路径，单击"选择文件夹"按钮，返回到"输出为 PDF"对话框，单击"开始输出"按钮，输出 PDF 文件到指定文件夹，然后关闭对话框。

图 5-125　"输出设置"对话框

（5）单击"快速访问工具栏"中的"保存"按钮🖫，保存演示文稿。

（6）打开并登录"Kimi"网页版，在输入框中输入提示词"根据我提供的 PPT 文件中的内容，生成一篇'智造中国·逐梦未来'的演讲稿，要求：主体内容不变，语言要通顺。"单击"上传文件"按钮🔗，打开"打开"对话框，选择"智造中国·逐梦未来.pptx"演示文稿，单击"打开"按钮，上传文档，如图 5-126 所示，单击"长思考"按钮，然后单击"发送"按钮⬆，Kimi 根据提示词进行深度思考后输出演讲稿，如图 5-127 所示。单击"复制"按钮🗐 复制，复制演讲稿。

（7）单击"WPS Office"页面上的"新建"按钮 ＋ 新建，打开"新建"面板，单击"文字"按钮，打开"新建文档"页面，单击"空白文档"，新建一个空白的"文字文稿 1"，按【Ctrl+V】组合键粘贴演讲稿文字。

（8）单击"快速访问工具栏"中的"保存"按钮🖫，打开"另存为"对话框，指定保存位置，输入文件名称为"智造中国·逐梦未来"，采用默认的文件类型，单击"保存"按钮，保存文档。

KIMI

图 5-126　输入提示词和上传文件

智造中国·逐梦未来

尊敬的各位领导、各位同仁：

大家好！今天，我们相聚在这里，共同探讨"智造中国·逐梦未来"这一极具前瞻性与战略意义的话题。

智能制造的定义与内涵

智能制造，作为当下制造业发展的前沿趋势，是基于物联网、大数据、人工智能等新一代信息技术与制造技术的深度融合。从产品设计的创意构思，到生产制造的精准执行，再到供应链管理的高效协同，智能制造实现了全流程的数字化、网络化和智能化。它绝非简单的技术叠加，而是一种全方位的变革力量。

智能制造系统具备自感知、自学习、自决策、自执行和自适应的卓越能力。通过实时数据采集与分析，它能够敏锐洞察生产过程中的细微变化，并据此动态优化生产参数。这不仅显著提升了生产效率，更大幅提高了资源利用率，让企业在激烈的市场竞争中脱颖而出。

而在人机协同方面，智能制造同样展现出独特魅力。人类专家的经验智慧与智能机器的高效精准得以完美结合。借助增强现实（AR）、数字孪生等先进技术，虚实融合的场景成为现实。这使得操作人员的决策精度和响应速度得到极大提升，为复杂生产任务的高效完成提供了有力保障。

图 5-127　Kimi 输出的演讲稿

小组 评价

评价内容	评价标准	分值	教师评估
放映前的准备	能够设置放映的方式	30	
控制放映流程	熟悉放映幻灯片的流程	30	
发布演示文稿	能够发布演示文稿	40	
总分		100	

思考与练习

一、选择题

1. 在 WPS Office 演示文稿中，从当前幻灯片开始播放的快捷键是什么？（　　　）

A.【F5】键　　　　　　　　　　　　B.【Ctrl+F5】组合键

C.【Shift+F5】组合键　　　　　　　　D.【Alt+F5】组合键

2. 要复制一张版式和内容相似的幻灯片，最高效的方法是什么？（　　　）

A. 手动重新制作一张相同的幻灯片

B. 使用"新建空白页"功能

C．复制现有幻灯片并粘贴

D．使用"AI 生成单页/多页"功能

3．要在幻灯片之间快速跳转，最合适的交互方式是什么？（　　　）

A．使用触发器   B．插入超链接

C．设置动画效果   D．添加视频

4．设置幻灯片切换效果后，若想让切换自动进行，应在哪个选项中设置时间？（　　　）

A．声音   B．效果选项

C．换片方式   D．应用于所有幻灯片

5．在 WPS Office 演示文稿中，以下哪项功能可以实现自动循环播放？（　　　）

A．设置放映方式中的"循环放映，按 ESC 键终止"

B．设置动画的"循环播放"

C．使用"排练计时"功能

D．启用"展台自动循环放映"

二、操作题

1．制作"员工入职培训"演示文稿，如图 5-128 所示。

（1）打开"员工入职培训"原始文件。

（2）添加音频。

（3）设置超链接。

（4）设置切换动画。

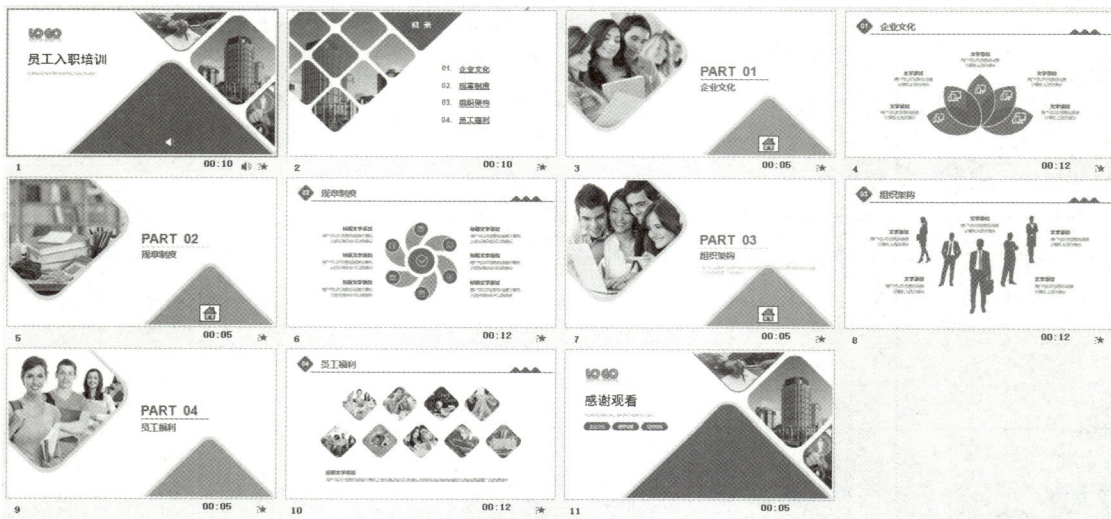

图 5-128 "员工入职培训"演示文稿

项目六　信息素养与社会责任

导读

在信息技术迅猛发展的当今社会，信息已成为推动个人成长与社会进步的重要力量。面对海量信息的冲击，如何提升自身的信息素养，增强辨别与处理信息的能力，已成为每位学习者必须掌握的核心能力之一。

知识 目标

1. 掌握信息素养的基本概念、核心要素。
2. 了解信息技术的发展历程及主要里程碑事件。
3. 了解信息伦理的基本内涵、道德规范以及相关的法律法规。

技能 目标

1. 提升信息获取能力，能够熟练运用多种工具和技术。
2. 能够对收集的信息进行整理、分类、分析、综合等，并提取有价值的内容。
3. 掌握信息传播技巧，能够负责任地分享信息。

素质 目标

学生树立正确的信息伦理观，自觉抵制不良信息，践行信息道德，维护网络环境的健康与和谐。

6.1 信息素养概述

案例 描述

通过对本案例相关知识的学习和实践，要求学生在掌握信息素养的基本概念和核心要素的基础上，能够结合现实生活中的具体情境，分析信息问题，并运用所学的信息技能解决实际问题。

创建 小组

全班根据实际情况进行分组，建议每组 3～5 人，各组选出组长，组长为组员分配任务并将分工和实施详情记录下来。在开始前，请全组成员查看知识链接的内容。请各组组长参考以下问题，组织组员收集和整理相关材料，并根据收集到的资料进行讨论。

问题1：在信息社会中，为什么信息素养对大学生来说尤为重要？

问题2：如何通过提高自身的信息素养，以提升学习效率、职业竞争力和社会责任感？

知识 链接

6.1.1　信息素养的概念

信息素养（Information Literacy，IL）也译成信息素质，此概念最早是由美国信息产业协会主席保罗·泽考斯基（Paul Zurkowski）在1974年提出的。其简单的定义来自1989年美国图书馆协会（American Library Association，ALA），它包括：文化素养、信息意识和信息技能三个层面。

美国教育技术CEO论坛2001年第4季度报告提出了21世纪的能力素质，包括基本学习技能（指读、写、算）、信息素养、创新思维能力、人际交往与合作精神、实践能力。信息素养是其中一个方面，它涉及信息的意识、信息的能力和信息的应用。

我国关于信息素养的概念主要由著名教育技术专家李克东教授和徐福荫教授分别提出。

李克东教授认为，信息素养应该包含信息技术操作能力、对信息内容的批判与理解能力以及对信息的有效运用能力。

徐福荫教授认为，从技术学视角看，信息素养应定位在信息处理能力；从心理学视角看，信息素养应定位在信息问题解决能力；从社会学视角看，信息素养应定位在信息交流能力；从文化学视角看，信息素养应定位在信息文化的多重建构能力。

尽管不同时期、不同国家的专家和学者对信息素养的概念赋予了不同的内涵，但信息素养的概念一经提出，便得到广泛传播和使用。

6.1.2　信息素养的主要要素

信息素养主要包括四个方面的内容：信息意识、信息知识、信息能力和信息道德。

1. 信息意识

信息意识是指对信息的洞察力和敏感程度，体现的是捕捉、分析、判断信息的能力。判断一个人有没有信息素养、有多高的信息素养，首先就要看他具备多高的信息意识。

2. 信息知识

信息知识是信息活动的基础，它一方面包括信息基础知识，另一方面包括信息技术知识。

前者主要是指信息的概念、内涵、特征，信息源的类型、特点，组织信息的理论和基本方法，搜索和管理信息的基础知识，分析信息的方法和原则等理论知识；后者则主要是指信息技术的基本常识、信息系统结构及工作原理、信息技术的应用等知识。

3. 信息能力

信息能力是指人们有效地利用信息知识、技术和工具以获取信息、分析与处理信息、创新和交流信息的能力。它是信息素养最核心的组成部分，主要包括以下5个方面。

1）信息获取能力

指的是个体能够根据自身需求，通过各种途径有效地找到所需信息。这包括使用搜索引擎、大语言模型问答、图书馆资源、社交媒体等多种方式。在信息时代，如何从海量的信息中快速准确地找到所需信息，是一项非常重要的技能。

2）信息处理能力

信息处理涉及对收集到的信息进行整理、分类、分析、综合等操作。这需要对信息的可靠性和相关性等进行取舍判断。良好的信息处理能力可以帮助我们更好地理解和把握信息的本质和规律，为做出决策和解决问题提供有力支持。

3）信息评价能力

这是指个体能够对信息的来源、质量、真实性、价值等进行判断和评估的能力。在信息纷繁复杂的网络环境中，具备信息评价能力可以帮助我们辨别信息的真伪，避免受到不良信息的干扰和误导。

4）信息利用能力

信息利用是将处理后的信息应用于解决实际问题的能力。这包括将信息与他人分享、交流，以及利用信息进行创新、处理问题等。这需要将信息与实际情况相结合，进行深入的分析和思考，进行新的组合、加工和创新，产生新的价值。信息利用能力是信息素养的最终体现，也是衡量个体信息素养水平高低的重要标志。

5）信息传播能力

包括选用适当的方式、平台和渠道分享、发布或交流信息的能力，以及理解并遵守与信息相关的伦理和政策法规，如版权法、隐私保护等，负责任地使用和传播信息。

4. 信息道德

信息技术为我们的生活、学习和工作带来改变的同时，个人信息隐私、软件知识产权、网络黑客等问题也层出不穷，这就涉及信息道德。一个人的信息素养的高低，与其信息伦理、道德水平的高低密不可分。

大学生的信息道德具体包括以下 5 方面的内容。

（1）遵守信息法律法规。大学生应了解与信息活动有关的法律法规，培养遵纪守法的观念，养成在信息活动中遵纪守法的意识与行为习惯。

（2）抵制不良信息。大学生应提高判断是非、善恶和美丑的能力，能够自觉地选择正确信息，抵制垃圾信息、黄色信息、反动信息和封建迷信信息等。

（3）批评与抵制不道德的信息行为。通过培养大学生的信息评价能力，使其认识到维护信息活动的正常秩序是每个大学生应担负的责任，对不符合社会信息道德规范的行为坚决予以批评和抵制，从而营造积极的舆论氛围。

（4）不损害他人利益。大学生的信息活动应以不损害他人的正当利益为原则，要尊重他人的财产权、知识产权，不使用未经授权的信息资源，尊重他人的隐私，保守他人的秘密，信守承诺，不损人利己。

（5）不随意发布信息。大学生应对自己发出的信息承担责任，应清楚自己发布的信息可能产生的后果，应慎重表达自己的观点和看法，不能不负责任地发布信息，更不能有意传播虚假信息、流言等误导他人。

信息道德作为信息管理的一种手段，与信息政策、信息法律有密切的关系，它们从不同的角度各自实现对信息及信息行为的规范和管理。

6.1.3　提高信息素养的途径

在信息技术日新月异的今天，信息素养已经成为每个人必备的基本能力之一。具备良好的信息素养，不仅能够帮助我们更好地适应信息社会的发展，还能够提高我们的学习效率和工作能力，促进个人全面发展，那么怎么才能提高自身的信息素养呢？

1. 学习相关课程

通过参加信息素养相关的课程学习，可以系统地掌握信息素养的基本知识和技能。这些课程包括图书馆资源利用、信息检索、大语言模型问答、数据分析等，可以帮助我们全面提升信息素养水平。

2. 参与实践活动

实践是检验和提高信息素养的有效途径。通过参与各种信息实践活动，如制作自媒体信息发布、网络调研、数据分析项目等，我们可以将所学知识应用于实际中，不断积累经验并提升信息素养实践能力。

3. 培养信息意识

提高信息素养首先要从培养信息意识开始。在日常学习和工作中，始终保持对信息的敏感性和警觉性，主动关注和收集与自身学习、工作相关的信息。同时，通过与他人进行信息交流和合作，分享信息资源和经验；关注信息技术的发展动态，了解信息社会的变化趋势，不断增强自身的信息意识。

4. 养成良好的信息习惯

良好的信息习惯是提高信息素养的重要保障。要养成定期整理信息、分类存储信息的习惯，避免信息的混乱和丢失；同时，还要注重信息的保密和安全，防止个人信息泄露和侵权行为的发生。

5. 利用在线资源

充分利用各种在线资源，如学术数据库、电子期刊、开放课程等，拓宽信息获取渠道，大语言模型问答等提升信息处理能力。

案例 实施

（1）所有学生需先阅读并理解"知识链接"的内容。
（2）学生们根据问题1去查阅现实生活中因信息素养不足导致不良后果的案例。
（3）学生们结合自身学习和生活经验，讨论如何提高信息素养。

小组 评价

评价内容	评价标准	分值	教师评估
信息素养的主要要素	了解信息素养的主要要素	50	
提高信息素养的途径	熟悉提高信息素养的途径	50	
总分		100	

6.2 信息技术发展史

案例 描述

通过本案例的学习与实践，学生将在小组合作中深入了解信息技术的发展历程以及代表性信息技术企业的成长轨迹，理解技术进步对社会发展的深远影响。

创建 小组

全班根据实际情况进行分组，建议每组 3～5 人，各组选出组长，组长为组员分配任务并将分工和实施详情记录下来。在开始案例实施前，请全组成员查看知识链接的内容。请各组组长参考以下问题，组织组员收集和整理相关材料，并根据收集到的资料进行讨论。

问题 1：信息技术的发展如何影响人类社会的交流方式？

问题 2：百度集团与华为集团在信息技术领域的发展路径有何不同？

知识 链接

6.2.1　了解信息技术的发展史

信息技术的发展可以追溯到计算机的发明和普及。以下是信息技术发展的一些重要里程碑。

（1）计算机的发明与发展：1946 年，世界上第一台电子计算机 ENIAC 在美国诞生，尽管它体积庞大、运算速度相对较慢，但开启了计算机时代。随后，计算机技术不断发展，从最初的电子管时代，到晶体管、集成电路，再到超大规模集成电路时代，计算机的性能得到了指数级提升，体积越来越小，成本越来越低，逐渐走进了千家万户和各行各业，成为信息处理的核心工具。

（2）互联网的诞生与普及：20 世纪 60 年代末，美国国防部高级研究计划局资助的 ARPANET 研究项目启动，这是互联网的雏形。1989 年，欧洲核子研究中心的蒂姆·伯纳斯·李提出了万维网的概念，使得互联网的使用变得更加便捷。90 年代以后，互联网在全球范围内迅速普及，各种网络服务（如电子邮件、即时通信、电子商务、搜索引擎等）如雨后春笋般涌现，彻底改变了人们的生活、工作和交流方式，实现了全球范围内的信息共享和交互。

（3）移动互联网技术的崛起：随着无线通信技术的不断进步，从 2G 到 5G 乃至更高代际的演进，移动互联网时代到来。智能手机等移动终端的广泛应用，让人们可以随时随地接入互联网，获取和分享信息。移动应用（App）大量涌现，涵盖了生活的方方面面，如移动支付、移动办公、社交媒体、在线娱乐等，极大地提高了人们的生活效率和便利性。

（4）人工智能的发展：大数据技术应运而生，能够对海量的数据进行存储、管理和分析，挖掘其中的价值，为决策提供依据。云计算则提供了一种按需获取计算资源和存储资源的模式，降低了企业和个人使用信息技术的成本，提高了资源的利用率。人工智能近年来取得了突破性进展，从图像识别、语音识别到自然语言处理、智能决策等领域，其技术不断融入各个行业，持续改变着人们的生活和生产方式，如智能语音助手、自动驾驶、智能医疗等应用场景不断涌现，展现出巨大的发展潜力。

6.2.2　知名信息技术企业的发展

1. 百度集团

百度集团自成立以来，经历了多个发展阶段，并逐渐形成了以移动生态和 AI 技术为核心业务的发展格局。具体而言，百度的发展历程可以分为以下几个阶段：

初创期（2000—2009 年）：百度诞生于 PC 互联网时代，最初为各门户网站提供搜索技术服务。2001 年，百度推出了面向 C 端用户的独立搜索引擎，并引入了"竞价排名"机制。随后，"有问题，百度一下"在中国广为流传，百度逐渐成为国内最大的中文搜索引擎。

移动互联网时代（2010—2015 年）：在这一阶段，百度错失了一些移动互联网发展的机遇，但仍然在搜索、贴吧、百科等产品上保持了领先地位，并在 2005 年成功登陆纳斯达克。

AI 与云计算时代（2016 年至今）：百度开始抢先布局人工智能（AI）领域，锚定未来发展。自 2017 年起，百度明确了以移动生态、AI 技术和云计算为核心的全新战略方向，并从 2019 年起重新梳理组织架构，确立以事业群为中心的集团管理模式。

百度的使命是"用科技让复杂的世界更简单"，其愿景是成为最懂用户，并能帮助人们成长的全球顶级高科技公司。百度不仅是一个拥有强大互联网基础的 AI 公司，也是全球为数不多的大型科技公司之一。

在未来，百度将继续依托其在 AI 和云计算等领域的技术积累，为用户提供更加智能化、个性化的服务，推动社会的进步和发展。

2. 华为集团

华为集团自 1987 年成立以来，经历了从电信设备研发制造到成为全球领先的 ICT 基础设施和智能终端提供商的跨越式发展。

华为成立初期，主要专注于电信设备的研发和制造。这一时期，华为通过提供高性价比的产品，逐渐在中国市场上占据了一席之地。

1998 年，华为开始实施国际化战略，向全球市场拓展，为全球客户提供电信设备和解决方案。这一战略的实施使得华为逐渐成为国际知名的电信设备供应商。

2011 年，华为在经营结构上进行了重大调整，除了原有的运营商业务外，还新增了企业业务和消费者业务两大板块。这一变革使得华为能够更好地满足不同客户的需求，进一步拓展市场份额。

华为一直致力于技术创新，不断推出新的产品和服务。例如，华为发布了 HarmonyOS 3 操作系统，对超级终端进行全面扩容。此外，华为还在 5G 行业应用方面取得了显著成果，累计创新应用案例超过 2 万个。

华为的成长史也是中国高科技产业的发展史的一个缩影。华为的管理精髓和企业文化在其成长的每个阶段都起到了关键作用。华为注重管理规范，聚焦于做强，同时也注重生态联动，致力于做久。

案例 实施

（1）所有学生需先阅读并理解"知识链接"的内容。

（2）查找互联网、移动通信和人工智能改变人们交流方式的实例。

（3）对比百度与华为的发展历程，收集它们在技术创新、产品布局、市场拓展等方面的信息。

小组 评价

评价内容	评价标准	分值	教师评估
了解信息技术发展史	能清晰描述信息技术发展的主要阶段和其对社会的影响	100	
总分		100	

6.3 信息伦理与职业行为自律

案例 描述

通过本案例的学习与实践，学生将理解信息伦理在信息技术应用中的重要性，掌握信息伦理的基本原则和相关法律法规，提升职业行为自律意识。

创建 小组

全班根据实际情况进行分组，建议每组3～5人，各组选出组长，组长为组员分配任务并将分工和实施详情记录下来。在开始案例实施前，请全组成员查看知识链接的内容。请各组组长参考以下问题，组织组员收集和整理相关材料，并根据收集到的资料进行讨论。

问题1：互联网从业人员的职业道德规范有几个方面？

问题2：提升职业行为自律的方法有什么？

知识 链接

6.3.1　信息伦理概述

信息伦理，是指涉及信息开发、信息传播、信息的管理和利用等方面的伦理要求、伦理准则、伦理规约，以及在此基础上形成的新型的伦理关系。信息伦理又称信息道德，它是调整人们之间以及个人和社会之间信息关系的行为规范的总和。

信息伦理不是由国家强行制定和强行执行的，是在信息活动中以善恶为标准，依靠人们的内心信念和特殊社会手段维系的。

伦理和道德是密不可分的，尽管两者提法不同，但从根本上来说，两者的内涵和目的一致。因此，信息伦理是在信息活动中被普遍认同的道德规范。它主要由信息生产者，信息服务者，信息使用者的共同道德规范组成。

信息伦理道德包括工作中需要遵守的行为规范和要求，IT行业伦理道德与其他行业有不同之处。

2022年1月5日，中国网络社会组织联合会正式发布《互联网行业从业人员职业道德准则》。该准则从行业自律的角度为互联网行业从业人员自觉规范职业行为、加强职业道德建设提供了依据和指南，有利于营造良好的网络生态环境，推动互联网行业健康发展。

《互联网行业从业人员职业道德准则》从政治、法律、道德、诚信、奉献、科技等六大方面，明确了互联网从业人员的职业道德规范。

一是在政治思想方面，要坚持爱党爱国。这是守好国家安全、保证新时代网信事业有序发展的红线底线和根本遵循。这就要求互联网行业从业人员拥护党的路线方针政策，深刻理解网络强国与全面建设社会主义现代化国家、实现中华民族伟大复兴的内在关联，在本行业、本岗位上为建设网络强国而努力。

二是在法律层面，要遵纪守法。法律是道德的底线，互联网行业从业人员应遵从宪法，熟知并践行互联网行业相关法律和监管规定，明确所在岗位的行为边界，在维护自主知识产权、企业名誉权等权益的同时，也要自觉接受行业监管，积极履行信息内容管理、直播营销、算法安全等主体责任，拒绝利用互联网从事任何侵犯他人和其他企业合法权益，以及危害国家安全等违法活动。

三是在道德伦理层面，要坚持价值引领。互联网从业人员的职业行为与网络文化构建、网络舆论走向、网络社会风气等息息相关，对广大网民有潜移默化的价值引导作用。自觉加强网络内容建设，培育积极健康、向上向善的网络文化；秉持社会效益优先原则、提升主流价值引领应当是互联网从业者践行核心价值观的重要体现。

四是在诚信从业方面，要诚实守信。诚信是立身之本，也是行业之基。从业人员的诚信不仅关乎其个人的职业生涯发展，还对行业声誉、企业品牌有很大影响。大数据、人工智能等催生互联网行业新兴业态的发展，也对诚信从业提出了更高要求。尊重网民或消费者的权益，真实、准确、完整地披露相关信息；自觉抵制弄虚作假、误导欺骗、恶意营销等行为；与对手合法公平竞争，珍视行业信誉与职业声誉等等都是题中应有之义。

五是从敬业奉献来说，要爱岗敬业，提升自我。面对信息技术的更新迭代，自觉提升网络素养和专业技能日益成为互联网从业者职业生涯的重要内容；从业者要积极关注网民诉求和社会需求，以服务意识和奉献精神立足岗位、精益求精，实现公共价值和个人价值、社会效益和经济效益的统一。

六是从技术层面来看，要坚持科技向善。科技是把双刃剑，它在推进人类文明进程和社会发展的同时，也日益带来不可预测的风险。隐私泄露、算法黑箱、数据滥用、平台垄断等现象危害着公共利益和公民权利。坚守技术伦理，让科技造福百姓、完善社会成为互联网行业面临的重要课题。具体来说，要尊重用户，合法合规使用数据；要算法透明，自觉接受行业监督；要反对"流量至上"，促进互联网业态的公平竞争和健康发展。

6.3.2　与信息伦理相关的法律法规

信息伦理虽然为信息社会提供了道德指导和行为准则，但伦理本身并没有强制力。为了保障信息领域的健康有序发展，法律法规的支撑是不可或缺的。为了应对信息化带来的伦理挑战，出台了如下一系列相关的法律法规。

《关于加强科技伦理治理的意见》：这是由中共中央办公厅、国务院办公厅印发的文件，旨在指导各地区各部门结合实际认真贯彻落实科技伦理治理的相关工作。

《科技伦理审查办法（试行）》：这是我国针对科技伦理审查出台的办法，它对大模型服务提供者的人工智能等科技应用进行了监管要求，并提供了要点解读，以确保科技发展符合伦理规范。

除了上述法规，还有《中华人民共和国网络安全法》《中华人民共和国个人信息保护法》《中华人民共和国数据安全法》等，这些法律法规共同构成了信息伦理的法律框架，旨在保护个人隐私、确保数据安全、维护网络空间秩序，并促进信息技术的健康、有序发展。随着信息技术的不断进步，相关的法律法规也在不断完善和更新，以适应新的技术和社会需求。

6.3.3　职业行为自律

在数字化时代，每位个体都受益于新一代信息技术的进步和变革，享受其带来的便利与优势。与此同时，我们也必须履行作为新时代公民的责任与义务。本质上，作为社会成员的我们，扮演着信息创造者、接收者和传播者的多重角色，而每种角色都要求我们遵循相应的信息道德和信息伦理标准。

作为信息的创造者，我们应当筛选和整合对社会有益、对他人有助益、对自己有利的积极信息，从而在信息产生的初期就形成一个正向循环。

作为信息的接收者，我们会遇到各种质量不一的信息。对于那些可能带来负面影响的信息，我们必须坚决拒绝，防止不良信息侵蚀我们的心灵。

作为信息的传播者，我们有责任先行筛选信息，再分享给他人，尽可能保障我们的家人、朋友和公众的心理健康，同时帮助他们更好地选择、判断和评价信息的价值，共同营造一个积极向上的社会主义信息传播环境。

在当前我国社会主义法治信息社会的背景下，我们必须遵守六项基本原则。第一，不得通过网络手段窃取国家机密、非法获取他人密码或传播和复制色情内容。第二，不应滥用网络便利进行人身攻击、诽谤或诬陷他人。第三，我们应尊重他人计算机系统资源，避免进行破坏。第四，严禁制造或散播计算机病毒。第五，我们应当尊重软件资源产权，不从事盗窃行为。第六，坚决反对使用或传播盗版软件。遵循这些原则，我们可以共同维护一个健康、安全的数字环境。

职业行为自律是一个行业自我规范、自我协调的行为机制，同时也是维护市场秩序、保持公平竞争、促进行业健康发展、维护行业利益的重要措施。职业行为自律的培养途径主要有以下 5 个方面。

1. 树立正确的人生观

反思个人的价值观和生活目标，确保它们与职业道德和社会期望相一致。认识到个人行为对他人和行业的影响，从而理解自律的重要性。

2. 培养良好的行为习惯

从小事做起，比如守时、遵守承诺、认真完成任务等，逐步形成稳定的行为模式。通过日常的自我管理和自我监督，养成良好的工作习惯和生活习惯。

3. 发挥榜样的激励作用

学习行业内外的先进模范人物，他们的行为标准和职业道德可以作为学习的典范。通过阅读成功人士的传记、听取他们的演讲或直接与他们交流，吸取他们的经验和教训。

4. 不断激励自己

设定个人职业目标，并追踪进度，这可以帮助保持动力和专注。为自己的行为设定奖励机制，当达到某个自律标准时给予自我奖励。

5. 持续教育和自我提升

参加职业道德和职业行为自律相关的培训和研讨会，不断提升自己的认识水平。学习新的技能和知识，以适应行业的发展和变化。

案例 实施

（1）所有学生需先阅读并理解"知识链接"的内容。

（2）小组成员讨论并整合观点。

小组 评价

评价内容	评价标准	分值	教师评估
信息伦理概述	能够准确阐述信息伦理的定义	35	
与信息伦理相关的法律法规	能够列举出与信息伦理相关的法律法规	30	
职业行为自律	能够介绍出培养职业行为自律的主要途径	35	
总分		100	

思考与练习

选择题

1. 信息素养的概念最早是由谁提出的？（　　　）
   A．李克东　　　　　　　　　　　　　　B．徐福荫
   C．保罗·泽考斯基　　　　　　　　　　D．马云

2. 下列哪一项不是信息技术发展的重要里程碑？（　　　）
   A．计算机的发明与发展　　　　　　　　B．互联网的诞生与普及
   C．移动互联网技术的崛起　　　　　　　D．传统农业的兴起

3. 世界上第一台电子计算机 ENIAC 诞生于哪一年？（　　　）
   A．1944 年　　　　B．1952 年　　　　C．1947 年　　　　D．1946 年

4. 《互联网行业从业人员职业道德准则》是由哪个组织发布的？（　　　）
   A．中国网络社会组织联合会　　　　　　B．国家互联网信息办公室
   C．中国互联网协会　　　　　　　　　　D．中国电子信息产业集团